시조 연구

김흥열 지음

책을 내면서

이 책은 '시조'의 원리나 이론 중심이 아니라 <시조명칭 및 형식 통일안>을 근거로 현장에서 필요한 항목들을 선정, 연구하여 정형시조 창작에 도움이 되도록 엮어 낸 실무지침서이다.

우리 시조가 더욱 발전하고 인류가 공유하는 문학이 되기 위해서는 시조만이 지니고 있는 문화적 유전인자를 그대로 이어받고 특성을 잘 살려내어 아름다운 예술의 경지로 한 단계 더 끌어 올려야 한다. 그렇게 하자면 우리는 먼저 시조의 정체성(Identity 正體性)을 충분히 이해하고 시조인 모두가 전통을 그대로 계승한다는 대전제가 있어야 한다.

고시조와 개화기 시조의 분석을 통하여 그 정체성이 무엇인지 살펴보고 이를 분명히 인식할 때만 세계화가 가능하고 인류 문화유산으로 인정받을 수 있다고 필자는 늘 생각해 왔다. 현대시조 역시 발전해야 한다. 이 과정에서 꼭 이어받아야 할 정체성은 무엇이고 또 어디까지 변화를 허용할 것인지 하는 점도 큰 연구 과제 중 하나이다.

7백여 년의 역사를 자랑하고 있지만 지금까지 올바른 시조의 정체성 하나 제대로 확립하지 못하고 중구난방 식으로 시조를 창작해온 것이 우리의 현실이다.

'시조'라는 한 몸을 빌려 태어난 <가곡>은 인류무형문화유산이 되었고 <청구영언>이라는 시조집은 국가 보물로 지정되어 귀한 대접을 받고 있지만 정작 그 뿌리(근본)인 시조가 외면당하는 현실은 매우 안타깝다.

예술은 발전하는 것이다. 그러나 '발전'이란 의미는 형식의 파괴를 말하는 것이 아니라 예술성을 말하는 것이며, '전통'이란 말을 음미해 보면 정체성은 반드시 지켜져야 하는 것이다. 이를 무시할 때 '전통'이란 개념은 이미 죽은 것이나 다름없다.

　'시조'는 음수만 맞추어 대충 쓰는 문학이 아니다. 고뇌가 필요한 장르이고 한류문학의 대부가 되어야 마땅하다. 서구에서 불고 있는 '시조'의 인기(boom)가 이를 입증한다.

　이 같은 역사적인 사명 의식을 갖고 태어난 시조 시인들은 모두 현대를 살아가는 역사의 주인공이라는 사실을 새삼 인식해야 한다. 개정증보판에서는 유네스코 무형문화재로 등재하기 위해 다면적(多面的)으로 본 '시조'의 가치를 추가하였고, '시조'의 내적 정체성인 문장구성 방법을 좀 더 이해하기 쉽도록 대폭 수정, 보완하여 설명하였다. 시조를 창작하는 분들에게 조금이라도 도움이 되기를 바라는 마음이다.

2023. 입춘 무렵
저자 김흥열 씀

차례

제1장 시조의 역사와 정체성

1. 시조(時調) 역사 10
2. 시조의 정체성 13

제1절 고시조의 정체성 15
1. 3장 6구 12소절에 대하여 18
2. 각 소절의 조사(助詞)와 연결어미(連結語尾) 33
3. 고시조 종장(終章)의 정체성 35
4. 고시조의 닫힌 마감과 열린 마감 46
5. 순진법(順進法)과 역진법(逆進法) 47
6. 고시조에 나타난 주체(시적 대상) 50
7. 고시조의 어법(語法) 51
8. 고시조의 율조(律調)와 표기(表記) 56
9. 고시조의 문장성분 배열방식 59

제2절 개화기 시조의 정체성 61
1. 음수 이론의 정착 시기 68
2. 3장(章)의 명칭과 구(句)의 개념 정립 69
3. 행갈이(시행 바꾸기)의 도입 74
4. 연작시조가 나타난 시기 75
5. 글제(題目)가 나타난 시기 79

제3절 시조의 특징 80
1. 간결성 80
2. 함축성 84
3. 상징성 86

제4절 시조 운율 89
  1. 시조 운율 만들기 89
  2. 음위율 91

제2장 현대시조 창작법

제1절 시조 형식과 문장 구성법 96
  1. 시조 형식 및 문장 구성법 96
  2. 형상화 100
  3. 문장성분 105
  4. 소절, 구, 장의 의미구조 109
  5. 분리할 수 없는 시구(詩句) 116
  6. 문장 구성하기(문장성분의 배치) 137
  7. 초장과 중장의 전구나 후구 뒤 소절에 관형어 사용은 안 된다. 143
  8. 주체(시적 대상)는 하나이어야 한다. 147
  9. 현대시조 종장의 마감 방식 150
  10. 비유 160
  11. 이미지 164
  12. 낯설게 하기 172
  13. 체험과 상상력 193
  14. 메시지 196
  15. 시조 창작시 유의 사항 200
제2절 연시조 202
  1. 연시조 204
제3절 줄바꾸기(행갈이) 하는 법 214
제4절 시조 품격 227
  1. 외래어와 혼용 227
  2. 시조는 품격이다. 228
제5절 기타작품 230

제6절 서술문과 묘사문   236
   1. 서술문(敍述文)   236
   2. 묘사문(描寫文)   238
제7절 제목 달기   240
제8절 퇴고 과정   243

제3장 수사법

1) 비유법   246
2) 강조법   249
3) 변화법   250

부록

Ⅰ. 시조(時調)의 가치(價值)   254
   1. 개요   254
   2. 시조의 역사적 가치(Historic Value of Sijo)   262
   3. 무형문화재   269
   4. '시조'의 문학적 가치   271
   5. 문화유산적 가치   279
   6. 대중문화예술로서의 가치   294
   7. 시조의 종합예술적 가치   299
   8. 인류무형문화재로서의 가치   311
   9. 결언(conclusion)   319
Ⅱ. 시조 세계화 방안   322
Ⅲ. 영어로 시조 짓는 방법(How to write Sijo)   331
Ⅳ. 시조 명칭과 형식 통일안   335

제1장

시조의 역사와 정체성

1. 시조(時調) 역사

"현대시조는 유구한 역사와 전통을 이어받아 현대적 언어 감각으로 표현하는 '정형시(定型詩)'"라고 정의를 내리고 있다. 여러 학자의 연구에 의하면, 조금씩 차이가 있기는 하지만, 고려 후기에 생겨나서 조선시대에 전성기를 이루었고 개화기를 거쳐 지금까지 그리고 미래에도 전승될 민족의 고유한 시가(詩歌)라는 점에 대해서는 이론이 없다. '정형시'라 함은 자유시와는 다르게 일정한 형식이 있어서 이를 벗어나면 안 된다는 이야기이다. 필자는 이 정형(定型)이라는 말에 추가하여 '시조의 전통적 정체성을 이어받아 보존한다.'라는 뜻까지 보태고 싶다. 그러므로 시조는 3장 6구 12소절이라는 외형적 틀 안에 우리의 정서(情緖)와 사유(思惟)를 담아낸 언어 미학(言語 美學)의 정수(精髓)라 할 수 있다.

현대의 시조시인들은 이 형식(내·외적)을 제대로 지키고 있는지, 시조의 정체성에 대해서는 제대로 이해하고 있는지, 시조의 문화적 유전인자(meme)는 무엇인지 생각해 봐야 한다. 또 이 형식을 벗어나지 않으려고 얼마나 노력했는지, 구속받는 틀 안에서 자유로움을 향유하고 있는지, 등도 자문(自問)해 봐야 한다.

고시조의 외적 형식은 창(唱) 위주로 지어진 형식이다. 즉 부르는 시조, 듣는 시조이다. 이때 정착된 정체성(正體性)은 개화기에 들어 상당한 변화를 추구하게 되는데 '듣는 시조'에서 '읽는 시조'로 변하게 됨을 의미한다. 즉 음악에서 문학으로 전환되는 시기였음을 의미한다. 현대시조는 단순히 "읽는 시조(또는 낭송)"보다는 예술성 짙은 언어 미학이 되도록 비유의 옷을 입힌 작품을 생산하는 데 주력해야 한다.

시대의 변천에 따라 시조 정체성의 변화 과정을 살펴보면서 미래를 예측하는 것은 대단히 중요하다. 즉, 고시조에서 개화기 시조로, 개화기 시조에서 현대시조로 넘어오는 과정에서 무엇이 어떻게 변했고 미래에는 또 어떤 변화를 가져오게 될 것인지, 아니면 어떻게 변화시켜 나갈 것인지 진단해 볼 필요가 있다.

개화기 이전까지의 작품체계를 제대로 이해하지 못하면서 현대시조를 창작하는 일은 쉬운 일이 아니다. 물론 쓰기야 하겠지만 시(자유시)를 흉내 낸 이상한 작품을 두고 이러니저러니 하는 말은 아무런 의미가 없다고 본다. 고시조나 개화기 시조를 보면 시조 형식(외적, 내적 모두)을 어긴 작품은 어디에서도 찾아볼 수 없다. 서구문물의 영향을 받아 개화기 초에는 잠시 혼동을 가져오기는 했어도 곧 본래의 모습으로 돌아와 정체성을 완벽하게 유지하고 있음을 발견할 수 있다.

음수 한두 자가 이탈되는 것은 우리 언어적 구조가 그런 것이고 작품의 구성에 있어서는 전혀 장애가 되지 않는다고 본다. 외적 형식보다 더 중요한 것이 문장의 짜임새이다. 즉 초장, 중장, 종장의 독립성, 연결성, 완결성은 말할 것도 없고 특히 종장 첫 소절의 3자 구성 원리나 종장 말미의 현재형 종결어미 등은 절대 변할 수 없는 법칙이다. 3장 6구 12소절이라는 형식은 고정이 되어 있어 이를 벗어날 수 없지만, 내적 형식인 문장의 구성은 작품을 지을 때마다 달라지기 때문이다. 즉 고정된 틀을 벗어나지 않으면서 매우 다양한 방법으로 내용을 구성해야 하므로 내적 형식이 더 어렵고 중요하다. 그런데도 글자 수(음수)에만 집착하거나 자유시를 따라 하거나, 또는 어떤 근거도 없이 타인과의 차별화(개성의 표출)를 위해 마음대로 쓰는 것은 있을 수 없는 일이라 생각된다. 음수는 당연히 지켜야 하는 것이지만 그렇다고 음수가 시조의 가치 척도나 예술성을 판단하는 기준은 될 수 없다. 시조는 절제(節制)의 미학(美學)이므로 그 가치나 예술성은 정형이라는 틀 안에서 찾아야 한다.

일부 작가들은 시조 창작이 너무 어렵다며 음수만 잘 맞춘 생활 시조를 강조하기도 하지만 시조는 역시 예술의 한 분야이다. 따라서 예술성을 강조하지 않을 수 없다.

현대시조 역시 변해야 한다는 주장에는 공감하지만, 이 변하는 대상에 유전인자까지(正體性) 포함해서는 안 된다는 생각이다. 유전인자를 이어받지 못하고 태어난 생명은 돌연변이로 전통이라는 범주에 포함될 수 없다.

한편 '시조(時調)'라는 용어의 역사적 배경에 대해서 이해하는 것도 정체성을 살리는 길임을 밝힌다. 현대시조는 이러한 정체성을 이어받으면서 예술성 높은 작품을 생산하는 데 주안점을 두어야 한다. 우리는 시조를 지으면서 종종 '시민의 언어', '시인의 언어'라는 말을 종종 한다. 이 말은 시조를 창작할 때 사용되는 시어(詩語)가 일상어(시민의 언어)로 쓰이는 말과는 달라야 한다는 점을 강조하는 것이다. 고시조와 개화기 시조를 중심으로 문장의 구성이 어떻게 되어 있는지 살펴보며 시조의 정체성을 찾아보고자 한다.

2. 시조의 정체성

　정체성(正體性, Identity)이란 사전적 의미로 보면 어떤 존재가 본질적으로 가지고 있는 특성을 말한다. 시조는 전통문화이므로 절대 변할 수 없는 요소가 존재한다. 이러한 불변의 요소들이 바로 전통이 되기 때문이다. 시조의 정체성은 상당 기간 유지되어 전해오는 시조문학의 특징(meme, 문화적 유전인자)을 말하는 것으로 이해할 수 있다. 고시조는 고려 후기에 시작된 후 개화기를 거치면서 그 정체성이 어느 정도 정립되었다고 볼 수 있다.

　이 정체성을 논하려면 시조 본질에 대한 전통과 역사를 함께 이해해야 한다. 다 아는 바이지만 사전에서 밝히고 있는 전통, 전통문화, 역사의 의미를 다시 한번 되짚어보기로 한다. '전통(傳統)'이란 어떤 집단이나 공동체에서 과거로부터 이어 내려오는 바람직한 사상이나 관습, 행동 따위가 계통을 이루어 현재까지 전해진 것이며 '역사(歷史)'는 인류 사회의 발전과 관련된 의미 있는 과거 사실들에 대한 인식 또는 과거에 어떤 일이 존재했던 과정의 사실적 현상이고 '전통문화(傳統文化)'란 그 민족만이 가지고 있는 고유한 문화라고 정의하고 있다. 이런 관점에서 본다면 시조는 역사적으로 분명히 존재했던 사실(事實, fact)이고 문학의 한 갈래가 되어 형식과 문장의 구성법이 특정한 계통을 이루어 지금까지 전해오고 있는 고유한 전통문화이며, 문학으로 특징지을 때도 그 문화적 유전인자는 역사와 분리될 수 없는 정체성을 가지고 있어 시문학으로서의 가치가 충분하므로 앞으로도 계속 전승 발전되어야 할 우리의 고유문화이다.

　우리 시조는 태동기라 할 수 있는 고려 후기에 음악과 한 몸으로 출발하긴 했어도 현재에 이르기까지 그 장구한 세월을 거쳐 시조시인들에 의해 습득되고 공유되어 왔으며, 미래에도 계속 전달될 것이다. 근자에 와서 시조문학을 더욱 발전시켜 세계화할 필요성이 대두되었는데 그것은 바로 시조문학 가치와 유네스코 인류무형문화재로서의 가치를 재발견했기 때문이다. 따라서 우리는 시조문학에 대한 인식을 새롭게 하고 세계화를 지향하는 꿈을 가져야 한다. 우리는 종종 '한국적'이라는 표현을 하는데, 이때 '한국적'이라는 말은 우리 민족만이 향유하고 있는 아름다운 전통문화를 말하는 것으로 이해된다. 유네스코에 등재된 우리의 무형문화재가 많다는 것은 한민족의 정신적 유산이 절대 우위에 있다는 사실을 입증하는 것이라고 본다.

정체성이라는 것은 나와 너를 구분 짓는 데서 생겨난 독창성이라 말할 수 있다. 즉 문학에 있어 소설과 시는 분명한 경계가 있다. 음악적 요소를 지니고 있는 시(詩)나 시조(時調)는 비슷한 것 같지만 여기에도 또한 분명한 경계선이 존재한다. 그러므로 시조의 정체성은 우리가 지켜내야 할 전통(heritage)이며, 질서(order)이고, 가치(value)이다.

시조는 상당 기간 창(唱)으로 불리어 오긴 했어도 그 가사의 구성법이 일반 음악의 가사와는 다르게 일정한 형식이라는 틀 안에서 창작되어왔음은 다 알려진 사실이다.

이제 우리는 고시조의 정체성을 분명하게 이해함으로써 현재의 시조문학이 미래를 향하여 어떤 모습으로 합리적 발전을 해 갈 것인지 예측하고 이를 바탕으로 시조 세계화는 가능한지 그 여부를 따지는 척도로 삼아야 할 것이다.

제1절 고시조의 정체성

　(사)한국시조협회에서는 '시조의 명칭과 형식통일안'이라는 논제 하에 1년여의 연구와 토론을 거쳐 2016년 11월 국회 도서관에서 공청회와 선포식을 가진 바 있다. 이는 수많은 시조 단체 중에서 시조 역사 이래 처음으로 발표한 사전적이고 원론적인 정체성을 찾아내고 이를 공식적으로 제정 공표한 것이라고 말할 수 있다. 시와 시조에는 분명히 경계선이 존재하는데, 시조가 이 경계선을 별생각 없이 넘어가면 시조이기를 포기한 것이다. 즉 시조가 아니고 자유시가 된다는 말이 된다. 현대시조는 고시조로부터 유전인자(meme)를 물려받은 전통문학이므로 그 생김새가 서구문학에서 들어 온 자유시와는 명확히 구분된다.

　필자는 고려대학에서 발간한 『고시조대전』에 수록된 작품 중 4천여 수의 평시조를 가지고 음수의 배열과 문장 구성을 분석하여 그 외적 형식과 음절 수, 내적 형식인 문장성분의 배치 등 고시조의 정체성을 규명하고자 시도한 바가 있다. 이는 시조를 바르게 알고 그 정통성을 선명하게 유지하여 세계화의 꿈을 실현하는 데 목적을 두고 있었다.

　고시조는 '시형(詩形)'이라는 외형적 틀과 '문장 구성법'이라는 어법의 구속력에서 이를 벗어난 작품이 거의 없다. 이러한 모습들은 오랜 세월을 거쳐 전통이 되고 하나의 독특한 시형으로 내려와 정체성이 되었을 것이다.

　조사한 바로는 고시조의 정체성(문화적 유전인자)이라 할 수 있는 특징은 대체로 다음과 같다.

　고시조는 ① 3장 6구 12소절이라는 외형적 틀이 있다. ② 소절(小節), 구(句), 장(章)은 의미구조로 짜여 있다. ③ 소절의 말미(末尾)는 조사나 연결어미로 되어 있다. ④일정한 음수의 배열로 운율을 만들어 내고 있으며 각 소절의 음수는 ±1의 여유를 두고 있다. ⑤각 구(句)의 뒤 소절에는 관형어가 없다. ⑥종장 첫 소절은 독립적 어휘로 3자 고정이다. ⑦종장 후구 말미(末尾)는 반드시 현재형 종결어미로 마감하고 있다. ⑧종장은 화자의 결지(決志)나 각오를 나타낸다. ⑨초장과 중장은 순진법(順進法, 3.4)으로, 종장 후구는 역진법(逆進法, 4.3)으로 되어 있다. ⑩작품 주체(시적 대상)는 하나이다. ⑪행갈이(詩行)는 우(右)에서 좌(左)로 한 줄 내려쓰기를 하였다 (세로쓰기). ⑫제목이 없다. ⑬띄어쓰기를 하지 않았다.

　시조 이론은 큰 틀에서 보면 학자의 견해에 따라 음수 이론과 음보 이론으로 양분할 수 있다. 음수 이론은 음수의 배열을 중시하여 글자 수를 기준으로 창작하는 이론이고, 음보 이론은 음의 길이, 즉 등장성(等長性)을 중심으로 하는 이론이다. 여기서는 음보 이론에 대해서는 논하지 않고 음수 이론에 기초하여 정체성을 살펴보고자 한다.

　이는 최초의 시조 연구서인 안확의 『시조시학』에서 음수 이론을 적용하고 있기 때문인데, 이 연구서에 의하면 고시조에는 이미 '음수율'이라는 창작 원리가 숨어 있다고 말한다.

　고시조는 개화기에 들어 두 부류로 분화하게 되는데 하나는 음보가 중심이 된 음악이론(창)이고, 다른 하나는 음수가 중심이 된 문학 이론이다. 그러므로 고시조는 문학적 측면만을 고려하면 음수의 개념이라 여겨진다. 고시조인 가사(歌詞)는 가사를 구성하는 어절이 음수의 개념으로 지어졌기 때문이다. 즉 누구나 글자 수(음절 수)만 맞추어 가사를 지으면 그 내용에 불문하고 정해진 악보에 얹어 쉽게 노래를 부를 수 있는 글이 되었을 것이나 불행하게도 당시 우리의 글은 존재하지 않고 구전되는 소리만 존재했던 시기였음을 상기할 필요가 있다. 글이 없으니 '문학'이라는 개념도 존재하지 않았다.

이처럼 고시조는 이미 음수 이론이 밑바탕에 깔려 있었으며 개화기에 이르러 이를 계승한 문학의 한 갈래로 발전하면서 시조 이론이 정립되었다고 볼 수 있다. 따라서 현대시조 역시 이러한 역사적 사실을 인식하고 이를 토대로 발전시켜나가는 것은 지극히 당연한 일이다.

일반적으로 음수이론 하면 시조의 음수 배열이 초장 3.4.3.4, 중장 3.4.3.4, 종장 3.5.4.3처럼 확정된 것으로 이해하고 있으나 필자가 조사한 음수 분석과는 약간의 차이가 있다. 필자가 조사한 고시조 4,000여 수 가운데 이 형식을 지키고 있는 작품은 100수가 채 안 된다. 절대다수의 작품이 이와는 다르다. 소수를 다수의 기준으로 삼는다는 것은 있을 수 없는 일이다.

고시조 예문을 하나 보면서 이해를 돕고자 한다.

오백년 도읍지를 필마로 돌아드니   (3.4.3.4/3.4.3.4/3.5.4.3)
산천은 의구한데 인걸은 간데없네.
어즈버 태평연월이 꿈이런가 하노라
-길재-

이 형식에 딱 들어맞는 작품은 소수에 불과하고 여타 작품들은 대개 ±1의 음수를 택하고 있다. 필자가 조사한 바로는 3.4.4.4/3.4.4.4/ 3.6.4.3의 음수가 절대다수를 이루고 있음을 확인하였다. (사)한국시조협회의 <시조 명칭 및 형식통일안>도 이를 근간으로 해서 만들어진 것이며 이 책 역시 이를 기본으로 삼았음을 밝힌다.

고시조는 애당초 초장, 중장, 종장의 개념이 없이 음악적 요소만을 고려하여 창작하였다. 즉, 「시조음악론」에서는 창(음악)으로 부르기 좋도록 편의상 5장(章)으로 분류하긴 했으나 이는 음악적 요소로서 장의 개념이고, 요즘 우리가 알고 있는 3장은 문학적 요소로서의 장(章)의 개념이므로 그 의미하는 바가 다르다는 점을 이해하여야 한다.

1. 3장 6구 12소절에 대하여

앞서도 말했지만, 고시조에서는 이런 개념이 없이 한 줄 종서(세로쓰기)로 했다. 개화기에 접어들어 장과 구의 개념이 정립되고 명칭이 생겨났고 띄어쓰기를 하고, 소절이란 용어 대신 학자들의 견해에 따라 지금도 음보, 마디, 절 등 다양한 주장이 제기되고 있다. 이 소절이란 개념은 (사)한국시조협회에서 <시조명칭 및 형식통일안>을 만들면서 최초로 도입한 신개념이다.

요즘 우리가 알고 있는 3장, 즉 삼행(三行)으로 쓰고 초장, 중장, 종장이라는 이름을 붙인 것은 개화기에 생겨난 3장의 개념이다. 지금까지는 외형상 나타난 음수를 가지고 정형이냐 아니냐를 가렸다면 이보다 더 중요한 것이 의미상 문장 구조(문장의 짜임새)이다. 즉 음수의 배열뿐 아니라 의미구조(문장성분)까지 포함하여 정형성 여부를 판단해야 한다고 본다.

예문으로 인용된 길재의 작품에서, 초장 "오백년 도읍지를/ 필마로 돌아드니"를 보면 사선(/)의 좌우(전구, 후구)가 각각 작은 의미 단위로 짜여 있음을 알 수 있다.

소절(小節)은 의미 생성의 가장 작은 단위이고 소절 둘이 모여 하나의 구(句)를 만들게 된다. 구(句) 둘이(전구와 후구) 모여 하나의 장(章)을 이룬다.

장은 큰 의미 단위로서 독립적인 문장의 기능을 수행할 수 있다. 이것을 장의 독립성이라 한다. 이를 판단하는 중요한 요소는 문장의 의미 생성 여부이다.

전구 '오백년 도읍지를'은 목적어구이고, 후구 '필마로 돌아드니'는 술어구이다. '오백년 도읍지를 필마로 돌아든다.'라는 의미상 완결된 문장 하나를 만들게 된다. 이것을 장의 완결성이라 한다. 따라서 하나의 장(章)은 독립성과 완결성을 동시에 지니게 된다. 또 초장은 다음에 오는 중장과 연결이 되어야 하므로, 술어 '돌아들다'를 '돌아드니'처럼 어미를 변화시켰다. 이러한 연결 고리는 조사 또는 용언의 활용(여기서는 '돌아드니')으로 만들어진다. 이것을 장의 연결성이라 한다. 중장과 종장도 마찬가지이다. 따라서 각 장마다 독립성, 완결성, 연결성을 모두 갖추고 있어야 한다.

평시조(단시조) 한 편은 장이 셋, 구가 여섯, 소절이 열둘이 되며 상호 유기적 결합을 하고 있다.(3장 6구 12소절).

이해를 돕고자 고시조와 생김새가 다른 현대시조를 인용해 본다.

광년을 달려와 빛이 된 투명한 새
망막에 앉은 기억, 때 늦은 아픈 고백
<u>이른 봄 번개 불 퇴 그대 스르르 한 점 불이었던</u> (5소절)
***의「눈 속의 새」, 첫 수

이 작품은 2008년 신춘문예 작품이다. 먼저 작품의 초장과 중장은 서로 연결성을 유지하고 있는가를 살펴봐야 한다. 초장은 '새'가 주체이고, 중장은 '기억과 고백'이 주체처럼 보이기 때문이다. 종장은 '그대'가 주체이다. 주체(시적 대상)가 넷이라는 얘기는 별개의 문장이란 얘기가 된다. 즉, '과(와)'가 생략된 한 문장이나 다름없다.

중장에서 '기억' 다음에 쉼표(,)를 찍은 것은 and의 개념이라 독립성 있는 하나의 장이 되지 못한다. 종장은 마감이 안 된 상태이다. '한 점 불이었던'은 그래서 어떻게 되었다는 말인지 결론이 없다. 종장 말미의 현재형 시제를 써야 한다는 규칙에서 벗어난 형태이다.

이 작품의 심사평을 보면 "형식에 구애되지 않으면서 시상을 자유자재로 전개하는 수사법이 적절한 조화를 이룬다."라고 하고 있는데 정말 그럴까? 형식에 구애되지 않은 작품이라면 자유시란 말인가? 시조는 형식에 구애(拘礙) 받는 작품이다. 정체성을 상실한 작품은 이미 시조가 아니다.

시조는 3장이 상호 연관성(연결성)이 유지되어야 하는데 위의 작품 <눈 속의 새>는 그렇지 못하다고 본다. 초장 후미 '새'나 중장 후미 '고백'은 모두 체언(명사)이다.

시조의 생명력은 종장의 마감 여하에 달려있다. 이 작품은 자유시로 분류되어야 한다. 즉 각각 상이 다른 문장 세 줄을 시조처럼 쓴 것이나 다름없다.

다음은 2020년 신춘문예 작품이다.

①
<u>선잠 털고 끌려나온 온기 꼭 끌안는다</u>　(4.6,1.4)
자라목 길게 빼고 순서 하냥 기다려도　(3.4.2.6)
저만큼 동살은 홀로 제 발걸음 <u>재우치고</u>

나뭇잎 <u>다비</u> 따라 꽁꽁 언 발을 녹여
종종거릴 필요 없는 안개 숲 걸어갈 때
여전히 나를 따르는
그림자에 <u>위안</u> 받고

②
정원 초과 미니버스 안전 턱을 넘어간다
목울대에 걸린 울화 쑥물 켜듯 꾹! 넘기고
몸피만 부풀린 도시,
신발 끈을 동여맨다.

「선잠 터는 도시」/ ***

이 작품은 연시조의 기본 원칙이 어긋난 작품이다.

하나의 제목을 두고 첫수와 둘째 수를 ①, 셋째 수를 ②로 구분한 것도 특이하지만 '작품2'는 그 상(象)이 완전히 다른 별개의 작품처럼 보인다.

우선 ①의 첫수와 둘째 수는 종장 말미가 열려 있다. '-고'라는 연결어미로 마감이 되어 있어 아직도 끝나지 않은 문장임을 나타내는 형태로서 시조의 규칙을 벗어나고 있다. 이때 사용된 '-고'는 and의 의미로 문장이 계속 연결되고 있음을 의미한다.

연시조는 상(象)은 같되 수마다 독립적이어야 한다. 평시조나 연시조를 불문하고 시조는 술어 마감을 해야 한다. 그런데 ①의 둘째 수는 3장 어디에서도 술어 마감을 발견할 수 없다. 이는 시조가 아니라는 뜻과 다를 바 없다.

첫수의 초장 셋째 소절 '온기 꼭'은 무슨 말인지 이해하기 어렵다. 제목을 '일용직 근로자'처럼 했어야 독자가 이해하기 쉽다.

한 가지 짚고 넘어갈 일은 셋째 수 중장 '꾹! 넘기고'이다. '꾹'은 부사어로서 '넘기고'를 수식하는 역할을 한다. 그런데 감탄부호(!)를 왜 사용했을까 하는 의문이 든다. 감탄부호는 마침표(.), 물음표(?)와 같이 문장이 끝날 때 사용하는 문장부호이다. 이 원칙을 적용한다면 ②의 중장은 두 개의 문장이 된다. 즉, 후구 '쑥물 켜듯/ 꾹!// 넘기고'가 되므로 소절 수도 안 맞게 되며 소절과 소절의 연결성이 없어지게 되므로 '꾹'에는 감탄부호(!) 대신 반점(,)을 찍어야 한다.

인용된 신춘문예 당선작 두 편을 고시조와 비교해 보면 무엇이 어떻게 다른지 확연하게 드러난다. 고시조는 간결하면서도 말마디가 부드럽고 전하는 메시지가 있지만 예(例)로 든 신춘문예 작품은 핵심이 빠진 듯하고 문장의 짜임새가 정형에서 벗어난 느낌을 받는다.

1) 초장 만들기

흔히 말하기를 초장은 시의(詩意)를 이끌어내는 말로 시작한다고 말한다. 초심자는 어떤 방식으로 시의를 이끌어내는지 이 말을 이해하기 어렵다. 초장을 잘 만드는 일은 단시조 한 수의 성패를 좌우하는 요인이 된다. 단정(端正)한 시조 한 편을 창작해 내는 단초(端初)가 되기 때문이다.

고시조에서 초장의 시의(詩意)를 이끌어내는 방법은 두 가지가 있다.

첫째는 중장의 전제조건으로 초장을 만드는 경우이고

둘째는 시적 대상의 상황 전개를 초장과 중장에 순차적으로 나열하는 경우이다.

첫째 초장은 중장을 만들기 위한 전제조건이 되어야 한다.

단심가를 보면 "이 몸이 죽고 죽어 일백 번 고쳐 죽어/ 백골이 진토 되어 넋이라도 있건 없건"처럼 초장이 짜져 있다. '백골이 진토 되는' 전제조건은 먼저 '죽는 일이 발생'하는 일이다. 고시조는 대개 이런 전제하에서 초장이 만들어지고 있다고 보면 된다. 다른 예를 들어보면 배가 고프면 먹어야 한다. 그러므로 '배를 채우는' 전제조건은 먼저 '먹는 일'이 된다.

①
　방 안에 혓는 촛불 눌과 이별 하였관대
　눈물 흘리며 속 타는 줄 모르는고
　우리도 저 촛불 같아야 속 타는 줄 몰라라

　　　　　　　　　　　　　　　　　　　이 개-

②
   이 몸이 죽어가서 무엇이 될꼬 하니
   봉래산 제일봉에 낙락장송 되었다가
   백설이 만건곤할 제 독야 청청 하리라
                                 -성삼문-

이 예문에서도 초장은 중장의 전제조건으로 짜여 있다. 화자의 측면에서 보면
  ①은 눈물을 흘리며 속을 태우려면 먼저 이별해야 하고
  ②는 자신이 낙락장송이 되려면 먼저 죽어야 한다는 전제가 깔려 있다.

'전제조건'이라는 의미를 잘못 새기면 중장을 먼저 쓰고 다음에 초장을 써야 하는 것 아니냐는 오해를 살 수도 있으나, 이는 그런 의미가 아니라 초장을 쓴 다음에 나오는 중장은 초장에서 벌어진 상황의 결과를 예상하면 된다. '일백 번 고쳐 죽으면' (그러면) 그다음에는 어떻게 되겠는가를 생각해 보면 된다. 백골이 진토 된다. 그러므로 '그러면'이나 '그래서'라는 말을 붙여 읽어보고 다음에 중장을 쓰면 된다. '그러면'이라는 낱말은 앞 내용이 뒤 내용의 조건이 됨을 나타낼 때 쓰이며 앞뒤 문장을 이어 주거나 또 앞 내용을 받아들이면서 그것을 전제로 새로운 논지를 펼 때 쓰이는 말로 사용된다.
  쉽게 말하면 중장을 만들 때, 초장을 지은 다음 '그러면' 이나 '그래서'라는 말을 마음속으로 생각하며 중장을 읽어보면 그 답이 보인다.
  실제 작품 창작시에는 이러한(그리고, 그래서, 그러면 등등) 접속사를 사용해서는 안 된다.

  둘째는 순차적 상황전개(狀況展開) 방법이다.

어떤 사물이나 현상을 전개된 순서에 따라 먼저 일어난 상황을 초장에 쓰고, 다음에 일어난 상황을 중장에 쓰는 방법으로 가장 널리 쓰인다.

길재의 작품은 초장과 중장이 시간상으로 볼 때 순차적인 상황전개로 짜여 있다.

"오백 년 도읍지를 필마를 타고 돌아보니"가 먼저 벌어진 상황이고 가서 보니까 "산천은 의구한데 인걸은 간데없음"을 알게 된 것이다. '필마를 타고 갔더니' 인걸이 '간데없다'라는 상황의 순차적 전개이다. 여기서는 전제조건이 되지 못한다. 왜냐하면 필마가 아닌 다른 것을 타고 가면 인걸은 그대로 있다는 말이 성립될 수도 있기 때문이다. 길을 가다가 활짝 핀 목련을 보았다고 가정하면 목련이 핀 것을 보게 된 일은 '길을 가다가'라는 우연히 만나게 된 자연스러운 현상이지, 목련을 피우기 위해 길을 간 것은 아니다. 이때는 전제조건이라기보다는 목련이 핀 것을 보게 된 경위를 시간적 순서에 따라 끌어내고 있다고 보면 된다. 현대시조에서 많이 쓰는 방법의 하나다. 고시조의 피(血: 문화적 유전인자)가 현대시조에도 그대로 흐르고 있어야 전통이 되고 정체성이 된다.

①
　오백년 도읍지를 필마로 도라 드니
　산천은 의구한데 인걸은 간데 없네
　어즈버 태평연월이 꿈이런가 하노라

　　　　　　　　　　　　　　　　　-길재-

②
　묏버들 가려 꺾어 보내노라 임의 손대
　자시는 창밖에 심어두고 보소서

밤비에 새잎 곧 나거든 나인가도 여기소서
-홍랑-

    이 두 예문에서 초장은 사물의 현상(상황), 또는 자신의 심경을 있는 그대로 표현하면서 중장을 끌어내고 있다. 중장의 전제조건으로 초장이 만들어진 것이 아니다. 길재의 작품은 상황전개 순서대로이다. '돌아드니'가 먼저 벌어진 일이고 '간데없다' 나중에 벌어진 일이다. 홍랑의 작품도 마찬가지이다. '꺾어 보낸 묏버들이' 먼저 일어난 일이고 '창밖에 심어두고 보소서'는 나중에 일어날 일이다. 화자 홍랑의 마음은 반드시 주무시는 창밖에 심어두고 보라는 이야기일 뿐이다. 중장 앞에 (그러니)를 넣고 읽어보면 사건이 발생하는 순서대로 쓴 것일 뿐이다.
    앞서도 언급하였지만 다시 한번 강조하면 초장이 중장의 전제조건일 때는 중장 앞에 (그래서)나 (그러면)이라는 접속어를, 시간상 일어난 순서나 대립한 관계일 때는 중장 앞에 (그런데)나 (그러니)라는 접속어를 넣고 읽어보면 문맥이 잘 통하게 된다. 장의 연결성을 진단하는 방법의 하나가 되기도 한다.

            방안에 혓는 촉불 눌과 이별 하였관대
(그래서) 눈물 흘리며 속타는 줄 모르는고

            오백년 도읍지를 필마로 도라 드니
(그런데) 산천은 의구한데 인걸은 간데없네

            묏버들 가려 꺾어 보내노라 임의 손대
(그러니) 자시는 창밖에 심어두고 보소서

    고시조 초장의 문장 구조는 대부분이 위의 두 구조 중 어느 하나이다. 예외적인 사례를 보면 김상헌의 작품을 들 수 있다. 전제조건도, 순차적 상황전개도 아니다.

> 가노라 삼각산아 다시보자 한강수야
> 고국 산천을 떠나고자 하랴마는
> 시절이 하 분분하니 올동말동 하여라
> 　　　　　　　　　　　　　　　-김상헌-

현대시조에 순차적으로 이끌어낸 작품을 본다.

> 칼바람 할퀸 자리 상처가 무성한데
> 입춘의 봄바람이 보듬어 감싸주니
> 홍매화 가지 끝에도 봄기운이 감돈다.
> 　　　　　　　　　　　　노재연의 「입춘」

초장은 겨울에 일어난 사건이고 중장은 봄에 일어난 사건이다. 종장도 봄에 일어난 일이지만 중장보다는 나중에 일어난 일이다. 순차적으로 초장 중장 종장을 만들어 낸 작품이다.

우리도 타인의 아픔을 위로하고 달래주면 그 사람은 상처가 치유되고 결국은 꽃을 피워 행복한 삶을 영위하게 된다는 교훈적 메시지가 들어 있다.

2) 중장 만들기

중장은 초장의 의미를 ①확장시키거나 ②보완(보충)하거나 ③초장을 전제조건으로 받아들인다.

첫째는 초장을 확장한 예이다.

    방안에 혓는 촛불 눌과 이별 하였관대
    눈물 흘리면서 속 타는 줄 모르는고
    우리도 저 촉불 같아야 속타는 줄 몰라라
                                        -이 개-

  초장을 확장하여 중장을 만들고 있다. 그냥 이별이 아니라 속이 타는 이별이다. 중장이 더욱 강한 심리적 상태로 상황을 확장하며 초장을 전제조건으로 받아들인다. 어떤 상황을 더욱 심화(深化)시키는 것을 확장이라 할 수 있는데 중장은 초장보다 그 상황이 더욱 깊고 오묘하도록 이끌어내야 한다는 의미이다.

①
    풍경 소리 떠나가면 절도 멀리 떠나가고
    흐르는 물소리에 산은 감감 묻혔는데
    적막이 혼자 뒹굴어 달을 밀어 올립니다.
                                정완영의 「망월사의 밤」

  이 예문은 중장에서 초장을 더욱 확장하고 있다. 종장은 화자의 사유를 함축시킨 작품이다. 적막이 달을 밀어 올린다는 표현은 정말 아름답다.

  둘째는 보완하거나 보충 설명하는 관계이다.

    동짓달 기나긴 밤 한 허리를 버혀내어
    춘풍 이불 아래 서리서리 넣었다가

> 어른 님 오신 날 밤이어든 굽이굽이 펴리라.
>
> -황진이-

　　이 예문에서 중장은 초장을 보완 설명하고 있다. 밤 한 허리를 베어다가 어떻게 할 것인가? 춘풍 이불 아래 넣어두겠다는 보충 설명이다. 춘풍 이불 아래 서리서리 넣을 수 있는 것은 꼭 동짓달 한허리만이 아니다. 이처럼 초장에서 발생한 일을 중장에서 어떻게 처리할 것인지 보충 설명하는 식으로 중장을 이끌어내고 있다. 그러나 단순히 보충설명이 아니라 구체적으로 '춘풍 이불 아래 서리서리 넣는' 방식으로 상황을 확장하고 있다.

> 고독마저 황홀하게 사르는 석양빛을
> 시린 가슴에다 모닥불로 피워 놓고
> 무상을 휘감고 앉아 그 아픔을 삭인다.
>
> 김광수의 「바위」

　　이 예문은 중장에서 보충 설명해주고 있다. '석양빛'을 어떻게 했는가? '가슴에다 모닥불로 피운다.'라는 보충 설명을 하는 형태이다. 여기서는(그래서)라는 접속어가 종장에서 생겨난다. 모닥불로 피웠는데 (그래서 어떻게) 무상을 휘감고 앉아 아픔을 삭이는 중이다.

3) 종장 만들기

> 이 몸이 죽어가서 무엇이 될꼬하니
> 봉래산 제일봉에 낙락장송 되었다가
> 백설이 만건곤할 제 독야 청청 하리라
>
> -성삼문-

종장은 화자의 각오나 결의가 응축되어 함축적으로 나타나는 장이다.
예문에서 보듯이 화자의 결의가 시퍼렇게 보이는 듯하다. 온 세상 사람들이 다 권력에 굴하여 불의를 저질러도 자기는 그렇지 않겠다는 각오를 나타내고 있다.
우선 음수 배열이 3.4.3.4/3.4.4.4/3.5.4.3이고 총 음수도 44자이다.
장이 셋, 구가 여섯, 소절이 열둘이다. 각 장마다 독립성 연결성 완결성이 완벽하다. 문장성분을 보더라도 주어+술어(연결어미)/주어+술어(연결어미)//관형어+ 부사어/주어+술어(연결어미)//주어+부사어+부사어+술어이다.
초장 후구는 '될꼬하니' 중장 후구는 '되었다가'로 어미를 변화시켜 연결고리를 만들고 있다. 완벽한 정형시조이다.

고시조는 대부분이 이러한 문장 구성법을 취하고 있다.
첫 소절 3자는 독립적 어휘로 해야 하며, 둘째 소절은 가능하면 관형어를 사용치 않고, 종장 후구 말미는 반드시 현재형 종결어미로 마감을 한 닫힌 시조가 되도록 한다. 이 종장은 시조 한 편의 생명력을 좌우하는 결정적 요인이 된다.
세계 어느 나라 시(詩)에서도 찾아볼 수 없는 특징이며 매력이다. 이 종장 한 줄 때문에 시조 창작 욕구가 멈추지 않는지도 모른다.
종장에 내재된 의미를 찾아보면 ① 화자의 결단력 ② 작품의 영원한 생명력 ③ 반전의 매력 등이 내포되어 있다.
사육신 중 한 분인 이개(李塏)는 "우리도 저 촛불 같아야 속 타는 줄 몰라라" 처럼 자신의 애타는 심정을, 황진이는 "어른 님 오신 날 밤이어든 굽이굽이 펴리라."처럼 사랑하는 임을 위한 애절한 마음을 나타내고 있다. 두 작품도 모두 작가의 심정을 담아낸 표현이지만 감정을 최대한 끌어 올린 상태로 마감을 하고 있다.

오세영 교수는 '시詩'란 "총체적 진실을 이미지, 은유, 상징 등과 언어의 음악성으로 형상화한 일인칭 현재시제의 함축적 자기 독백체 진술이다."라고 한다. 고시조에서 종장 첫 소절은 하나같이 3자로 되어 있지만 현대시조에서 종장 첫 소절 3자의 독립성을 훼손한 작품이 종종 보인다. 예를 보면 다음과 같은 것들이다.

'예쁘디 예쁜 꽃밭에 호랑나비 앉아 있다.'는 '예쁘디 예쁜'까지가 한 소절이고 '보이지 않는 공부가 제일 어렵다.'는 '보이지 않는'까지가 한 소절이 된다. '아, 차마 보내려 하니 이 가슴이 찢어진다.'와 같은 첫 소절 3자 역시 비독립적이다.

'아, 차마'의 문장은 '아,'+'차마'이다. '아'는 느낌을 나타내는 감탄사로 독립어이다. '차마'는 뒤에 오는 '보내다'를 수식하는 말이므로, 종장 첫마디는 '아,' 하나만 남게 된다. 독립적이냐 비독립적이냐를 판단하는 기준은 하나의 낱말처럼 쓰이느냐 아니냐에 따라 판단된다. 그러므로 종장 첫 소절 3자는 글자 수만 볼 것이 아니라 의미가 생성되는 원리까지 이해하고 3자를 만들어야 한다.

> 이승의 가슴에 얹힌 청돌 하나 눈을 뜬다
> 외할머니가 건져 올린 바다의 추운 심장
> <u>뒤란 빈</u> 오지독 속에 해안선이 열려 있다.
> ***의 「마음의 독채」

종장 첫 소절 '뒤란 빈'의 '뒤란'은 뒤뜰이란 말로 뒤뜰에 있는 빈 오지독이란 표현이다. 이 첫 소절 3자는 비독립적 말마디이다. '빈'은 오지독을 수식하는 말이다. '오지독'이 비어있다는 의미이다. 그래서 '빈'은 '오지독'에 붙여 읽어야 맞다. 즉 '뒤란✔빈 오지독 속에✔해안선이✔열려 있다.'가 된다. 따라서 첫 소절 3자는 두 자가 되므로 규칙을 어기게 된다.

고시조에 보면 종장 후구를 보면 운율을 위하여 음절을 4.3이 되도록 분절하였다. 즉 '물어 무삼 하리오.', '그를 설워 하노라.'처럼 '물어무삼', '그를 설워'처럼 4자를 한 호흡이 되도록 만들어 읽었다. '무삼하리오(무엇하리오.)', '설워하다(서러워하다)'는 하나의 낱말임에도 4.3을 만들기 위해 강제 분할하여 '일러+무삼', '그를+설워'처럼 만들었는데 이는 창(唱)을 부르기 위한 역진의 조치로 보인다. 이러한 분절 방식은 개화기에도 일부 혼용된 흔적이 보이나 현대시조에서는 맞춤법의 등장으로 소멸된 방식이다.

현대시조 예문을 보며 고시조와 문장 구성을 비교해 본다.

①
　알몸의 나무들 살찐 근육 통통하다
　비어버린 대합실 메아리가 목을 빼고
　벌판의 육자배기와 창문을/ 두드린다.

　　　　　　　　　　　***의 「간이역」

위 예문은 3장이 모두 별개의 문장으로 된 작품이다. 초장의 전제 또는 확장, 보충으로 중장이 만들어지고 초장, 중장의 결론으로 종장이 나와야 하는데 상호 연관성이 없을 뿐 아니라 종장은 소절, 구, 장의 의미를 충분히 살려내지 못한 상태이다.

중장 '비어버린 대합실'은 역진이다. 메아리가 목을 빼고 있는 곳은 대합실이라는 말이므로 '대합실에'처럼 처소격 조사 '에'를 붙여 역진을 피해야 한다.

종장 첫 소절은 '벌판의 육자배기와'이므로 첫 소절은 3자가 아니라 8자가 되고 소절 수는 2개이며 구와 장은 통일안에서 요구하고 있는 조건을 상실하고 있다.

문장의 구성을 보면 초장은 '나무들이 통통하다.'는 뜻이고 중장과 종장은 '메아리'가 목을 빼고 창문을 두드린다는 의미가 된다. 따라서 이 예문은 각 장과의 연결 고리가 보이지 않으므로 별개의 문장이 된다. 왜 이런 형상이 벌어질까? 주제(시적 대상)와는 별 관계가 없는 간이역의 풍경을 썼기 때문이다.

참고로 임종찬 교수의 고시조 구성 원리를 소개한다. 임 교수는 「정형시조로서의 시조 짓기」라는 글에서 고시조 각 장의 구성 원리를 다음과 같이 말하고 있다.

"시조의 각 장은 의미상 두 토막으로 분절된다. 즉 장(章) 하나는 두 개의 의미 단위로 나누어지고 하나의 의미 단위는 다음과 같이 두 개의 소절로 이루어진다."
　① 주어구 + 서술어구
　② 전절　+ 후절
　③ 위치어 + 문(文)
　④ 목적어구 + 서술어구

　① 선인교 나린 물이/ 자하동에 흘러들어
　① 반천년 왕업이/ 물소리 뿐이로다
　④ 아희야 고국흥망을/ 일러 무삼 하리오
　　　　　　　　　　　　　　　　-정도전-

　② 강호에 봄이 드니/미친흥이 절로 난다
　③ 탁료 계변에/ 금린어 안주로다
　① 이 몸이 한가하옴도/ 역군은 이샷다
　　　　　　　　　　　　　　　　-맹사성-

③ 대추볼 붉은 골에/밤은 어니 뜯드르며
③ 베 빈 구르헤/ 게는 어이 나리는고
② 술 익자 체장사 도라가니/ 아니 먹고 어이리

-황희-

*작품의 번호는 4개의 형태 중 어느 하나에 속한다는 표시임.

이 이론을 소개하는 이유는 자기 작품을 보며 위 4개의 형태 중 어디에 속하는지 스스로 점검해보라는 의미이다.

2. 각 소절의 조사(助詞)와 연결어미(連結語尾)

소절과 소절, 구와 구, 장과 장은 조사나 연결어미로 연결성을 유지하는 것이 원칙이나 때에 따라 조사는 생략하기도 하고 남구만의 작품처럼 각 장이 종결어미로 마감하는 때도 있게 된다. 종결어미로 마감하지 않는 이상 각 장은 연결성을 유지해야 하는데 이런 경우 음수를 맞추기 위해 연결어미를 임의로 생략할 수 없다.

예를 들면 "고독마저 황홀하게/ 사르는 석양빛을"에서 '-마저' '-을(를)'은 조사이고 '-하게', '-는', 용언의 활용으로 생긴 연결어미이다. 조사는 때에 따라 생략되기도 하지만 연결어미는 생략할 수 없다. '학교에 간다.'에서 조사 '-에'는 생략할 수 있다. '학교 간다.'를 '학교 간'처럼 어미의 생략은 불가하다. 또 '황홀하다'의 어미활용으로 생긴 '황홀하게'에서 '-게'를 생략하여 '황홀하'로는 할 수 없다. 후구 앞 소절 '사르다'도 마찬가지이다. 연결어미 '-는'을 생략하고 '사르 석양빛을'처럼 하면 문장이 성립되지 않는다.

연결어미나 조사를 마구 생략하게 되면 자칫 주체가 흔들리고 장과 장이 따로 놀게 되는 경우가 종종 발생하여 어색한 문장이 되므로 주의를 요한다.

문장(文章)이란 사고나 감정을 표현할 때 완결된 내용을 나타내는 단락을 말하는데 시적 대상이 하나 이상이 되면 별개의 문장이 되기 쉽다. 연결어미는 작품의 일관성을 유지하게 하며 문장을 부드럽고 자연스럽게 한다.

고시조와 현대시조를 비교해 본다.

> 방 안에 혓는 촛불 눌과 이별 하였관대
> 눈물 흘리며 속 타는 줄 모르는고
> 우리도 저 촛불 같아야 속 타는 줄 몰라라
> -이 개-

초장은 전구에 '에' '은'으로 후구는 접속조사 '과' 연결어미 'ㄴ데'로 소절과 소절 구와 구를 연결하고 중장을 연결시키기 위해 '하다'라는 술어를 어미 변화시켜 'ㄴ대'로 가감하였다. '혓는 촛불은'이 정상이나 간결성을 위해 주격조사 '은'을 생략한 형태이다. 중장도 '을' '며' '을' 'ㄴ고'되어 있다. 즉 '눈물(을) 흘리면서/ 속 타는 줄(을) 모르는고'가 정상이나 간결성을 추구하느라 목적격 조사 '을'이 생략되었다.

종장은 앞뒤가 같음을 나타내는 보조사 '도'를 첫 소절에 두었고 둘째 소절에서는 '야'를 사용했는데 이 '-야'는 보조사이다. 셋째 소절에서는 '줄(을)'의 생략형으로 목적어이다.

고시조는 모두 적절한 문장성분을 두어 상호 연결성을 유지하고 있다.

현대시조는 어떨까? 대부분이 고시조처럼 짜여 있지만 가끔 다음과 같이 연결성이 모자란 작품도 보인다.

② 연결어가 없는 현대시조

모래성에 반듯한 문패 하나 매다는 일
발자국에 그럴싸한 변명 하나 남기는 일
앞서간 바람을 따라 뒷짐 지고 나서는 일

***의 「삶」

이 작품은 동일한 장 내에서는 연결성이 유지되고 있으나 장과 장 사이에서는 연결성이 없이 보이지 않는다.

이개의 작품 ①은 초장 후구 말미가 '하였관대' 중장은 '모르는 고' 종장은 작가의 심정을 그대로 표현한 (그래서) '속 타는 줄 몰라라'처럼 문장이 연결된다.

하지만 ②는 각 장이 삶이라는 주제와 연관성은 유지하고 있지만 장과 장의 연결성이 없는 별개의 문장으로 짜여 있다. '삶'이란 주제를 설명해주는 여러 가지의 예를 나열한 것일 뿐이다. '매다는 일과 남기는 일과 나서는 일은 삶이다.'처럼 연결되므로 하나의 문장이 된다. 따라서 하나의 문장을 세 토막으로 나눈 것에 지나지 않는다.

3. 고시조 종장(終章)의 정체성

고시조 종장은 매우 중요하므로 다시 한번 강조하기 위해 종장만의 정체성을 따로 다루고자 한다.

종장의 정체성을 제대로 알고 창작하면 좋은 작품을 탄생시킬 수 있다. 가장 중요한 장이 종장인데 이는 화자의 사상과 철학이 들어 있기 때문이다. 앞서 언급한 바 있듯이 종장은 ①화자의 결단력 ②작품의 영원한 생명력 ③반전의 매력 등을 갖추어야 한다. 종장을 이처럼 만드는 것은 자유시에서는 찾아볼 수 없는 시조만의 특이한 정체성이고 자유시와 변별력을 갖게 하는 중요한 포인트가 되며, 세계 어느 나라 시형(詩形)에서도 찾아볼 수 없는 특징이 된다.

고시조의 종장에서 나타난 몇 가지 특징을 요약하면 다음과 같다고 할 수 있다.

첫째, 종장 첫 소절 3자는 반드시 독립적 의미를 지닌 말이 사용되었다.

둘째, 종장 둘째 소절은 5-7자가 주류이며 관형어(형용사 역할)는 사용되지 않았다.

셋째, 종장 셋째 소절은 역진법으로 되어 있다. 즉 음수가 4≧3 형태이다.

넷째, 종장 후구 말미(넷째 소절)의 시제는 언제나 현재형으로 마감했다.

다섯째, 종장에서 화자의 감정이 절정을 이루도록 했다.

특히 네 번째 요건인 시제(時制)는 말하는 시간을 중심으로 사건이 일어난 시간의 앞뒤를 표시하는 문법 범주로서 문학의 시간은 자연의 시간과는 다른 개념이다. 즉 자연적 시간을 무시한 상상의 시간으로서 작가가 작품을 쓰는 시간은 언제나 현재이다. 시조의 종장 마감은 무시간성(無時間性)을 갖는 현재시제이다. 따라서 종장 말미를 현재형으로 하는 것은 시조의 영원성을 지향하기 때문이다.

위에 열거한 다섯 가지 조건이 고시조 종장의 정체성이다. 현대시조도 가능하면 이 정체성을 유지해야 한다고 필자는 생각한다. 시조의 특징과 매력은 종장에 있다고 보아도 무리는 아니다. 그러므로 위에 열거한 다섯 가지를 예문을 통하여 자세히 살펴본다.

이 몸이 죽고 죽어 일백 번 고쳐 죽어　(3.4.3.4) 4소절
백골이 진토되어 넋이라도 있건 없건　(3.4.4.4) 4소절

임향한 일편단심이야 <u>가실 줄이 있으랴</u>　(3.6.4.3) 4소절
<정몽주>

종장 후구 말미의 시제는 현재형으로 그 생명력을 유지하고 있으며 화자의 결의가 시퍼렇게 살아 있다. 그러나 요즘 작품은 과거형 시제를 쓰는 경우도 종종 발견된다. 과거에 발생한 일이니까 과거형이 되어야 한다고 생각하기 때문인데 초장과 중장은 과거형 시제 사용이 가능하나 종장만큼은 현재형 마감을 해야 한다.

1) 고시조 종장 첫 소절 3자에 대하여

고시조이건 현대시조이건 간에 종장 첫 소절이 3자로 고정된다는 점은 시조를 짓는 이는 누구나 다 알고 있는 상식이다. 고시조에서 주의 깊게 볼 것은 종장 첫 소절 3자를 어떤 문장성분으로 했는지 살펴봐야 한다. 아는 바와 같이 독립적 의미의 3자를 사용한다.

감탄사와 부사어가 제일 많고 주어, 목적어, 관형어 순이다. 첫 소절에 감탄사, 부사어, 주어, 목적어 등이 오는 것은 특별히 설명할 게 없으므로 관형어 사용과 두 어절로 이루어진 3자에 대해서만 논하고자 한다.

① 관형어로 된 것은 극히 제한적인데 대개 다음과 같은 것들이다.

　'달빛만/ 싣고 빈 배 저어 오노라'
　'임 향한/ 일편단심이야 가실 줄이 있으랴'
　'임 계신/ 구중심처에 뿌려 본들 어떠리'

② 관형어가 아닌 두 어절의 3자는 다음과 같은 것들이다.

'잔 잡아/ 권할 이 없으니 그를 설워 하노라'
'술 익자/ 체 장수 돌아가니 아니먹고 어이라'
'저 물도/ 내 안 같도다, 울어 밤길 예놋다'

①은 세 가지 유형의 관형어가 고시조 종장 첫 소절에 쓰인 대표적인 예이다. 이 외에 다른 관형어는 있기는 하지만 그 수가 너무 적어 대표성을 띨 수 없다.

따라서 현대시조에서도 첫 소절 3자를 관형어로 쓰는 것은 무난하지만 관형격 조사 '의'를 붙여 3자를 만든다든가, 분리해서는 안 되는 말을 사용해서는 안 된다.

예를 들면 '보이지 않는 공부가 제일 어렵다.'에서 '보이지 않는'은 띄어쓰기는 했지만 붙어 다녀야 의미가 완전히 드러나는 통사적 언어이므로 첫 소절 3자로 사용할 수 없다. '예쁘디 예쁜 꽃밭에'도 마찬가지이다. '예쁘디예쁜'은 붙어 있는 말이다. 이때 '-디'는 관형격 조사 또는 연결어미이다. '예쁘다'가 원형이고 어간 '예쁘' 다음에 '고, 서, 디, 으로, 니까' 같은 어미가 붙어 '예쁘고, 예뻐서, 예쁘니까'처럼 활용을 하게 된다. '-디'는 뒤에 앞말이 반복되는 어미이다. '예쁘디예쁜, 곱디고운, 착하디착한'처럼.

위에서 예로든 '임 향한' '임 계신'을 보면 '임' 다음에 조사가 생략되었음을 발견할 수 있다. 즉 '임을 향한'은 목적격 조사 '을(를)'을, '임이 계신'은 주격 조사 '이(가)' 생략된 형태이다. 현대시조에서도 이런 유형의 관형어 3자는 독립적이다. 예를 들면 '잎 누런' '무릎 칠'은 '잎'과 '무릎'이라는 체언에 붙어 있는 조사 '이'와 '을'이 생략된 형태의 관형어이다. 즉 '<u>잎이</u> 누런', '<u>무릎을</u> 칠'에서 첫 소절 3자를 만들기 위해 '이'와 '을'을 생략한 것이다. 현대시조 역시 이렇게 만든 관형어 사용은 가능하다.

그러면 다음의 경우는 어떤가?

마른 수수깡 같은√ 수사(修辭)√ 반쯤은√ 내려놓고 (7.2.3.4)
반쯤√ 몸을 비운 건가√ 늙은 처사√ 몸짓이다 (2.6.4.4)
쉿! 쉬이√ 입술을 다문 늙은√ 처사√ 몸짓이다. (3.7.2.4)

***의 「쉿!」

 다른 곳은 다 놔두고 종장 첫 소절만 본다. '쉿! 쉬이'라는 말은 무슨 말인지 알 길이 없다. 분명 '쉿!'+'쉬이' 같은데 '쉿!'은 감탄사이고 '쉬이'는 '쉽다' 또는 '어렵지 않게'라는 말로 부사어다. 둘 다 감탄사라 하더라도 종장 첫 소절 사용은 부적절하다.

 ②는 두 어절이 모여 3자를 만든 경우이다.
 '잔 잡아'는 '잔+잡다'에서 뒤에 오는 '잡다'를 활용한 것으로 부사어 역할을 하고, '술 익자'는 '술+익다'를, '저 물아'는 '지시대명사+호격'으로 만들어진 3자이다. 두 어절 이상이 모일 때는 위의 예처럼 부사어나 호격이 되는 경우가 대부분이다.

2) 고시조 종장 둘째 소절에 대하여

 고시조 종장 둘째 소절은 대개 두 개 또는 세 개의 어절로 구성된다. 5자에서 7자까지가 주류를 이루고 있다. 4자 미만이나 8자 이상은 불과 몇에 지나지 않는다.

 청령포 달 밝은 제 슬피 우는 저 두견아
 육신(六臣) 원한(寃恨)을 아는다 모르는다
 <u>天地</u> <u>아득하니</u> 아무덴 줄 모르노라
  2자   4자

-작자 미상(*이재난고: 조선 후기 이재 황윤석이 지은 유고집)

예문에서 첫 소절은 2자이고 둘째 소절은 4자이다. 이러한 예는 극히 드물고 대부분이 5~7자인데 이렇게 하자면 하나의 어절보다는 두세 개의 어절로 만드는 것이 더 쉽다. 하나로 된 어절은 대개 사자성어로 되어 있다. 이것은 음수의 분포도를 말한 것이지만 문장성분은 어떻게 배치되었는지 살펴본다. 고시조에서 종장 둘째 소절의 성분을 예를 들어 설명한다.

① "임 계신 <u>구중심처에</u> 뿌려 본들 어떠리"
② "어즈버 <u>태평연월이</u> 꿈이런가 하노라"
③ "구태여 <u>광명한 날빛을</u> 따라가며 덮나니"
④ "청강에 <u>일껏 씻은 몸을</u> 더럽힐까 하노라"
⑤ "아마도 <u>한물에 있거니</u> 잊어 신들 어떠리"

예문에서 보듯이 종장 둘째 소절은 ①②처럼 하나의 어절로 이루어졌으며 문장성분은 부사어와 주어이고 ③④는 목적어이다. ③④⑤는 두 개의 어절이 모여 만들어진 소절이다. 조사 또는 연결어미가 붙어 있다.

③은 두 개의 어절이 모여 만들어진 소절이긴 하지만 '관형어(광명한)+ 목적어(날빛을)'로 목적어 구를 만들고 있다. ④는 세 개의 어절로 짜여 있는 목적어구이다.

'부사어(일껏)+관형어(씻은)+ 목적어(몸을)'로 이루어져 있다. ⑤ 역시 세 개의 어절로 만들어진 술어구이다. 관형어(한)+부사어(물에)+ 술어(있다)

'-니'라는 연결어미로 뒤에 오는 문장과 연결을 시키는 연결어미를 사용했다. 여기서 중요한 점 하나를 발견해 낼 수 있다. 즉 첫 소절에 오는 문장성분과는 달리 감탄사와 관형어는 찾아볼 수 없다는 점이다. 이 말은 둘째 소절은 감탄사나 관형어가 와서는 안 된다는 말과 같다.

고시조의 둘째 소절은 다른 소절과 마찬가지로 한 호흡으로 읽는 단위이다.

참고로 연결어미 '-니'와 '-으니'는 다음과 같이 쓰인다.

◎-니

모음이나 'ㄹ'로 끝나는 용언의 경우에 사용

*모음으로 끝나는 경우: 보다→보니

'ㄹ'로 끝나는 경우: 불다→부니

◎-으니

'ㄹ'을 제외한 자음으로 끝나는 경우

*먹다 → 먹으니. (먹니×). 낮다 → 낮으니. (낮니×). 없다 → 없으니.(없니×)

불다 → 부니. (불으니×). 깔다 → 까니. (깔으니×)

고시조에서 사용된 종장 둘째 소절의 문장성분은 대개 다음과 같다고 보면 된다.

① 조사의 경우

첫째: 처소격 조사가 온다.

　예: 임계신 <u>구중심처에</u> 뿌려본들 어쩌리

둘째: 주격조사가 온다. \

　예: 어즈버 <u>태평연월이</u> 꿈이런가 하노라

셋째: 목적격 조사가 온다.

　예: 아희야 <u>고국흥망을</u> 일러 무삼 하리오

넷째 용언에 연결어미를 붙여 부사어 역할을 하게 한다.

② 용언의 경우

용언은 술어가 되지만 어절 사이에서는 활용을 하여 부사어를 만들거나 연결어미 역할을 하게 만든다. 예: "우리도 이같이 얽어져"에서 '같이'는 '같다(형용사)'가, '얽어져'는 '얽다(동사)'가 원형이지만 이를 활용한 형태이다.

이 용언의 경우는 두 개 이상의 문장성분이 모여 하나의 구를 만들게 된다. 예를 들어 "<u>우리도 이같이 얽어져 백년까지 누리리라</u>"에 둘째 소절 "이같이 얽어져"를 보면 '이+같이+얽어져'처럼 세 개의 어절(語節)로 이루어져 있다. "석양에 홀로 서 있어 갈 곳 몰라 하노라"라는 종장 둘째 소절은 '홀로 서 있어'는 '홀로+서+있어'라는 세 개의 어절로 만들어져 있다. '얽어져'나 '있어'는 용언의 활용으로 생긴 연결어미이다.

현대시조에서도 고시조와 같다고 보면 된다.

'주름투성이'는 '주름+투성이'의 두 어절로 '투성이'라는 접미사가 붙어 하나의 명사로 사용되며 뒤에 붙는 조사에 따라 격이 변하게 된다. (-가, -에, -의, -다 등등)

'아무 말 없이'는 '아무+말+없이'는 세 어절로 부사구이다.

고시조에서는 찾아보기 어렵지만, 현대시조에서는 관형어 사용도 가끔 발견된다. 그러나 관형어 사용이 큰 문제는 되지 않으리라 생각하지만, 전통이라는 측면을 고려한다면 관형어는 피하는 것이 좋다고 본다.

*부사어를 만드는 방법

체언에 조사를 붙이는 법과 용언을 활용하는 법이 있다.

용언을 활용하는 경우 형용사에는 부사격 조사, 예를 들면 "높다"는 '높아, 높게, 높아서'처럼 "-아, -게, -지, -고" 같은 부사격 조사를 붙여 만들고, 동사는 활용, 예를 들면 "먹다"는 '먹어서, 먹으니, 먹으면' 같이 어미를 변화시켜 만들게 된다.

부사어는 문장을 확대시키는 문장 부속 성분의 하나로 용언을 꾸며주게 되어 술어부를 만든다. 부사어는 부사형 어미가 결합하거나 체언에 처격, 여격, 조격 등이 붙어 만들어진다.

① 부사어: 무척, 아주 등등 낱말 자체가 부사어인 것.

예: 저 애는 <u>아주</u> 예쁘다. 이일은 <u>무척</u> 힘들다.

② 체언+부사격 조사: -에게, -에서

예: 닫힌 문으로. 여자 친구에게

③ 용언+부사형: 행복하게, 기쁘게

예: 옷을 따뜻하게 입어라.

④ 부사어+보조사: 무척이나, 학교에서도

예: 그 애는 무척이나 착실하다.

⑤ 관형어+의존명사: -할 만큼

예: 그 애는 놀랄 만큼 어른 같다.

⑥ 성분부사는 서술어를 수식하고 문장부사는 문장 전체를 수식한다.

예: 과연 그의 말이 사실로 드러났다. 확실히 그는 통이 큰 사람이다.

⑦ 부사어는 부사나 관형사를 수식할 수 있다.

예: <u>더 빨리</u> 해라, <u>아주</u> 새 옷을 입었다. 비행기가 <u>매우 높게</u> 떴다
  <u>빨갛게</u> 핀 꽃이 샐비어이다,

⑧ 체언을 수식하는 경우도 있다

예: <u>겨우</u> 두 명이 그 일을 했니?, <u>고작</u> 그것뿐이야?

부사어는 원칙적으로 술어나 관형어로 쓰일 수 없다. 의태부사나 의성부사가 이에 해당한다. 예를 들면 아장아장, 졸 졸 졸, 울긋불긋 같은 말들은 부사어이다. 이런 말에는 접미사를 붙여 술어를 만든다. 즉 아장아장+대다, 졸 졸 졸+

거리다, 울긋불긋+하다, 이러한 접미사를 붙여 상태나 동작을 나타내는 관형어를 만들 수 있고 이 관형사를 어미 변화시켜 관형어를 만들게 된다.

아장아장대는, 졸졸거리는(대는), 울긋불긋한

"울퉁불퉁 솟아 나온 바위"에서 '울퉁불퉁'은 부사어일까, 관형어일까?

이때는 '솟아 나온'이라는 술어를 수식하므로 부사어이다.

관형어가 되려면 '<u>울퉁불퉁한</u>'이 되어야 한다. 이때 접미사 '-하다'를 붙여 '울퉁불퉁+하다'로 하고 '하다'를 어미변화 시키면 '울퉁불퉁한'이 되어 관형어 역할을 하게 된다.

물론 문법을 말하고자 하는 것은 아니나 이만큼 시어 하나도 그 사용하는 데 있어 심혈을 기울여야 한다고 말하고 싶어서이다.

3) 종장 셋째와 넷째 소절은 역진이다.

초장과 중장은 음수 배열이 3(4)≤4이나 종장은 이와 반대로 4≥3(4) 형태가 되어야 한다. 이를 역진이라 한다. 초장이나 중장에서 3(4)≤4의 순진법과 반대되는 역진을 택한 것도 시조의 미학적 측면을 잘 살려낸 중요한 정체성의 한 부분이라고 생각한다.

    '너뿐인가 하노라'
    '따라가며 덮나니'
    '잊어신들 어떠리'
    '굽이굽이 펴리라'처럼 4≥3형태이다.

그러나 실제 창을 부를 때는 뒤에 오는 3자는 생략하였으므로 고시조를 보면 가끔 이런 형태의 작품(소절이 세 개로 된 것)이 보이기는 하나 실제는 창을 부르면서 '하노라, 하여라'같은 말이 생략되었음을 알 수 있다. 따라서 세 소절이 아니라 네 소절임이 확실해진다.

4) 종장 말미의 마감방식

고시조나 개화기 시조의 종장 종결 방식을 보면 모두 종결어미로 마감을 하고 있다. 고시조 가집 『청구영언』을 보면 하나같이 현재형 술어로 마감되었고, 개화기 때 최남선의 『백팔번뇌』 작품집에서도 현재형 술어로 마감하고 있다. 과거형 술어는 발견되지 않는다, 정인보의 「자모사」 40편 중에도 과거형은 없다. 종장의 종결어미가 현재형이라는 점은 정말 자랑스러운 시조의 매력이다. 현재시제는 영원성을 지니고 있다. 과거시제는 과거의 상태로 끝나지만 현재시제로 마감하게 되면 미래에도 그 생명력을 유지하게 된다.

시조만 지니는 아주 독특한 시형이라 하지 않을 수 없다.

① 고시조 예문
　'백설이 만 건곤 할 제 독야청청 하리라'/성삼문
　'차라리 귀 막고 눈 감아 듣도 보도 말리라'/김수장
　'아마도 겉 희고 속 검을 손 너뿐인가 하노라'/이직
　'임 향한 일편단심이야 변할 줄이 있으랴'/정몽주

② 개화기 시조 예문
　'열릴 듯 닫힌 문으로 눈이 자주 가더라'/최남선
　'다시금 생각 하옵고 고개 숙여 웁니다'/최남선
　'솜치마 좋다시더니 보공(補空)되고 말아라.'/정인보
　'빈말로 설은 양함을 뉘나 믿지 마옵소.'/정인보
　'하그리 그리운 맘에 흙을 빚어봅니다.'/이광수

고시조나 개화기 시조는 한결같이 현재형 종결어미로 닫힌 마감을 하고 있다. 즉 화자의 각오나 결의가 들어가 있도록 종장을 처리하였다. 이 정체성은 반드시 물려받아 지켜야 할 유산 중 하나이다. 또 세계 어느 시(詩)이건 간에 시조처럼 종장에 작가의 결심, 각오 등이 나타나도록 한 예는 없다. 우리의 시조는 예술성 짙은 미학(美學)이므로 인류 문화유산이 되어야 할 Identity를 충분히 지니고 있다.

4. 고시조의 닫힌 마감과 열린 마감

종장 마감을 종결어미로 닫아 놓는 상태를 '닫힌 시조', 마감이 열려 있는 상태를 '열린 시조'라 한다.

'임 향한 일편단심이야 가실 줄이 있으랴'
'재 넘어 사래 긴 밭을 언제 갈려 하나니'
'밤비에 새잎 곧 나거든 나인가도 여기소서'

고시조는 예문처럼 화자의 감정이 확실히 드러나도록 마감을 하였다. 물론 고시조 중에도 종결어미로 마감했는데도 열린 시조가 된 것은 한두 수 있다. 예를 들면 다음 시조가 대표적이다.

나비야 청산 가자 범나비 너도 가자
가다가 저물거든 꽃에 들어 자고 가자
꽃에서 푸대접하거든 잎에서나 자고 가자
　　　　　　　　　　　　　　　　　-미상-

종장은 '자고 가자'라고 닫은 상태이지만 종장 전체가 화자의 결의 찬 모습은 찾아보기 어렵다. 따라서 열린 시조가 된다. 닫힌 시조가 되려면 꽃에서 푸대접하더라도 기어코 꽃잎에 들어 자겠다는 각오나 결심이 들어가 있어야 한다.

5. 순진법(順進法)과 역진법(逆進法)

초장과 중장은 앞 소절의 음수는 3(4), 후 소절은 4음절이다. 3(4)≤4이고 종장 후구는 반대로 4≧3(4)이다. 위 예문에서 초장 "북창이(3)≤맑다커늘(4) 우장 없이(4)=길을 나니(4)"이고 중장도 3≤4, 3≤4이다. 그러나 종장은 '얼어 잘까(4)>하노라'(3)처럼 앞의 음수가 더 크거나 같다. 즉 음수가 ≧ 과 같은 모양이다. 이처럼 고시조에서는 초장과 중장은 구의 음절 수가 앞 소절이 작고 뒤 소절이 크며, 종장 후구는 이와 반대로 앞 소절의 음수가 뒤 소절보다 크게 구성되어 있다.

왜 그럴까? 초장과 중장의 평탄한 전개 과정을 반전시키거나 분위기(느낌)를 환기하려는 조치라고 본다. 수사법에 변화를 주어, 화자는 감정을 극대화하고 독자에게는 분위기(새로운 느낌)를 환기하는 효과를 거두려는 조치라고 본다. 중요한 정체성 중 하나가 된다. 따라서 현대시조에 있어서도 초장과 중장은 3(4)≤4로 종장은 4≧3(4)로 하는 것이 바람직하다.

고시조는 초장과 중장은 반드시 순진이며 역진은 찾기 어렵다

'춘풍 이불 아래/ 서리서리 넣었다가' 2.4/4.4 2<4 / 4=4
'겉이 검은들/ 속조차 검을쏘냐' 2.3/3.4 2<3 / 3<4
'반 천년 왕업이/ 물소리 뿐이로다' 3.3/3.4 3=3 / 3<4

여기서 우리가 발견할 수 있는 것은 전구나 후구나 모두 (<), 아니면 (=)형 태라는 점이다. 이조년의 「다정가」 중장 '일지춘심(一枝春心)을 자규(子規)야 알랴마는'이나 황진이의 '청산리 벽계수야'로 시작하는 작품의 '일도창해(一到滄海)하면 돌아오기 어려왜라'를 보면 '일지춘심'이나 '일도창해' 같은 사자성어를 순진법으로 읽기 위해 '일지√춘심을' 2.3으로, '일도√창해하면'을 2.4로 분절하여 읽었다. 그러나 현대시조에서는 이를 허용하지 않는다.

그러나 이와는 반대로 종장 후구는 반드시 역진이다. 즉 (>)이거나 (=)의 형태이다.

'차라리 귀 막고 눈감아/<u>듣도 보도 말리라</u>'   4 > 3
'어른님 오신날 밤이어든/<u>굽이굽이 펴리라</u>'   4 > 3
'밤비에 새잎 곧 나거든/<u>날인가도 여기소서</u>' 4 = 4
'우리도 이같이 얽어져/<u>백년까지 누리리라</u>'   4 = 4
'아이야 고국 흥망을/<u>물어무삼 하리오</u>'   4 > 3
                          (실제는 '물어 무삼하리오 2.5)

고시조 종장에 흔히 나타나는 '일러 무삼하리오, 그를 설워하노라' 등도 역진을 만들기 위해 율독 시에는 '일러무삼 하리오, 그를 설워 하노라'처럼 4.3으로 했다. 그러나 현대시조에서는 강제 분할하여 음수를 지키는 것은 불가하다. 현대시조 역시 자연스럽게 초장과 중장은 순진법으로, 종장은 역진법으로 하는 것 역시 중요한 정체성 중 하나이다.

고시조에서는 초장 중장은 순진법, 종장 후구는 역진법으로 되어 있다. 고시조는 이 규칙을 어긴 것은 찾아볼 수 없다.

현대시조 예문을 중심으로 설명하기로 한다.

①
　　흑백의 담장 앞에서 밀고 당기며 새던 밤　5.3 (3≦4의 형태가 정상)
　　앞에서 달려오는 그의 말을 자르던　　　4.3 (3≦4의 형태가 정상)
　　편견의 깊은 동굴 속 뼈아픈 밤의 소리　　3.4 (4≧3의 형태가 정상)
　　　　　　　　　　　　　　***의「외눈」의 둘째 수

　초장 전구 '흑백의 담장(5) 앞에서(3), 후구 '밀고 당기며(5) 새던 밤(3),' 중장 후구 '그의 말을(4) 자르던(3)'처럼 5>3 이 되거나 4>3으로 짜여 있다. 초장, 중장은 순진법(<)이 되어야 하나 역진(>)으로 되어 있다.
　이처럼 시조에 있어서 초장이나 중장은 3≦4 형태의 순진법을 요구한다. 정체성 중 하나이다. 반대로 예문의 종장 후구는 '뼈아픈(3) 밤의 소리(4)' 3<4형태인 순진법으로 되어 있다. 그러나 종장은 반대로 4≧3의 역진법이 되어야 한다. ±1을 허용한다고 하더라도 가능하면 이 규칙을 따르는 것이 좋다. 위 작품의 종장은 관형어('편견의'부터 '동굴 속'까지) 8자와 체언 3.4자로 된 작품으로 정형으로 보기 어렵다. 첫 소절 3자도 안 맞고 소절 수도 부족하게 된다.
　현대시조에서도 고시조의 규칙을 따라 초장, 중장에서는 3(4)≦4, 종장 후구 역시 4≧3(4)로 해야 하는 것은 운율을 더욱 효과적으로 살려내게 되는 장점이 있을 뿐 아니라 종장에서 상황을 반전시키는 효과까지 누리게 된다. 즉 상황을 뒤집어서 화자의 감정을 극대화하려는 묘법이라 할 수 있다. 그러므로 무심코 쓰는 초장, 중장 전후 소절에서 4>3의 형태나 종장 후구의 3<4 형태의 음수 배치는 가능하면 피해야 한다.
　현대시조도 이 규칙을 따라야 한다.

　　초장: "가을이 문 밖에다/ 선물 하나 두고 간다."(4,4)
　　종장: "얼마를 더 비워야만/ 단풍같이 물이 들까"(4,4)

예문처럼 종장 후구를 역진으로 하려면, 즉 셋째 소절의 음수 배열은 4가 되고 넷째 소절의 음수는 3이 되어야 하나 현대시조는 실사(實辭)를 많이 사용하므로 4음절이 되는 경우가 더 많다. 따라서 4≥3(4) 이라는 규칙을 따라야 한다. 즉 뒤에 오는 소절의 음수가 같거나 작아야 한다.

6. 고시조에 나타난 주체(시적 대상)

한 작품 안에서는 초장에서 종장까지 주체(시적 대상물)는 항상 하나로 일관성을 유지해야 한다. 시조의 특성 중 하나이다.

청초 우거진 골에 자는다 누웠는다
홍안을 어디두고 백골만 묻혔으니
잔 잡아 권할 이 없으니 그를 설워 하노라
-임제-

이 예문의 시적 대상(주체)는 황진이다. 초장에서 자는 듯 누워 있는 이도 황진이이며 중장의 백골도 황진이이고 종장의 잔 잡아 권할 이도 황진이이다. 그래서 화자가 서러워한다는 자기 독백이다. 황진이라는 하나의 시적대상을 두고 화자의 심정을 나타낸 작품이다.

이 작품은 오세영 박사가 말한 "'詩'란 일인칭 현재시재의 함축적 자기 독백체 진술이다."라고 한 말과 일치한다. 이처럼 주체적 역할을 하는 대상은 흔들리지 말아야 한다.

고시조 예를 보면

'석양에 홀로 서 있어 갈 곳 몰라 하노라'	시적 대상: 망국 고려
'품어가 반길 이 없으니 그를 설워 하노라'	시적 대상: 감
'청강에 일 것 씻은 몸 더럽힐까 하노라'	시적 대상: 당쟁
'명월이 만공산 하니 쉬어간들 어떠리'	시적 대상: 벽계수
'아마도 세한 고절은 너뿐인가 하노라'	시적 대상: 대나무
'석양에 지나는 객이 눈물 겨워 하노라'	시적 대상: 망국 고려

이처럼 고시조의 절대 다수는 보조관념을 주체로 한 자기 독백이다. 원관념인 '자기 자신'은 숨겨두고 보조관념만 내세운 작품들이다.

7. 고시조의 어법(語法)

시조는 창(唱)에서 갈라진 문학으로 화자의 특별한 의도가 없는 한 반드시 어법에 맞아야 한다. 이 어법을 어기게 되면 사리에 맞지 않는 글이 된다.

오백년 도읍지를 필마로 돌아드니
산천은 의구한데 인걸은 간데없네.
어즈버 태평연월이 꿈이런가 하노라
-길재-

이 작품을 보면 어법에 잘 맞는다. 초장 후구 "필마로 돌아드니" 중장 (그런데) "인걸은 간데없네." (그래서) 종장에 가서 "꿈이런가 하노라"하고 화자의 심회를 잘 드러내고 있다. (그런데)나 (그래서)는 앞 장의 원인으로 생기게 되는 마음속의 접속어라고 생각하면 된다. 말하자면 원인과 결과이다. 이 작품에서는 중장의 성립을 전제로 초장이 만들어진 것은 아니다. 반대로 초장이 원인이 되어 순차적으로 나타나는 중장이다. 초장을 보완 또는 보충 설명하고 있다. 즉 '돌아드니까 (그런데) 인걸은 없다.'는 사건이 벌어진 상황을 순차적 이끌어낸 문장이다.

고시조는 어법을 어긴 작품은 발견하기 어려운 반면 종장 말미의 마감은 대부분이 '하여라, 하노라' 같은 허사를 사용한 것이 일반적 특징이다. '눈물겨워 하노라' '그를 설워 하노라'처럼 말미를 분절한 것만 어법을 어긴 나타난다. 그러나 현대시조에서는 실사로 써야 된다.

①
<u>따끈한/ 찻잔/ 감싸 쥐고/ 지금은/ 비가 와서</u>　　3.2.4.3.4　　5소절
<u>부르르/ 온기에 떨며/ 그대/ 여기 없으니</u>　　3.5.2.5
<u>백매화 저 꽃잎 지듯</u> 바람 불고 날이 차다.　　3.5.4.4
　　　　　　　　　　　　***의「바람 불어 그리운 날」

이 작품은 어법에 안 맞는다. 비가 와서 날씨가 싸늘하므로 따끈한 차 한 잔을 감싸 쥐어야 하는데 전,후구가 바뀌어 있어 마치 따끈한 찻잔을 감싸 쥐고 비가 온다는 비논리적인 글처럼 되었다. 중장도 마찬가지이다. 의미가 단절되거나 자연의 섭리가 뒤바뀌어 이상한 문장이 되고만 느낌이다.

초장은 소절 수가 5개이며 음수도 '찻잔 감싸 쥐고'를 한 호흡으로 읽는다 해도 6자가 된다. 중장 역시 음수가 어색하다. 고시조 음수의 기본은 3.4.4.4 ±1 이다. 이로 미루어보면 후구의 소절 수는 "부르르 온기에 떨며 그대 여기 없으니"의 문장성분을 보면 '부르르'는 부사어, '온기에 떨며'는 부사어,/ '그대'는 주어, '여기'는 부사어, '없으니' 연결어로 구성되어 있다. 문제는 '그대 여기'를 두 소절로 볼 것이냐, 아니면 한 소절로 볼 것이냐인데 "그대 여기"는 조사 '그대가'라는 주격 조사 '-가'와, '여기에'라는 처소격 조사 '-에'가 생략된 형태이다. 그러므로 율독 시에 '그대'와 '여기' 사이에서 휴지가 일어나게 된다.

②
　나나니는 둘치라서
　새끼를 못 낳는다네

　남의 자식 잡아다가
　날 닮으라고 나나나나

　가엾은
　나나니 같은 그런 자식 있다네.

***의「나나니벌」

　이 작품 역시 사리에 안 맞는 내용이 들어가 있다.
　'둘치'라는 말은 새끼를 낳지 못하는 짐승의 암컷을 이르는 말이다. 나나니 벌이 모두 둘치라면 그 종(種)은 멸종되고 말 것이다. 혹 가다 둘치가 있을 뿐으로 모든 동물에 해당하는 말이다. 중장도 이치에 안 맞는다. 아무리 작품이 좋아도 이치에 안 맞는 작품은 그 품격을 떨어뜨린다. 종장 첫째 둘째 소절이 모두 관형어로 중복되는 것은 정체에 안 맞는다고 본다.
　이 밖에도 논리에 안 맞는 장(章)의 구성법도 주의를 요한다. 예를 들면 다음과 같다.

③
　오시는 봄 반가워 옷고름 풀어헤쳐
　미륵이 뛰쳐나가 지긋이 빗장 여니
　수줍게 귀부(龜趺) 무등(無等) 탄 벚꽃님들 오시네.

***의 「수안보 미륵 세상에 핀 벚꽃」

이 작품은 세 군데 모순이 있다.

첫째 수안보는 미륵 세상이 아니다. 둘째 '무등'은 '목말'의 지방어로 남의 어깨 위에 두 다리를 벌리고 올라타는 것을 말하고 '無等'은 '더할 나위 없이'라는 뜻이다. 귀부는 거북 모양으로 만든 비석의 받침돌인데 "龜趺에 無等 탄"이라는 말은 성립할 수 없다. 한자를 부기하지 말아야 한다. 그냥 '무등(목말) 탄'이라고 해야 그나마 의미가 전달된다. 셋째 '뛰쳐나가'와 '지긋이'가 어울리지 않는 언어의 조합이다. 하나는 빠른 동작이고 하나는 느린 동작이다.

이 밖에도 다음과 같은 표현은 상호 모순이거나 사리에 맞지 않는다.

④
　　찬 서리 맞아야만 제 빛을 발하는 꽃
　　여름날 어여쁜 꽃 <u>시샘할 만하건마는</u>
　　<u>늦가을 꽃 중의 꽃은 매·난·국· 중 국화다.</u>
　　　　　　　　　　　　　　　　　　　***의 「국화」

이 작품 역시 세 군데가 어색하다. "시샘할 만하건마는"은 하나의 소절이다. 즉 통사적 언어이므로 소절 수가 3이 된다.

둘째는 늦가을 꽃 중의 꽃이 매·난·국이라 했지만 매화는 봄꽃이다.

셋째 '하건마는' 다음에는 "못하다. 없다"와 같은 부정어가 오는 것이 일반적이다. 따라서 "시샘할 만하건마는"은 "~아니하다, ~못하다."처럼 뒤에 오는 말은 부정적 의미로 문장을 구성하게 되는 것이 일반적이다. 따라서 종장은 '시샘할 만하건마는 그렇지 않다(못하다).'는 의미로 문장 구성이 이루어져야 한다.

이 외에도 다음과 같은 표현은 어색하게 들린다.

"달마다 치러내는 초경의 아픔처럼"
*초경은 달마다 치르는 것이 아님.

"달밤에 도롱이 쓰고 소낙비를 맞는다."
*달이 뜬 밤은 비가 올 수 없음.

이러한 표현은 앞뒤가 사리에 맞지 않아 문장 호응이 안 되는 모순을 지니게 된다. 반어법이나 역설법은 강조를 나타내기 위한 수단이지만 비논리적 표현은 독자의 감성을 자극하기보다는 외면당하기가 더 쉽다.

고시조에 사용된 반어법과 역설법 예문을 보면

①
북천이 맑다커늘 우장 없이 길을 가니
산에는 눈이 오고 들에는 찬비로다
오늘은 찬비 맞았으니 얼어잘까 하노라
-임제-

②
추강에 밤이드니 물결이 차노매라
낚시 드리우니 고기 아니 무노매라
무심한 달빛만 싣고 빈 배 저어 오노라
-월산대군-

①은 찬비를 맞았으니 당연히 춥게 자겠지만 '찬비'는 '寒雨' 이기도 하고 기생 한우를 지칭하는 말이기도 하다. 그러니 실제는 따뜻하게 잔다는 표현이다.

반대의 의미이다. 『한국민족대백과』를 보면 다음과 같이 설명하고 있다. "표현하려는 원뜻과 정반대되는 말로 표현하는 수법이다. 예를 들면 예쁜 아이를 보고 '아유, 미워라' 한다든지 '동생을 마구 때렸어? 잘했군, 잘했어'처럼 표현하는 방법이다.

반어법에는 선의적 반어법과 악의적 반어법이 있다. 선의적 반어법은 웃음이 동반되지만 악의적 반어법은 풍자나 야유가 동반되므로 아픈 감정을 갖게 된다."

②는 '빈 배'는 아무것도 싣지 않은 배이나 '달빛'을 싣고 있으므로 '빈 배'가 아니다. 역설적 표현이다. 이 역설법에 대해서는 『한국민족대백과』는 다음과 같이 설명한다.

"표면적으로는 모순되거나 부조리한 것 같지만 그 표면적인 진술 너머에서 진실을 드러내고 있는 수사법이다. "찬란한 슬픔의 봄", "소리 없는 아우성" 등의 예에서처럼 앞뒤 진술이 논리적으로 모순된 이른바 '모순 형용'도 이 역설법의 범주에 들어간다. 역설법은 표현된 것과 은폐하고 있는 표현의 구조가 반어와 유사하다."

①②는 그 의미를 새겨보면 틀린 표현이 아니다. 반어법이나 역설법은 강조의 의미가 있는 수사법으로 매우 효과적이다.

8. 고시조의 율조(律調)와 표기(表記)

자산 안확은 시조시(時調詩)와 서양시(西洋詩)(문장 2권 1호. 1940년 1월 1일 발행)를 평하면서 율조에 관하여 다음과 같이 말하고 있다.

시조시의 34, 35 등 순서로 된 것도 상당한 이유가 있는 것이다. 함부로 못하고 전환하든지 수를 가감하든지 하면 불가하다. 또 서양시의 음절 구성은, 즉 박자는 2음절, 4음절, 8음절까지 있지마는 시조시의 음절은 1장이 4음절로 되어 그 4음절이 절대 불변의 구성법으로 된 것이다. 그러므로 시조시의 문구를 書(서)함에도 음절을 應(응)하여 쓸 것이요, 산문적 문법으로 쓰면 불가하다. 가령 -'거문고를 베고 누워있노라'처럼 쓰면 안 되고 '거문고를 베고 누워 있노라'처럼 써야 한다. '새도 아니 오더라' 역시 '새도아니 오더라'처럼 써야 된다.라고 했다.

안확이 주장한 음절은 글자 수가 아니라 호흡 단위, 즉 "거문고를"이 한 소절, "베고누워"가 한 소절임을 말한다. 글자 수가 아니라 호흡 단위의 묶음이 네 개, 즉 소절 수가 4개란 의미로 이해되어야 한다. 따라서 초장, 중장, 종장은 각각 네 개의 소절로 되어 있다는 의미로 해석된다.

　① 하물며 못다 핀 꽃이야 일러 무삼 하리요.
　② 석양에 홀로 서 있어 갈곳 몰라 하노라.
　③ 백설이 만건곤할 제 독야 청청 하리라
　*위에서 밑줄 친 부분을 붙여 읽어야 된다는 의미임.

과거에는 맞춤법이 정립되지 않은 때이기도 하였지만 창으로 부르기 위해 율조(律調)를 중요시여겨 종장 말구를 생략하였으므로 자연히 앞말에 붙여 놓아야 했다. 즉 '하리요, 하노라, 하리라' 등을 생략하였다. 따라서 '일러무삼, 갈 곳 몰라, 독야청청'처럼 앞말에 붙여 역진을 만들고 율(律)이 좀 더 잘 맞도록 했다. 그러나 현대시조에서는 과거처럼 별 의미 없이 붙어 다니는 '하노라, 하여라' 같은 말(허사)은 사용하지 않는다.

① 마지막 껴안은 깃털 하늘 쓸 듯 날고 있다.
② 홀로 핀 매화가지에 난분분히 눈이 오네.
③ 박연을 이르고 보니 하나밖에 없어라

현대시조는 위 예문의 밑줄 친 부분 같이 명사나 실질적인 뜻을 나타내는 용언(實辭)이 놓인다. 이런 실질적 의미를 지닌 말을 생략할 수 없다는 것은 너무도 당연하다.

이상 살펴본 바와 같이 현대시조의 종장 후구는 고시조와 다른 의미 의미구조로 짜인다는 점을 이해할 필요가 있다. 예를 들어 '훨훨/ 날아간다.'를 2,4로 읽어야지 고시조에서 하듯 '훨훨 날아/ 간다'처럼 4,2로 읽을 수 없다. 즉, '날아가다'는 하나의 낱말이므로 '날아/가다'처럼 분리해서 쓸 수 없다. 고시조나 안확의 주장대로라면 '훨훨 날아/간다.'처럼 4,2가 될 것이나 현대 어법으로 하면 2,4가 되는 것이다. 분리할 수 없는 용언을 분리할 때, 이 같은 현상이 벌어지는데 이는 잘못된 것이다.

안확은 『時調詩學』 제2편 수운(數韻)에서 다음과 같이 말하고 있다.

"음수(音數)는 시조시의 유일한 조건이므로 음수율 위주로 지어야 한다."

이때 이미 시조는 음보가 아니라 음수 위주로 창작해야 함을 주장하고 있는 바 요즘 일부 학자들이 주장하는 음보 이론이나 음량이론은 우리나라 최초 시조 '연구서'에서 안확이 주장하는 바와는 다르다는 점을 참고하길 바란다.

9. 고시조의 문장성분 배열방식

고시조의 특징 중 하나는 동일한 구(句) 또는 장(章)에서 체언이나 관형어 같은 시어를 반복해 사용치 않았다는 사실이다. 문장 구성에 있어 문장성분을 배열하는 방식이 정해진 것은 아니지만 동일한 성분이 연속해 나온 경우는 발견하지 못하였다.

체언, 관형어, 목적어, 부사어, 연결어미 등을 이야기하듯 적절하게 배치하여 작품을 구성했다. 고시조는 소절에서 부사어를 제외하면 문장성분이 겹친 작품은 단 한 수도 없다. 부사어는 부사어를 수식할 수 있지만 관형어는 체언만을 수식한다.

관형사는 품사이면서 문장에서는 관형어 역할을 한다. 예를 들면 '<u>이 새</u> 옷은 오늘 산 것이다.' 할 때 '이'는 지시관형사, '새' 역시 관형사이지만 문장성분으로 보면 관형어 역할을 한다. 이처럼 관형사가 관형어 역할을 할 경우는 관형어를 겹쳐(중복) 사용할 수 있다. 그러나 용언이 변화한 관형어는 겹쳐 쓰지 않는 게 좋다.

고시조는 소절과 소절 사이는 반드시 연결어미 또는 조사를 붙여 문장을 물 흐르듯 자연스럽게 만들고 있다. 한마디로 어순(語順)이 자연스럽고 부드러우며 쉬운 말이면서도 행간에 깊은 뜻을 숨기고 있다.

예를 든다면 "<u>봄, 여름 가을, 겨울이</u> 한꺼번에 지나간다."처럼 체언의 반복과 "<u>어여쁜 빨간 작은 꽃이</u> 바람에 흔들린다."처럼 관형어의 연속적 배열을 고시조에서는 찾아볼 수 없다. 그러면 부사의 경우는 어떨까?

중장의 예:
  "중천에 떠 있어/ 임의로 다니면서" 부+술어(연결어미)/부+술어(연결어미)

"금분에 가득 담아 /옥당에 보내오니"부+술(연결어미)/부+술어(열결어미)

종장의 예:

"잔 잡아 권할 이 없으니/ 그를 설워 하노라"부+술(연)/목+술
"석양에 홀로 서 있어/ 갈 곳 몰라 하노라" 부+술(연)/목+술

"금분에 가득"이나 "석양에 홀로"는 둘 다 부사어이다. 이는 연속적으로 사용해도 된다는 의미이다. '가득'이나 '홀로'는 뒤에 오는 술어를 수식하기 때문에 소절의 구분이 분명해진다. 또 "있어", "담아", "보내오니" "없으니" "몰라"는 '있다', '담다', '보내다' '없다' '모르다' 등 용언에 연결어미 -어'나 '-아'. '-으니' 등을 붙여 사용하였다.

부사(어)는 동사나 형용사, 다른 부사 앞에서 그 뜻을 한정하는 말이다. 즉 개념의 규정을 명확히 하고자 그 범위와 한계를 정하는 말이다. 부사어라 할지라도 동일한 의미를 지닌 말이 겹치는 것은 피해야 한다. 예를 들면 갑자기, 문득, 느닷없이, 홀연, 불시에 등은 의미가 같으므로 연속사용은 피해야 한다.

종장에서 "갑자기 느닷없이 떠난/첫사랑이 생각난다."처럼 썼다고 가정하면 이 역시 and의 개념으로 부사어를 남용하는 것이다. 강조하기 위한 조치라 하더라도 동일하거나 유사한 뜻을 지닌 어휘의 사용은 바람직하지 않다.

현대 문법에서 동일 어휘를 연속 배열한다고 해서 틀린 것은 아니지만 자유시와는 다르게 의미상 and의 개념이 되므로 시조에서는 결과적으로 정형의 틀을 벗어나게 됨을 알아둘 필요가 있다.

제2절 개화기 시조의 정체성

지금까지 고시조에 대한 정체성에 대하여 개략적으로 알아보았다. 고시조가 개화기에 들어와서 어떤 변화를 시도했는지, 새로운 정체성으로 정착된 것은 무엇인지 알아본다.

> 대장부 세상에 나매 입신양명 경륜이라
> 출장입상 지혜 없고 능언 즉간 못할진대
> <u>차라리 향곡에 묻혀 농업이나</u>
>
> -이세보-

이 예문을 보면 첫눈에 띄는 것이 종장이 세 소절이라는 점이다. 종장 끝마디가 '농업이나'로 되어 있으나 '하리라'가 생략되었음을 알 수 있다. 보이는 소절만 보면 셋으로 한 소절이 부족하다. 그러나 '하리라'를 넣어 보면 4소절이 되고 종장의 음수 역시 3,5,4,3으로 맞아떨어짐을 알게 된다. 외견상 종장 말구를 제외하면 고시조와 별 차이가 없다는 것은 고시조의 정체성을 그대로 이어받았다는 얘기가 된다.

1906년에 나온 <혈죽가>를 보면 본래의 문장 형태는 다음과 같다.

> 夾室의소슨대는츙결공血蹟이라우로불식ᄒ고房中의풀은뜨슨지금의爲國츙심을眞覺世界
> 츙결의고든절개피을매ᄌ대가도여樓上의홀노소사만민을驚動키는인생에비겨잡죠기로獨也靑靑
> 츙절공고든절개圃隱선셩우희로다石橋에소슨대도善竹이라遺傳커든허물며방중에는대야일너무삼
>
> 혈죽가/대구여사

이 작품이 어떻게 현대시조의 효시가 된다는 얘긴지 이해하기 어렵다. 신문(新聞)이라는 대중매체에 소개되었다고 효시가 되는 것이 아니다. 그 기준은 현대어로 쓴 것이냐, 고어로 쓴 것이냐가 기준이 되어야 한다.

청구영언 진본에 실린 성삼문의 작품과 비교해 본다.

首陽山ᄇ라보며夷齊를恨ᄒ노라주려주글진들採薇도하는것가비록에푸새엣거신들긔뉘따헤낫ᄃ니

혈죽가와 무엇이 다른지 구분할 수 있겠는가? 필자의 눈에는 똑같다. 참고로 「혈죽가」를 3장 형식에 맞추어 쓴 글을 보면 다음과 같다.

협실의 소슨 디는 츙졍공 혈젹이라
우로 불식ᄒ고 방즁의 풀은 쓰슨
지금의 위국츙심을 진각세계

츙졍의 구든 졀기 피을 미ᄌ 디가 도여
누샹의 홀노 소사 만민을 경동키ᄂ
인싱이 비여 잡쵸키로 독야청청

츙졍공 고든 졀기 포은선싱 우희로다
셕교에 소슨 디도 션쥭이라 유젼커든
허물며 방즁에 ᄂ 디야 일너 무삼
　　　　　　　　　　　대구여사의 「혈죽가」

현대어로 옮기면 다음과 같다.

협실에 솟은 대는 충정공의 피 흔적이라
비와 이슬을 맞지 않아도 방안에서 푸른 뜻은
지금의 위국 충심을 전 세계에 알림이다.

충정의 굳은 절개 피로 맺은 대(竹)가 되어
다락으로 홀로 솟아 만민을 노래킨다.
인생에 빗대어 보면 잡초일지언정 청청하다

충정공 곧은 절개 포은선생 위에 있다
석교에 솟은 대(竹)도 선죽(善竹)이라 전하거든
허물며 방 가운데에 난 대나무야 더 말할 나위 없다

첫수 종장은 '지금의 위국 충심을 진각세계'
둘째 수 종장은 '인생의 비여 잡초키로 독야청청'
셋째 수 종장은 '하물며 방중에 난대야 일러무삼'처럼 되어 있다.
소절 또는 음보로 보더라도 넷이 아니라 셋이다.

그러나 끝에 (하고자), (하리라), (하리오) 등의 말을 넣어보면 4개의 소절이 되고 음수 역시 잘 맞게 된다. 이런 현상은 창으로 부르기 위해 종장 끝마디를 생략한 데서 생겨난 현상이고, 개화기에도 이 같은 현상은 일시 나타났다가 이내 고시조 원형 상태로 복원되었음을 확인할 수가 있다. 종장 말구가 생략된 형태는 개화기 때에만 있었던 현상은 물론 아니다. 고시조에서도 종종 발견된다.

개화기에는 4행으로 된 시조, 4소절로 하되 종장 말구를 명사(체언)로 마감한 형태 등이 나타나기도 했던 때이다. 창곡 형이 아니라 문학으로 되었는데 시조 형태가 이처럼 변화를 시도한 것은 아마도 자유시의 영향으로 파악된다.

제1장 시조의 역사와 정체성

이러한 종장 말구 생략현상은 개화기 초에 유행했으나 최남선의 『백팔번뇌』가 나온 시기를 기점으로 종장 말구가 다시 복원되었다.

김영철은 그의 저서 『한국개화기 시가 연구』에서 다음과 같이 말하고 있다.

"시조의 형태상 특징이 종장에 집약되고 있음은 주지의 사실이다. 그러나 개화기 시조는 이 종장 형식의 파괴가 두드러지게 나타난다. 3.5.4.3의 음수율과 4음보격의 형태상 기조가 붕괴되고 있음이 확인된다. 개화기 시조는 거의 예외 없이 종장 말구를 생략하고 있는데 예를 들면 다음과 같다.[1]

-아느냐, 이천만 동포들아 충군애국(忠君愛國)
-아마도 씨러업시기는 충의고풍(忠義高風)
-지금에, 을지문덕양만춘이, 일일탄생
-차라리, 이천만민중 다죽어도 이강토를

이와 같은 현상은 육당도 마찬가지였으나 《청춘》지 이후부터 종장 말구를 다시 복원했고 그의 시조집 『백팔번뇌』에서는 말구가 생략된 것을 찾아보기 어렵다. 춘원, 노산, 가람 등의 작품에서도 말구의 생략은 찾아볼 수 없다."

그러나 육당 자신도 『백팔번뇌』 이전에는 고시조나 개화기에 들어온 자유시(詩)의 모방을 벗어나지 못하고 있었음을 알 수 있다. (소절 수가 3)

-진실로 날호리라면 오즉 열매
-중강에 칼바람 부니 그 한인가

[1) 김영철의 『한국개화기시가연구』 293족

또 1907년 3월 《대한유학생회보》에 실린 국풍 첫수를 보면 고시조와 거의 유사하다.

'세월아가디마라죳틸내아니라네발노너가는걸가거니말거니뉘라서알이마는너가는길에나나히따라가나니그를설워
　　　　　　　　-낙천자(樂天子) *낙천자는 최남선의 호

초장, 중장, 종장을 구분하기가 매우 어렵다. 이때까지만 해도 3장 6구에 대한 개념이 정립되지 않은 것으로 보인다. 또 표기법에서도 고시조와 동일한 방식이다. 그러나 『백팔번뇌』에 실린 작품을 보면 다음과 같이 4소절로 되어 있다.

　-밤낮에 이내가려움 못견대어 하노라
　-어찌타 말못할 것이 님이신가 하노라
　-곱고비 매친설음이 남의 뼈로 심어라

고시조 종장 말미는 '하여라' '하노라' 같은 별 의미가 없는 허사가 주로 사용되었지만, 개화기로 접어들면서 허사 대신 실사(實辭)인 '심어라' '가더라' 같은 실사가 사용되기 시작하였다. 몇 작품의 종장을 보면 다음과 같이 실사가 많이 나타나게 된다.

정인보「자모사」첫수 종장 "살뜰히 기르신 아이 옷 품 준 줄 아소서."
김억「패성」종장 "예전에 호화튼 길을 찾을 길이 없어라."
박종화「풍엽」종장 "뉘라서 이 단풍 시절을 꽃만 못타 하도뇨."
최남선「혼자 앉아서」종장 "열릴 듯 닫힌 문으로 눈이 자주 가더라."

육당의 작품 중 대표작이라 할 만한 '혼자 앉아서'라는 작품을 보면

>가만히 오는 비가 소리 없이 낙수 하니
>오마지 않는 이가 일도 없이 기다려져
>열릴 듯 닫힌 문으로 눈이 자주 가더라.
>
>혼자 앉아서/최남선

위 예문에서는 장마다 4소절에 종장 음수 역시 3.5.4.3의 형태로 복원되었음을 보여준다. 이로 미루어보면 종장 말구의 생략은 개화기 때 국한된 일시적 현상(특징)이며 정체성이 되지 못하고 곧 사라져 버리게 된다.

김영철은 『한국개화기 시가 연구』에서 다음과 같이 밝히고 있다.

>"조선 후기 창곡적 시조시형이 개화기까지 연장되어 왔음이 확인되었다. 창곡적 시형이 아닌 문학적 시조시형으로의 완전한 복원은 《청춘》 이후 1920년도로 보아야 한다."[2]

"문학적 시조시형으로 복원"라는 말은 상당히 중요한 의미를 지닌다. 개화기에 접어들어 종장 말구가 변격을 보인 것은 자유시의 영향을 받아 일시적으로 나타난 현상이기는 했으나 다시 복원되었다는 것은 시조의 정체성을 되찾았다는 이야기가 된다.

"육당은 《청춘》지부터 종장 말구를 다시 복원했고 1926년에 발간된 『백팔번뇌』에서는 말구가 생략된 것을 찾아보기 어렵다."[3]

개화기에 시도된 4행 시조 역시 성공하지 못하고 3장 시조로 복원 되었다.

---

[2] 「한국개화기시가연구: 김영철」 312쪽
[3] 「한국개화기시가연구: 김영철」 294쪽

예를 들면

말한다고 뜻다하며 뜻있다고 말다하랴
애고 답답 이가슴은 어느 명의 풀어주나
눈물이 속으로 흘럿스면 뚫기나 하련마는
命門에 불만 나니 더욱 燥鬱

(『신국풍』 3수, <소년> 3년 6권)4)

이 예문은 엇시조로 보기 쉬우나 의도적으로 4장으로 쓴 것이다. 춘원 이광수는 「백팔번뇌」의 발문에서 다음과 같이 밝히고 있다.

"六堂은 '유희(遊戲)이상의 時調'가 목표라고 밝히고 있다. 시조를 국문학 중에 중요한 것으로 소개한 이가 육당이며 그 형식을 위하여 새 생각을 가지고 시조를 처음 지은이가 육당이다.
육당의 시조집 「백팔번뇌」가 시조집 중에 효시로 세상에 나오게 된 것은 극히 의미가 깊은 일이다."
이런 점을 미루어 볼 때 「백팔번뇌」는 현대시조의 기점이 된다고 하겠다. 이 말을 굳이 하는 것은 우리 시조사(時調史)에서 최남선의 역할이 그만큼 컸다는 점을 강조하고 싶어서 이다."

이 발문에서 보듯이 춘원 이광수는 『백팔번뇌』가 현대시조의 기점(起點)이 된다고 했으니 구태여 고시조와 현대시조를 구분 짓는다면 『백팔번뇌』는 현대시조의 시발점이 된다고 볼 수 있다. 그러므로 현대시조에서도 종장 후구 말미는 반드시 종결어미로 마감 되어야 한다는 것이 필자의 주장이다. 즉 정체성을 되살리는 길이 된다. 이처럼 개화기에 접어들면서 서구문화의 영향을 받아

---

4) 「한국개화기시가연구: 김영철」 149쪽

많은 변화(진화)를 하게 된다.

고시조의 문화적 유전인자(meme) 중에서 몇 가지 특성이 새로 생겨나고 하나의 정체성으로 굳어진 내용을 살펴보기로 한다.

① 3장시조에서 4장시조로 변형을 시도하였다.(곧 소멸됨. 정체성이 안 됨)
② 종장 말구를 명사 마감을 시도 하였다. (자유시 모방. 정체성이 안 됨)
③ 제목을 반드시 붙였다. (정체성이 됨)
④ 불특정 다수, 즉 대중 매체를 이용했다.
⑤ 창에서 벗어나 문학으로 인식되기 시작했다.
⑥ 연시조를 쓰기 시작했다.(정체성이 됨)
⑦ 가명, 특히 아호를 많이 사용했다.
⑧ 시행 배열을 새로 하여 시각적 효과를 높이려 했다.(정성이 됨)
⑨ 초장, 중장, 종장 명칭을 사용하고 3줄(행)로 썼다.(정체성이 됨)
⑩ 장과 구의 개념이 정립되었다. (정체성이 됨)
⑪ 세로쓰기에서 가로쓰기로 바뀌었다.(국문법)
⑫ 띄어쓰기가 시작되었다.(국문법)
⑬ 시조가 서구 사회에 알려지기 시작했다.

다음은 개화기에서 정체성으로 굳어진 것만을 논하고자 한다.

1. 음수 이론의 정착 시기

많은 학자 간에 지금도 '시조'는 음수 이론이냐 음보 이론이냐를 두고 논쟁이 벌어지고 있으며 무엇이 옳은지 그 답을 정립하지 못하고 있다.

조선 후기에도 '시조 짓는 방법'에 관한 연구서는 나오지 않았거나, 나왔다 하더라도 아직까지 발견되지 않고 있으며, 최남선이 1926년 5월 《조선문단》에 「국민문학으로서의 시조」라는 논문을 발표한 이후 마침내 안확(1886-1946)이라는 학자에 의해 「시조」에 관한 일반적 이론이 정립되고 처음으로 연구서가 나오게 된다. 그 연구서가 바로 1940년 4월에 나온 『시조시학』이다.

안확은 『時調詩學』 제2절 수운(數韻)편에서 다음과 같이 말한다.

"시조시는 음수율을 위주로 한다. 다시 말하면 시조시의 격조를 이루는 것은 음철수(音綴數)를 일정(一定)하는 것으로 시형(詩形)을 짓나니 음수는 시조의 유일조건이다. -중략-

음수란 것은 일정한 음의 연속으로 된 철자수(綴字數)를 가지고 장구(章句)를 이룬다. -중략-

정형은 모두 45자 이다."

안확의 이론은 음수 이론의 기초가 된다. 즉 시조를 짓는 기본 원리를 말하고 있다. 그가 말하는 '음철수'니 '철자수'니 하는 말들은 요즘 우리가 이해하고 있는 음절수(글자 수)로 보면 된다. 그러나 (하)한국시조협회에서 발표한 <형식통일안>은 45±1을 허용함으로써 그 폭을 넓히고 있는데 이는 고시조를 분석한 결과를 근거로 한 것이지 적당히 만든 것이 아니라는 점을 분명히 밝힌다.

2. 3장(章)의 명칭과 구(句)의 개념 정립

시조의 장과 구의 개념. 장(章)의 명칭에 대해 알아본다.

고시조에서는 3장의 구분이 없고 우에서 좌로 한줄 종서로 띄어쓰기 없이 썼다.

고시조는 제목이 없다. 그럼에도 <단심가>, <불굴가>, <충절가> 등등 작품의 제목처럼 사용되고 있는 것 또한 현실이다. 이는 아마도 가객들에 의해서 명명되었거나 후세 학자들의 필요에 의해서 생겨난 말이라 여겨진다. 이와 마찬가지로 장(章)이란 개념은 누가 최초로 사용했을까 하는 의문이 생긴다.

고시조 창법(唱法)을 살펴보면 장(章)의 구분이 없고 창으로 부르기 때문에 초장을 두 개의 장으로 중장 전체를 한 장으로, 종장은 두 장으로, 총 5장으로 구분되어 있다.

김영철 교수의 다음과 같은 주장을 살펴볼 필요가 있다.

"전통음곡인 가곡창과 신흥음곡인 시조창은 시조시형을 음곡에 얹어서 부르는 것과 같다, 그러나 가창곡에서는 5장으로 분장하되 초장 앞에 전주곡인 '대여음(大餘音)'이 있고 5장 끝에도 후주곡이라 할 대여곡이 있으며 3장과 4장 사이에 '중여음(中餘音)이라는 간주곡이 있다. 그러나 시조창에서는 시조시형의 분장법을 그대로 따라서 3장으로 분장하여 부르고 대여음 종여음 간주곡이 따르지 않을뿐더러 끝 어절은 생략하고 부르는 것도 가곡창과 다른 점이다.5)"

```
가곡장별                         시조장별
초장: 늙고 병든 몸이 ......................6자. 내구
                    〉    초장
2장: 北向하여 우니노라....................8자.  외구

    님 향한 마음을...........................6자. 외구
3장:〈                  〉   중장
    뉘아니 두리마는........................7자. 외구
```

---

5) 김영철의 「한국개화기 시가연구」 296쪽

```
중여음
4장: 달 밝고......................3자
            〉 내구
      밤 긴적이면..................5자    〉  종장
5장:〈            외구
      나뿐인가 (하노라)...........7자   외구(하노라 안 부름)
대여음
```
                                                    <송시열>

또 다른 연구논문인 신경숙 교수의 「고시조 오백년 향유의 힘」이라는 논문에도 5장으로 된 『가조별람』을 소개하고 있는데 이를 보면 다음과 같다.

"18세기 가집들 중에는 성악보(聲樂譜)를 수록한 것들이 여럿 있다. 이 중 『가조별람』에 수록된 악보 중 하나를 소개한다.[6]

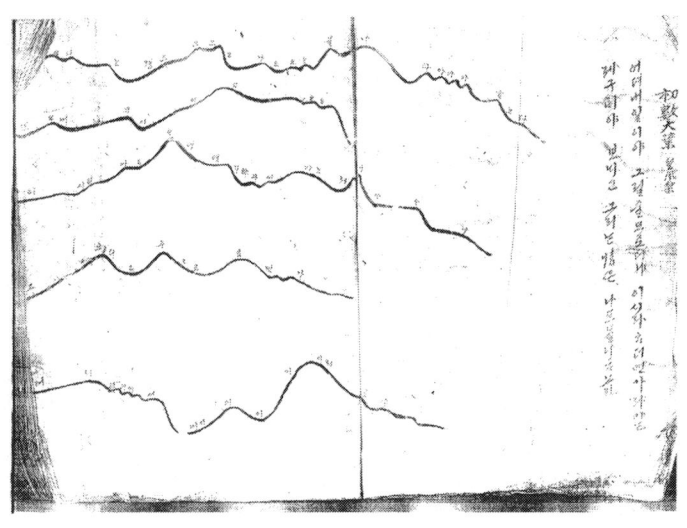

---
6) 『가조별람(歌調別覽)』, 국사편찬위원회 소장. 위 수파형 악보 및 해설은 신경숙 교수의 논문<고시조 오백년 향유의 힘: 계간시조275쪽 한국문화사>에서 인용함.

이 악보는 물결 모양으로 그렸기에 수파형 악보로 불린다. 악보 왼쪽에는 '초삭대엽(初數大葉)'이라는 악곡명이 있고, 그 옆에는 '어져 내 일이야'로 시작되는 황진이 시조가 쓰여 있다. 악보는 맨 아래서부터 차례로 초장, 이장, 삼장, 사장, 오장의 악절로 구분되어 있고, 수파형 선율선 위에 노래가사를 적어 놓았다. 널리 알려진 이 노래가사를 현대어로 옮겨보면 다음과 같다.

　　(초장)　어져 내 일이야
　　(이장)　그릴 줄 모르더냐
　　(삼장)　있으라 하면은 가랴마는 제 구태여
　　(사장)　보내고
　　(오장)　그리는 정은 나도 몰라 하노라

이러한 오장 형식은 가곡을 노래할 때의 악절 구분과 일치한다. 이를 오늘날 삼장 정형시 형태로 다시 옮겨보면 다음과 같다.

　　(초장)　어져 내 일이야 그릴 줄 모르더냐
　　(중장)　있으라 하면은 가랴마는 제 구태여
　　(종장)　보내고 그리는 정은 나도 몰라 하노라"

위 예시에서 보듯이 고시조 창법에서 나타난 장의 의미는 지금 우리가 알고 있는 3장의 의미와는 차이가 있다. 즉 초장, 2장, 3장, 4장, 5장 등으로 명칭이 붙어 있다. 이는 시조문학에서 말하는 3장의 개념(초장, 중장, 종장)과는 완전히 그 뜻하는 바가 다름을 알 수 있다.

안확은 《文章 2권1호 1940. 1.1 발행된 "時調詩와 西洋詩"라는 글에서 다음과 같이 밝히고 있다.

"定平 시조시의 제일조건은 六句三章이라. 이 6구3장으로 조직된 것은 절대 불변의 형식이니 이것이 시조시의 결정적 구성 형식의 특성이라, 고로 詩된 本性의 율동律動 선율旋律 화해和諧 등 3법은 이 6구3장 내에 排列하여 있는 것이다.

    초장: 窓안에 혓는燭불......7
            눌과離別 하였관대....8

    중장: 것트로 눈물지고 7
            속타는줄 모르는고....8

    종장: 저燭불 날과같은줄 8
            어느누가 알세라.........7

서양 시는 어떤 詩句던지 강음과 약음의 연속으로 일어나 음악적 결과가 되는 선율이 있다. 그리하여 시구의 강음약음은 정한 규칙적 리듬의 법칙에 따라 배열 하는 것이라. 그와 한가지로 시조시의 정형도 6구3장으로 組織함을 일정 불변의 규칙으로 삼은 것이다." 요즘 우리가 알고 있는 3장8구의 개념은 안확이 정립한 것으로 보아야 한다. 그는 최초의 '시조' 연구서인 <시조시학>에서 장(章)에 대하여 다음과 같이 밝히고 있다.

"시조 형식에 있어서도 1편을 3단으로 나누고 1단을 2행으로 나누어 전편(全編)이 6행으로 된 것이니 제1행에서 2행까지를 초장, 3행에서 4행까지를 중장, 5행에서 6행까지를 종장이라 한다."라고 밝히고 있다.

시조를 음악이 아니라 문학으로 볼 때 장(章)과 구(句)의 개념은 안자산의 <시조시학>에서 처음 나타나고 있으며 장의 개념을 분명하게 밝히고 있다.

후세의 많은 학자의 연구에 따르면 3장 6구라는 용어를 사용하였다. 그러나 모든 이가 그런 것은 아니다. 최남구는 종장을 "말장(末章)"이라 했고 조남형은 3장 6구(句)를 3장 "6조(調)"로 설명하고 있다.

장(章)이라는 개념이 학자들에 의해서 만들어지기는 했지만, 학자에 따라 장을 장(章)이나 말(末), 구는 구(句)나 조(調) 등으로 그 명칭에 다른 이름을 붙인 것으로 보아 개념 자체가 정립되지 못한 것으로 생각된다. 그러나 현대에 와서 그 누구도 말(末), 조(調)라는 명칭을 사용하지 않고 장(章)과 구(句)라는 개념으로 정립되고 통일되었음을 알 수 있다.

따라서 장이라는 개념을 최초로 도입한 이는 안확으로 보아야 한다. 물론 안확 역시 가곡의 '초장'에서 그 개념을 차용한 것으로 보이기는 하지만, 시조에서 초, 중, 종 장의 개념을 도입한 이는 안확이 처음이다.

구(句)의 개념도 안확이 처음 사용하였다. 물론 이 개념에 의해 시조를 창작한 분들은 최남선을 비롯하여 많은 사람이 있지만 그들은 장이나 구의 개념에 대한 이론을 알고는 있었겠으나 시조창작 이론서를 발표한 근거가 남아 있지 않은 것은 참으로 유감이다.

3. 행갈이(시행 바꾸기)의 도입

분장법(分章法)은 최남선에 의해 처음 시도되었다고 본다. 그 이유는 안확과 비슷한 시기에 시조를 창작하였고 1926년 그가 발표한 『백팔번뇌』가 기록상으로는 안확의 『시조시학』 1940보다 훨씬 앞서기 때문이다. 연대순으로 단순 비교만 하면 최남선의 작품이 앞서기 때문이다. 안확은 장 하나를 분장하지 않고 3행(行)으로 썼으나 최남선은 장 하나를 분장하여 두 구씩 묶어 하나의 장을 만들었다.

물론 최남선도 처음부터 이러한 분장 법을 적용한 것 같지는 않다. 앞서 말한 대로 최남선의 국풍 4수 중 첫수를 보면 분장 없이 한 줄로 썼다는 것은 분장법이 나타나지 않았음을 말하는 것이다. 안확은 우에서 좌로 종서쓰기(세 줄)를 한 반면 최남선은 첫 시조집 『백팔번뇌: 1926년』에서 두 구씩 배열하되 장과 장은 한 줄 띄고 우에서 좌로 종서(세로)를 했다.

이를 미루어 볼 때 3장(章) 6구(句)의 개념을 처음 도입한 사람은 안확이고 행갈이를 처음 도입한 사람은 최남선이라 할 수 있다. 그러나 옛글의 영향을 받아 우에서 좌로 두 줄씩 분장하였다. 당시에는 국문법이라는 개념이 정립되지 못했기 때문에 우에서 좌로 종서 쓰기를 한 것으로 보인다.

4. 연작시조가 나타난 시기

고시조에서는 윤선도의 오우가, 이석탄의 사우가, 이황의 도산십이곡, 이이의 고산구곡가, 맹사성의 강호사시, 정철의 훈민가 등 연작 형태의 작품이 보이기는 하지만 주제 하나를 가지고 두수 이상 짓는 개화기 이후의 연시조와는 그 결이 완전히 다르다.

오우가는 다섯 수로 된 연작으로 시의 주체가 첫수는 5우(五友) 소개와 더불어 물, 바위, 소나무, 대나무이고 사우가는 소나무, 국화, 매화, 대나무가 주제이며 도산십이곡은 제1곡부터 12곡까지 자연의 다른 경치가 주제이고, 고산구곡가 역시 제1곡부터 9곡까지 바위나 경치를 주제로 한 작품이고 강호사시가 역시 사계절을, 훈민가는 총 16수로 된 연작으로 시적 대상이 효와 충, 부부, 형제애 등등 삶이 살아가면서 지켜야 할 인간의 도리를 주제로 삼은 연작이다.

강호(江湖)에 봄이 드니 미친 흥이 절로 난다.

탁료(濁醪) 계변(溪邊)에 금린어(錦鱗魚) 안주로다.
이몸이 한가하옴도 역군은(亦君恩)이샷다.

강호에 여름이 드니 초당(草堂)에 일이 없다.
유신(有信)한 강파(江波)는 보내느니 바람이로다.
이몸이 서늘하옴도 역군은이샷다.

강호에 가을이 드니 고기마다 살쪄 있다.
소정(小艇)에 그물 실어 흘리띄워 던져두고
이몸이 소일(消日)하옴도 역군이샷다.

강호에 겨울이 드니 눈 깊이 자이 남다.
삿갓 비끼 쓰고 누역으로 옷을 삼아
이몸이 춥지 아니 하옴도 역군은이샷다.
　　　　　　　　　맹사성(孟思誠)의 「강호사시가(江湖四時歌)」

내 벗이 몇이나 하니 수석과 송죽이라
동산에 달 오르니 긔 더욱 반갑고야
두어라 이 다섯 밖에 또 더하여 무엇하리.

구름빛이 좋다하나 검기를 자로 한다
바람 소리 맑다하나 그칠 적이 하노매라
좋고도 그칠 뉘 없기는 물뿐인가 하노라.

꽃은 무슨 일로 피면서 수이 지고
풀은 어이하여 푸르는 듯 누르나니
아마도 변치 아닐 쏜 바위뿐인가 하노라.

더우면 꽃 피고 추우면 잎 지거늘
솔아 너는 어찌 눈서리를 모르는다

구천에 뿌리 곧은 줄을 글로 하여 아노라.

나무도 아닌 것이 풀도 아닌 것이
곧기는 뉘 시키며 속은 어이 비였는다
저렇게 사시에 푸르니 그를 좋아하노라

작은 것이 높이 떠서 만물을 다 비추니
밤중에 광명이 너만 하니 또 있느냐
보고도 말 아니하니 내 벗인가 하노라.
윤선도의 「오우가」

이처럼 고시조에 나타난 연시조 모양은 각 수마다 시적 대상이 독립적으로 요즘 우리가 짓고 있는 연시조와는 그 성격이 완전히 다르다.

현대의 연작시조로는 다음과 같이 지은 것이다. 즉 제목을 <사계절>로 하고 첫수 '봄', 둘째 수 '여름' 셋째 수 '가을' 넷째 수 '겨울'로 하였다면 이런 형태가 연작에 해당한다. 그러나 현재의 연시조는 그 기원이 개화기부터라고 볼 수 있다.

『한국개화기시조 연구: 김영철』에 의하면 다음과 같이 말하고 있다.

"연작시조의 형태가 나타난 것은 육당의 《소년》지에서 두드러지게 나타난다. 그의 작품집 『백팔번뇌』를 보면 대다수의 작품이 연시조의 형태이다."

즉 하나의 주제를 두고 한 수 이상의 단시조가 모여 연시조 형태를 만들고 있다. 개화기에는 요즘처럼 하나의 주제 하에 단시조를 짓는 형태의 글이 유행했다. 고시조에서 단시조 위주로 작품을 지었다면 개화기에는 연시조가 많은데 이는 서양의 자유시 영향이 아닌가 한다. 사라져가는 우리의 노래 시조를 부흥시키기 위한 최남선의 업적은 대단하다. 개화기라는 시대적 흐름에 맞추어 현대시조의 기틀을 마련한 분임이 틀림없다. 이러한 노력에도 불구하고 시조에 관한 그분의 논문이나 창작이론서가 아직 발견되지 못하고 있는 점은 참으로 불행하고 유감스러운 일이다. 시조인의 눈으로 본 최남선은 현대시조의 문을 연 분이기는 하나 시조만을 연구하고 시조 작품만을 발표한 시조인 이라기보다 민중의 눈을 뜨게 한 개화기의 계몽가요, 사상가이며 근대문학의 선구자로 보아야 할 것이다.

①
지그시 눈을 감고 입술을 축이시며
뚫린 구멍마다 임의 손이 움직일 때
그 소리 은하에 흐르듯 서라벌에 퍼지다.

끝없이 맑은 소리 천년을 머금은 채
따스히 서린 입김 상기도 남았거니
차라리 외로울망정 뜻을 달리 하리오.

김상옥의「옥저」

위 작품은 아주 서정적이다. 비유는 별로 없어도 이처럼 아름다운 글을 쓸 수 있다.

②
어둠을 찢고 가는 한 줄기 유성처럼
온갖 회억 조각 느닷없이 쏟아지며
내 잔 뼈 커가던 시절 굽이굽이 펼쳐드네.

멱 감고 호미 씻던 동구 밖 맑은 냇물
아마득한 광음 속을 감돌아 흘러와서

축축한 사연마저도 토막토막 늘여 놓네.

허기를 졸라매고 바동거린 보리누름
숲이 짜는 적요 쪼며 소쩍새 구슬피 울고
설움이 사태진 골도 돌아보면 꽃밭이네.

김광수의「유심초」

 이 작품 역시 비유는 없으나 상당히 신선한 느낌을 준다. 그 이유는 언어의 조합을 <낯설게 하기>로 하는 방식 때문이다. '내 잔뼈 커가던 시절', '축축한 사연마저도', '설움이 사태진 골'과 같은 언어 조합은 독자에게 신선한 이미지를 전달하기에 충분하다.「강호사시가」나「오우가」는 그 상(象)이 수마다 다르다.「강호사시가」는 계절에 따라 변하는 자연현상을,「오우가」는 다섯의 상이 다른 대상을 소재로 하였지만, 김상옥의「옥저」나 김광수의「유심초」는 모든 수의 상(象)이 동일하다. 현대시조의 연시조는 수마다 상이 하나가 되어야 하지만 경우에 따라서는 상이 다르게 쓸 수도 있는데 이 경우는 연시조라기보다 연작 시조로 보는 것이 옳다고 생각한다.

5. 글제(題目)가 나타난 시기

 1906년 7월 21일《대한매일신보》에 발표된 '대구여사'의 작품에도「혈죽가」라는 제목이 달린 것으로 보아 이 무렵부터 제목을 붙이기 시작하였을 것이고,『백팔번뇌』이후 모든 작품에는 반드시 제목을 달았다. 고시조에서 발견할 수 없는 제목이 개화기 시조에서 나타난 것은 서구에서 들어온 자유시의 영향으로 보이며 현재까지 계속되고 있는 것은 새롭게 정립된 정체성의 하나로 볼 수 있다.

제3절 시조의 특징

　시조는 45자 내외의 짧은 글에 화자의 사상과 철학을 담아내는 문학이므로 문장이 간결해야 하고 글 속에 많은 뜻이 함축(含蓄)되어야 하며 비유를 통하여 추상적인 사실이나 생각, 느낌 따위를 상징성을 띤 구체적인 언어로 나타내야 한다.

1. 간결성

　간결성(簡潔性)이라 함은 말 그대로 문장(글)이 군더더기 없이 간결해야 한다는 의미이다. 필요 없는 조사의 생략은 물론이고 시어를 선택할 때도 가장 마음에 와닿으며 의미의 전달이 확실하고 독자에게는 감동을 주는 감성적 시어를 찾아 써야 한다. 일사일언(一事一言)을 찾아내야 한다는 말이다. 하나의 사물을 나타낼 수 있는 가장 정확한 말은 하나라는 의미로, 프랑스의 사실주의 창시자로 불리는 플로베르가 주장한 말이다. 특히 시조는 화자의 사상과 감정이 언어(글)의 힘을 빌려 그 존재가치를 인정받는 문학이다. 같은 어휘의 반복, 의미가 비슷한 동의어 사용, 또는 각 장에서 반복 사용되거나 설명문, 묘사문 등은 간결성과 절제를 상실한 것으로 긴장감을 와해시킨다.

　①
　　벗이요 그대는요 비오는 날에만은
　　분홍옷 분홍우산 분홍옷 분홍구두
　　분홍옷 분홍구두를 두드리는가 분홍비

***의 「분홍비」

②
    햇보리 한 자루를 동생이 차에 얹네
    뙤약볕에 김매고 거름 주며 땀 밴 햇보리
    배곯던 보릿고개에 허기 채운 그 보리
                                ***의 「햇보리」

예문 ①은 '분홍'이란 시어가 8회나 반복된다. ②는 '보리'와 관련된 시어가 5회 반복된다. 지나치게 여러 번 반복 되어 긴장감을 떨어뜨리고 지루하게 만든다. 생략은 문장의 구절을 줄이거나 빼서 독자에게 상상력을 동원해 판단케 하는 방식이다. 필요 없는 한 조사의 사용, 설명 같은 연문(衍文: 군더더기 말)은 과감히 없애야 한다. 그러나 지나치게 생략하다 보면 문맥이 통하지 않게 되므로 알맞은 조절이 필요하다.

③
    부서진 벽돌 조각 증언처럼 널린 비탈
    통곡마저 허물어진 참담한 폐허에 남아
    실의로 아픈 일상을 꽃피우는 봉선화야.
                              김광수의 「목격」 첫 수

이 예문은 조사의 생략을 적절히 하여 간결할 뿐 아니라 독자에게 전하는 이미지가 더 강렬하게 다가온다.

④
    봄날

실오리 햇살
꽃잎
무지 아린
뇌신경
씨줄 날줄 팽팽히 당기며

그 사월
함께 걸었던 길섶을 서성이는

「봄날, 서성이다」

이 작품의 초장 중장은 조사나 연결어미 또는 한 소절을 통째로 생략하여 이상한 작품을 만들고 있다. 우선 초장과 중장은 명사의 나열에다 장의 행갈이 구분이 없어 매우 혼란스럽다. "봄날 실오리 햇살/꽃잎 무지 아린 뇌신경 씨줄 날줄"은 문장 연결이 되지 않는다. 만약 이 작품의 초장이 '무지 아린'까지라면 '무지 아린'은 관형어로 '뇌신경'을 수식하는 말이 된다. 그러므로 중장은 '씨줄날줄 팽팽히 당기며'처럼 되므로 소절 수가 부족하게 된다.

종장 역시 '서성이는'이라는 관형어로 마감이 되어 문장이 아직도 진행되고 있음을 보여주고 있다. 이와 같은 열린 시조는 화자의 감정이 없다는 의미로 읽힌다. 사상과 철학 내지는 결의가 반드시 나타나야 하는 문학이 시조 장르임을 되새겨 볼 필요가 있다.

이 간결성을 위한 조사 용법에 대해 알아본다.

조사는 체언에 붙어 다음에 오는 말과의 관계를 나타내거나 뜻을 분명히 밝혀주는 역할을 한다. 조사는 격변화로 나타나며 체언의 격(格)을 나타낸다. 즉 책+이=주격조사, 책+을=목적격조사, 책+에서=처소격조사가 된다. 조사는 낱말에 격을 부여하고 의미를 제한 또는 확장하는 역할뿐 아니라 조사의 사용과 생략에 따라 생기는 운율도 다르게 된다.

조사의 생략은 문장을 간결하게 만든다. 그러면 어느 경우에 생략 가능한 것일까?

첫째 체언의 자격이 분명할 때 가능하다. 예를 들면 '한이 맺힌 인생길에'서 주격 조사 '-이'는 생략해도 의미에 전혀 지장을 주지 않는다.

"한 맺힌 인생길에"

'한이 맺힌(4자)'→ '한 맺힌(3자)로 간결해진다.

둘째 서술격 조사는 생략이 어렵다.

예를 들면 '영혼을 치는 맑은 소리가 난다.'에서 '-다'는 생략이 안 된다.

"영혼을 치는 맑은 소리가 난"

셋째 부사격 조사 중에서 '-로, -라고, -어, -에게' 등은 생략이 어렵다.

예를 들면 '뽕나무 밭이 바다로 변했다.'에서 '바다로'의 '-로'는 생략이 어렵다.

"뽕나무 밭이 바다 변했다."

'강도에게 돈을 털렸다.'에서 '-에게' 역시 생략이 어렵다. 만약 생략하면 전혀 다른 의미의 문장이 된다. 강도가 털린다는 의미가 된다.

"강도 돈을 털렸다."

'친구한테서 받았다.'에서 '-한테서' 역시 생략이 힘들다.

"친구 받았다."

넷째 보격 조사는 생략 가능하다.

'나는 어른이 아니다.'→ '나는 어른 아니다.

다섯째 기타 생략을 할 경우 문장이 어색해지거나 의미가 달라지면 생략할 수 없다.

① 생략하지 말아야 할 때

빈 들판 베어낸 벼 포기 자국마다
우새두새 물안개 치맛자락 흩날리네
함부로 문드러지며 몸을 꼬는 햇살 더미

초장을 보면 '빈 들판에'에서 '에'를 생략한 경우인데 이때는 '빈 들판을 베어냈다.'라는 의미가 된다.

② 생략해야 할 때
해 뜨면 수면 올라 가부좌를 틀고 앉아
몸으로 팔만 사천 외우던 그 뜻 찾아
긴 하오 입을 다문 채 좌선에 든 정적
          ***의 「수련」

'가부좌를'에서 목적격 조사 '-를'은 생략하여 간결성을 유지할 수 있다. '수면에 올라'에서 처격조사 '-에'를 생략한 것과 같다.

종장의 경우 후구 말미를 '정적'으로 끝냈는데 이보다는 조사를 생략하지 않는 것이 더 좋다. '정적'이 체언의 역할을 하려면 조사 '이'를 붙여 두는 것이 좋다. 작품 어디에도 술어가 없으므로 '정적'은 두 자이므로 3자 또는 4자의 술어로 끝낸 마감을 해야 한다. 간결성을 만드는 요인은 함축과 상징(비유)이 있긴 하지만 조사의 지나친 생략은 오히려 문장을 이상하게 만든다.

2. 함축성

함축성(含蓄性)이라 함은 작품 속에 많은 뜻을 집약하여야 함을 말한다. 예술(문학)로서의 시조는 사전적 또는 일상적 언어가 아닌 새로운 의미를 내포한 시어를 사용하게 되고 이런 시어의 사용은 화자가 새로운 의미를 부여하려는 욕구가 들어 있게 되는데, 이때 화자는 비유라는 시어를 사용하고 그 의미를 함축적으로 담아내려 한다. 특히 문학에서 요구받고 있는 이 함축성은 새롭고 개성 있는 의미를 내포하게 되므로 새 생명력을 생겨나게 한다. 일상적으로 사용하는 언어와는 달리 시인의 언어(문학의 언어)는 다양한 해석이 가능하도록 많은 의미를 내포하고 있어야 한다. 설명문이나 묘사문으로 된 작품은 함축성이 없는 경우가 대부분이다.

    냇가에 해오랍아 무슨일 서 있다
    무심한 저 고기를 여어 무삼 하려는다
    아마도 한물에 있거니 잊어신들 어떠리
                                  -신흠

당쟁을 일삼는 선비들을 질책하는 함축성이 내재되어 있다.

    나라를 위하는 맘 너도 나도 한 마음이라
    한 핏줄 열풍 퍼져 모든 오신 모인 사람들
    천지가 흥분 속에서 어려움을 이겨 냈다.
                            ***의 「월드컵 열기」의 첫수

이 예문에서는 '너도 나도', '마음', '모든 오신 모인' 같은 필요 없는 말이 반복되었을 뿐 아니라 그 의미가 함축적이지 못하다. '모든'은 관형사이지만 관형어로 쓰여 위 예문에서는 '여기에 있는'이고, '오신'도 '여기에 있는'이며 '모인'도 '여기에 있는'이라는 의미의 관형어로 연속적으로 쓰였다.

뼛속을 파고드는
바람 드센 동토에서

가녀린 뿌리마저
눈 속에 파묻혀도

한 줄기
굳은 의지로 봄 마중을 채비한다.
김광수의 「겨울 담쟁이」

문장이 아주 함축적이며 화자의 사상과 사유가 배어있다. 독자에게 강렬한 인상을 준다.

3. 상징성

상징(象徵)이라 함은 추상적인 생각이나 느낌 따위를 대표성을 띤 기호나 구체적 사물로 나타내는 것을 말한다. 예를 들면 '충성'이라는 추상적 의미를 '거수경례'라는 구체적 신호의 말로, '대한민국'을 '태극기'로, '결혼'을 '반지'로 대신하는 방법이다.

인간은 상징을 활용하여 어떤 의미를 부여하려는 경향이 있다. 즉 대표성을 띤 기호를 매개로 하여 다른 의미를 부여하는 역할을 하게 한다. 이러한 상징 역시 문학에서 함축성과 간결성을 만드는 필수 요건이 된다.

엊그제 버힌 솔이 낙락장송 아니던가
작은덧 두던들 동량재 되러르니

어즈버 명당이 기울면 어느 남기 바치리

-김인후-

이 예문에서 '솔', '낙락장송', '명당', '기울다', '받치다' 등의 시어가 상징성을 갖는다.

비단 옷 입었어도 본바탕은 짚 검불이
무시로 일렁이는 시류 타고 우쭐댄다.
잡새만 배를 채우고 떠나버린 논밭에서.

서풍(西風)에 저린 벙거지 보란 듯 비껴쓰고
넘치는 금물결로 온몸을 씻는다 해도
신의 뜻 거스를 수 없는 너는 천생 허상인거.

뉘우침 부질없는 황량한 들녘에서
발자국 되짚으며 아쉬움에 목메어도
뜸부긴 울지 않는다, 구절초꽃 핀 계절을.

-김광수의 「허수아비 수상」

이 예문에서 상징적으로 쓰인 시어는 '비단 옷', '시류', '잡새', '배 채우다', '서풍', '벙거지', '허상', '금물결', '뜸부기', '구절초 핀 계절' 같은 시어가 상징성을 갖는다.

간결성, 함축성, 상징성은 모두 비유를 통해 이루어진다. '함축성'이 비유로 사용된 개개의 시어들이라면 '상징성은' 글 전체를 통한 메시지의 의미까지도 포함한다.

시조의 아름다움(美), 즉 우아미(우아한 기품), 비장미(고뇌하는 감정), 골계미(풍자와 해학), 숭고미(고귀함), 절제미(간결과 압축), 긴장미(시상의 전개), 균제미(정형의 미), 완결미(화자의 사상 철학) 등은 모두 위에서 언급한 시조의 특징 세 가지 속에 다 들어가게 되므로 시조 창작시 상당한 주의와 세심한 용어 선택을 하여야 한다.

가없던 철새 떼가 다 사라진 명동 거리
제 발로 오는 봄이 이제 더는 없을 거라
하나둘 이빨 빠지듯 빈 둥지 늘어가네

몰려드는 인파 속에 날갯짓 하다가도
한두 톨 모이조차 쫄 수 없는 부침의 땅
바람에 소식을 물어 그 안부 설핏 듣네.

다시 앉은 새 요람에 보란 듯 봄은 올까
상처 난 부리로도 공복 능히 채웠다고
귀촉도 달뜬 노래가 이명처럼 들린다,

백윤석의 「서울 귀촉도」

이 「서울 귀촉도」 역시 상징이 매우 뛰어난 작품이다. 세 수 모두 상징하는 바가 크다. 첫수에서는 '철새 떼', '봄' 같은 말로, 둘째 수는 '날갯짓', '부침의 땅', 셋째 수에서는 '요람', '상처 난 부리', '공복' '달뜬 노래' 같은 시어가 상징성을 갖고 있다. 이 작품에서 말하는 상징성은 강제된 상징이 아니라 비유로 된 상징이기 때문에 독자와 소통함에 지장이 없다.

제4절 시조 운율

1. 시조 운율 만들기

　시조는 자수율에 따라 이루어지며 호흡과 깊은 관계가 있다. 주어진 가락에 호흡이 자연스럽게 맞아떨어질 때 운율이 생겨난다. 시조에서 일정한 형식으로 드러나는 운율을 정형률이라 한다. 여기서 말하는 일정한 형식이란 곧 시조의 외형적 형식을 말한다.

　① 동일한 통사구조에 의한 운율
　　계절이 지나가는 하늘에는
　　가을로 가득차 있습니다.
　　나는 아무 걱정도 없이
　　가을 속의 별들을 다 헤일 듯합니다.
　　가슴 속에 하나둘 새겨지는 별을
　　이제 다 못 헤는 것은
　　쉬이 아침이 오는 까닭이요,
　　내일 밤이 남은 까닭이요,
　　아직 나의 청춘이 다하지 않은 까닭입니다.
　　<u>별 하나에 추억과</u>
　　<u>별 하나에 사랑과</u>
　　<u>별 하나에 쓸쓸함과</u>
　　<u>별 하나에 동경과</u>
　　<u>별 하나에 시와</u>
　　<u>별 하나에 어머니, 어머니</u>
　　　　-중략-

　　　　　　　　　　　　　-윤동주의 「별 하나의 추억」

② 같은 음수 또는 같은 소절의 반복
　　예: 성불사 깊은 밤에 그윽한 풍경소리　　3.4,3.4
　　　　주승은 잠이 들고 객이 홀로 듣는 구나　3.4,4.4
　　　　저 손아 마저 잠들어 혼자 울게 하여라　3.5,4.3
　　　　　　　　　　　　　　-이은상의 「성불사의 밤」

③ 동일한 음절의 반복
　　예: 청산에 부흰 빗발 긔 엇디 날 소기난
　　　　되롱 갓망 누역아 너는 어디 날 소기난
　　　　엊그제 비단 옷 버스니 덜플 거시 없어라
　　　　　　　　　　　　　　-정철의 「송강가사」

④ 동일한 낱말의 반복
　　예: <u>알맞</u>고도 <u>알맞</u>아
　　　　<u>알맞</u>게도 <u>알맞</u>다.
　　　　<u>알맞</u>지 않은 것이
　　　　하나 없이 <u>알맞</u>다.
　　　　몸과 맘
　　　　안팎 둘레가
　　　　어김없이 <u>알맞</u>다.
　　　　　　　　　　　　　　-장순하의 「알맞다」

⑤ 동일한 통사구조로 만든 운율
　　예: 공명도 <u>니젓노라</u> 부귀도 <u>니젓노라</u>
　　　　세상 번우한 일 다 주어 <u>니젓노라</u>
　　　　내 몸을 내마저 <u>니즈니</u> 남이 아니 <u>니즈랴</u>
　　　　　　　　　　　　　　-김광욱(청구영언)

⑥ 시행의 반복으로 만든 운율

  예: 압개에 안개 것도 뒫뫼희 해 비췬다.
    <u>배떠라 배떠라</u>
    밤불은 거의 디고 낟믈이 미려온다
    <u>지국총 지국총 어사와</u>
    강촌 온갖 고지 먼 빗치 더욱 됴타
                          -윤선도의「어부사시사」

  예: 가다가 올지라도 오다가 가지마소
      뮈다가 괼지라도 피다가란 뮈지마소
      뮈거나 괴거나 즁에 자고 갈까 하노라
                            -작자미상

2. 음위율

  음위율(音位律)이란 시(詩)에서 일정한 위치에 일정한 음을 규칙적으로 반복하여 만드는 운율이다.

  압운(押韻)이란 시가(詩歌)에서 시행의 처음, 중간, 끝 중 어느 한 곳에 같은 운을 규칙적으로 나타내는 것으로 두운(頭韻), 요운(腰韻), 각운(脚韻)이라 한다.

① 두운: 시가에서 행의 첫 머리에 같은 운의 글자를 두는 일
    <u>흰</u> 수건이 검은 머리를 두르고
    <u>흰</u> 고무신이 거친 발에 걸리우다
    <u>흰</u> 저고리 치마가 슬픈 몸짓을 가리고
    <u>흰</u> 띠가 가는 허리를 질끈 동이다.
                      -윤동주의「슬픈 족속」

늦은 가을 편지
늦은 밤에 느리게 쓴다.

늦은 인연 그대에게
늦게 늦게 닿으라고

다음 생
다음 생에는 늦게까지 영원하라고.
하순희의 「늦은 인연에게」

가끔은 적시고픈 목마른 땅이 있다.
가끔은 뇌성으로 깨우고픈 사람이 있다.
가끔은 번개를 놓아 밝히고픈 하늘이 있다.
홍성윤의 「장마」

② 요운: 정형시에서 중간(허리)에 운율의 규칙을 맞추는 것이다.

파도야 어쩌란 말이냐
파도야 어쩌란 말이냐
임은 물같이 까딱 않는데
파도야 어쩌란 말이냐
날 어쩌란 말이냐.
유치환의 「그리움」

내 초년 무쇠 종은 새벽 깨워 천당 천당
내 중년 스피커 종은 세상 깨워 구원 구원
내 말년 벙어리 종은 영을 깨워 사랑, 사랑.
김상은의 「벙어리 종」

③각운: 운율을 강조하기 위해 운문의 시행 끝에 같은 글자로 배치하는 것

③
(ㄱ)
그 꽃은 작은 싸리꽃 아 산들한 <u>가을이었다.</u>
봄여름 가리지 않고 언제나 <u>가을이었다.</u>
말라서 바스러져도 향기 남은 <u>가을이었다.</u>
김상옥의「싸리꽃」

(ㄴ)
이슥토록 소리 없이 눈 못 뜨게 <u>퍼부을 줄</u>
분별, 경계 다 지운 한 폭의 <u>그림일 줄</u>
에돌던 응시의 여운 서려있는 <u>춤사윌 줄</u>
***의「아, 폭설」

(ㄷ)
파도는 흰 깃털을 살짝 <u>내비치다가</u>

달리는 말굽으로 한참을 <u>출렁이다가</u>

갈기를 <u>휘날리다가,</u>

<u>소용돌이치다가,</u>
***의「바다열차」

예문은 모두 다 각운을 둔 작품이지만 (ㄱ)은 시제가 과거형이고 (ㄴ) 종결이 안 된 진행형의 미완성 작품이다. (ㄷ)종장의 소절이 셋이다.

'소용돌이치다가'를 4.3으로 보았지만 이 어휘는 하나의 낱말이다.

제2장

현대시조 창작법

제1절 시조 형식과 문장 구성법

　현대시조라 해서 특별한 창작법이 요구되는 것은 아니다. 고시조나 개화기 시조에도 예술성 높은 작품이 많이 생산된 것처럼 현대시조 역시 예술성을 최고의 지향 가치로 삼아야 할 것이다. 현대시조에서 요즘 많이 나타나는 몇 사례를 보면 첫째 일정한 체계(정체성)가 없다는 점. 둘째 설명조의 작품이 많다는 점. 셋째 종장 처리를 제대로 하지 못한다는 점, 넷째 시조의 문장 구조를 잘 모른다는 점 등을 꼽을 수 있다.

　따라서 현대시조에서 가장 시급한 일은 정체성의 확립이다. 중구난방(衆口難防)으로 된 창작보다는 일정한 질서(체계)가 필요하다. 그다음이 시조 인구의 저변 확대이고 다음이 세계화에 대한 대비책을 마련하는 일이라 본다.

1. 시조 형식 및 문장 구성법

　시조의 외적 형식은 음수율을 기준으로 한 <시조 형식 및 명칭 통일안>을 적용하여 설명하고 내적 형식은 고시조의 문장 구성을 중심으로 설명하기로 한다. (사)한국시조협회에서 발표한 현대시조의 외형적 정체성은 다음과 같다. 아주 간단한 설명으로 누구나 시조 창작을 쉽게 할 수 있도록 고안되었다. 그러나 외형적 형식에 중점을 두었을 뿐 내적인 문장 구성에 있어서는 특별히 언급된 바가 없으므로 향후 이를 재정립해야 할 것이다.

(1) 시조의 외적 형식

① 음절 수(글자 수)

  초장: 3,4/4,4

  중장: 3,4/4,4

  종장: 3,6/4,3   * 빗금(/) 표시는 구(句)를 나타냄

② 종장 첫 소절(마디) 3자는 독립적 어휘로 고정된다.

③ 종장 첫 소절을 제외한 다른 소절의 음수는 ±1이 가능하다.(통일안에서는 ±2)

④ 종장 둘째 소절은 5~7자를 허용한다.(고시조의 약93%)

⑤ 총 음수는 45자 내외로 한다. ±2 가능

⑥ 소절은 12소절로 한다.

⑦ 구는 장마다 두 개의 구(前句와 後句)로 한다.

⑧ 장은 의미의 완결 단위로 한다.

⑨ 평시조 한편은 3장으로 한다.

  *시조는 장(章), 시는 행(行)이라 부름.

  *고시조는 음악에서 5장으로 분류하였음.

⑩ 단시조는 수(首) 또는 편(篇)이라 한다

⑪ 연시조는 聯時調가 아니라 連時調라 한다.

⑫ 행갈이는 장별(章別)로 하는 것이 원칙이나 구 단위로 묶을 수 있다.

⑬ 연시조의 경우 수와 수에서는 한 줄을 더 띈다.

⑭ 聯時調는 연형시조 또는 연작시조라 하며 각 수의 상(象)이 다른 것이고 連時調는 각 수의 상이 같은 것을 말한다.

소절(小節), 구(句), 장(章)을 도식화하면 다음과 같다.

초장: 이 몸이 죽고 죽어/ 일백 번 고쳐 죽어
        소절   소절   소절 소절   소절 4
          구(句)   구(句)   구(句) 2
              장(章)   장(章) 1 음수 14

중장: 백골이 진토 되어/넋이라도 있건 없건
        소절 소절   소절 소절   소절 4
          구(句)   구(句)   구(句) 2
              장(章)   장(章) 1   음수 15

종장: 임 향한 일편단심이야/가실 줄이 있으랴
        소절   소절   소절   소절   소절 4
          구(句)   구(句)   구(句) 2
              장(章)   장(章) 1   음수 15

*시조 한 편은 3장 6구 12소절로 이루어진다. 총 음수 45자 내외

먼저 (사)한국시조협회에서 만든 <시조명칭 및 형식통일안>을 본다.

(2) (사)한국시조협회에 만든 〈시조 명칭 및 형식〉 통일안

> 명칭
> 이 장르의 명칭을 시조(時調) 한다.
>
> 2. 종류
> 시조는 단시조(單時調: 평시조)와 연시조(連詩調)로 분류된다.
> 단, 예외적으로 장시조를 변격시조로 인정한다.

3. 각 단의의 명칭

1) 수(首)와 편(篇)

① 단시조, 장시조의 단위 명칭은 수 또는 편이라 한다.

② 연시조의 형태는 두 수 이상의 단시조 형태가 모여서 이루어진 것이므로 그 각각을 수라 칭하고 연시조 전체는 편으로 불러서 수와 구분한다.

2) 장(章): 시조는 고시조에 행의 구분 없이 줄글로 기록되어 있는데 근대화 과정을 거치면서 3행으로 나누어 쓰는 것이 관행으로 되어 왔다. 이 삼행을 각각 장이라 하여 1행을 초장(初章), 2행을 중장(中章), 3행을 종장(終章)이라 한다. 그리고 장을 행(行)이라 부르지 않는다.

3) 구(句): 각 장의 하위 단위로서 각 장을 2개의 의미 단위로 나눈 것을 구라 하는데, 초장, 중장, 종장으로 되어 있으므로 6구가 된다.

4) 소절: 구를 다시 나누면 두 개의 소절이 된다. 장 하나는 4개의 소절로 이루어진다.

4. 형식

1) 운율: 시조는 각 장은 3또는 4음절로 된 소절을 4번 반복하는 리듬이다.

2) 구성: 시조는 3장 6구 12소절로 이루어진다.

3) 글자수(음절 수):

① 초장: 3,4,4,4 중장 3,4,4,4 종장 3,5,4,3 총 45자를 기본으로 한다.

② 종장 첫소절은 3자고, 둘째 소절은 5-7자로 한다.

③ 나머지는 소절 당 한두 자를 가감할 수 있다.

5. 배행

① 시조는 장별 구별로 배열하는 것은 원칙으로 한다.

② 소절별 배행은 바람직하지 않으므로 피한다.

③ 구별로 배행할 시는 장과 장 사이를 한 칸 더 띄어 쓴다.

(사) 한국시조협회 제정

(3) 시조의 내적 짜임새

시조의 외형이 갖추어져 있다면 그 안에 담긴 내용은 다음과 같은 조건을 충족시켜야 한다.

① 소절은 한 호흡으로 읽는 어절이며 의미가 생성되는 초기 단계이다.
② 구(句)는 소절 둘이 모여 작은 의미 단위가 만들어진다.
③ 각 장(章)은 의미의 완결 단계로 독립성, 연결성, 완결성을 유지한다.
④ 각 소절, 구의 말미는 조사나 연결어미로 연결성을 유지한다.
⑤ 종장 첫 소절 3자는 고정으로 독립적 의미를 지녀야 한다.
⑥ 종장 둘째 소절은 5-7자의 음수를 유지한다.
⑦ 종장 말미는 현재형 종결어미로 마감해야 한다.
⑧ 종장에는 화자의 메시지를 담는다.
⑨ 초장이나 중장 후구의 말미는 관형어로 마감하지 않는다.
⑩ 초장, 중장은 순진법으로, 종장 후구는 역진법으로 한다.
⑪ 제목을 달아야 한다.

2. 형상화

(1) 형상화의 개념

어떤 시(詩)적 대상을 보고 감흥이 일어날 때 머릿속에 그려지는 그림이라 할 수 있다. 머릿속에 그려지는 그림(생각)을 글로 표현할 때 그 시적 대상의 외형적 설명이나 표현을 일상어로 하면 시조 형식을 잘 유지했다 해도 시조로 보기 어렵고 은유적인 표현을 하여 시적인 맛을 내야만 비로소 시조라 할 수 있다. 은유는 대상을 간접적이며 암시적으로 나타낼 수 있으므로 상대에게 시

(詩)의 대상(對象)을 낯설게 하고 강렬한 인상으로 다가갈 수 있게 만드는 수사법이다.

사전적 의미로 보면 형상화란 "형체가 분명하지 않은 추상적 본질 따위를 어떤 매체를 통하여 구체적이고 뚜렷한 현상으로 나타내는 것으로 작가의 의도에 따라 예술적으로 재창조하는 일"을 말한다. 형상화는 추상적 세계를 더욱 실감이 나게 만들기 위해 현실 세계에 존재하는 구체적 사물로 바꾸어 표현하는 과정이다. 즉, 원관념과 보조관념을 사용하는 것이 일반적이다. (제2장 수사법 참조) 이 형상화를 통하여 이미지가 생겨나고 그 수단(手段)으로서 오감을 동원하게 된다.

(2) 형상화 과정

김재홍의 『한국 현대시 은유형태』[7]에 의하면 기본 형태를 다음과 같이 분류하고 있다.

① 구상(具象)에서 → 구상(具象)으로

 예: 내 <u>침실</u>이 부활의 <u>동굴</u>임을 <이상화의 나의 침실>

   침실 → 동굴

   영혼이 자유로운 <u>들꽃</u>은 <u>시인</u>이다. <김흥열의 바람의 노래1>

   들꽃 → 시인

② 추상(抽象)에서 → 구상(具象)으로

 예: 나의 <u>본적</u>은 거대한 <u>계곡</u>이다. <김종삼의 나의 본적>

   본적 → 계곡

   부스러진 <u>소망들이 눈보라</u>로 휘날리고 <김광수의 목격2>

   소망 → 눈보라

③ 추상(抽象)에서 → 추상(抽象)으로

---

[7] 「한국현대시 은유형태 분석론」 김재홍 저 『時論』 76쪽

예: 인생은 하나의 희사(喜捨) <김남조의 낙엽은 쌓여라>
       인생 → 희사
       머묾도 떠남이요 떠남도 머묾이다. <김사균의 雲水衲子>
       떠남 → 머묾
   ④ 구상(具象)에서 → 추상(抽象)으로
       예: 광화문은 차라리 한 채의 소슬한 종교 <서정주의 광화문에서>
       광화문 → 종교
       꽃씨는 움이 터서 사랑이 된다. <김사균의 봄비1>
       꽃씨 → 사랑

   시조는 언어예술의 한 분야로서 체험이나 경험에 의한 상상력을 동원하여 미학적(美學的)인 형상화를 하게 되고 이때 "형상화시킬 수단"을 찾게 되는데 이 "수단이 바로 이미지"라고 에즈라 파운드는 말한 바 있다. 그러면 이런 수단을 어디서 찾아내어 적용할 것인가?
   우리는 형상화 과정에서 대개 4개의 비밀 창고 문을 열어야 시의 자재를 발견할 수 있고 표현에 알맞은 시어(一事一言)를 찾아 꺼내 쓰거나 새로 만들어 쓸 수 있게 된다. 즉, 두 개 이상의 자재(시어)를 새로 조립 또는 결합해 새로운 이미지를 창출해 내는 것이다. 이미지는 주로 다음과 같은 네 가지 형태로 만들어진다.
   첫째는 정신적 이미지이다. 시각, 청각, 후각, 미각, 촉각, 공감각적인 것이다.
   둘째는 비유적 이미지이다. 은유가 이에 속한다. 예를 들면 빛→희망, 어둠→절망, 칼→무력
   셋째는 상징적 이미지이다. symbol이다. 예를 들면 태극기→대한민국, 비둘기→평화, 비너스→美, 거수경례→충성심, 반지→결혼, 상아탑→대학교

넷째는 언어의 새로운 조합으로 만들어진 이미지이다.
예를 들면 "굴러가는 돌멩이"→"땅을 치는 조약돌"
"새소리를 듣는다."→"새소리를 밟는다."
"지붕에 구멍이 나다."→"별빛이 오가는 길목."

상징과 은유는 다 같은 비유이면서도 분명한 차이가 있다. 상징은 한 마디로 두 사물 간에 직접적인 연관성이나 유사성이 없이 만들어진 것이거나 과거 경험의 결과로 얻어진 것이고, 은유는 두 사물 간에 공통적으로 인식된 것이거나, 유사성이 있는 것이다.

위 여러 가지 이미지 만들기는 무수한 시인들에 의해서 수없이 발굴되어 왔고 지금도 새로운 이미지를 창출하기 위해 부단한 노력을 아끼지 않고 있다. 일반적으로 작가들은 시는 비유라는 관념에 사로잡혀 있어서 오히려 비유의 남용이나 오용을 가져오게 된(catachresis) 경우도 허다하다. 그러나 네 번째 방식은 누구나 어렵지 않게 얼마든지 새로운 언어의 조합을 만들어 쓸 수 있으며, 독자에게 상큼한 맛을 전하게 된다. 즉 신선한 느낌으로 다가가게 된다.

(3) 형상화의 올바른 이해

형상화가 머릿속에 그려지는 그림 또는 느낌이라고 할 때 무조건 모두 형상화했다고 보기는 어렵다. 그림을 가지고 설명해 보면 정물화와 추상화 그리고 사진과 같다.

다 아는 사실이지만 정물화는 어떤 사물을 사실과 같게 재현하는 그림이고, 추상화는 가시적 현상을 재현하는 방식을 벗어나 점, 선, 면, 색채 등으로 중요한 특징을 그려내는 그림으로 화가의 정신세계가 들어간다고 본다. 사진은 광학적 방법으로 감광 재료에 박아낸 물체의 상(象)이다.

시조에서 형상화 방법은 추상에 가깝지만 추상적 사고를 구체성 있는 비유를 통하여 화자의 사상이나, 결의를 글로 표현해 놓은 것이다. 시조에서 재료로 쓰는 구체적 사물은 본래 지니고 있는 의미와는 전혀 관계가 없는, 즉 원관념을 숨긴 보조관념만으로 쓰게 되는 경우가 대부분이다. 예를 들어 '길을 가는데 예쁜 장미가 걸어간다.'라고 한다면, 이때 장미는 보조관념이고 원관념은 여자이다. "그녀의 목소리는 꾀꼬리다."라고 하면 이때 사용한 '꾀꼬리'라는 보조관념을 통하여 원관념인 '곱다, 예쁘다'라는 의미를 대신하게 된다. 비유법에서는 종종 원관념을 감추고 보조관념만을 내세우게 된다. 또 우리가 잘 아는 "내 마음은 호수다."라는 표현은 원관념(마음)과 보조관념(호수)이 함께 나타난 문장이다.

예문 하나를 보기로 한다. 고시조에서는 이색의 작품이 대표적이다.

    백설이 잦아진 골에 구름이 머흘레라
    반가운 매화는 어느 곳에 피었는고
    석양에 홀로 서 있어 갈 곳 몰라 하노라
                                     -이색-

이 작품의 형상화 과정을 본다. 당시 시대적 상황으로 볼 때 고려는 망해가는 나라이고 신흥세력인 이성계 등이 조선을 건국으로 나라가 매우 혼란스러운 때였다. 봄에 조금씩 녹아내리는 산자락의 잔설이 마치 국운이 쇠퇴해 가는 고려의 모습과 유사하다는 점, 봄이면 매화꽃을 보고 즐겼는데 지금은 매화꽃이 피었다는 소식을 듣지 못해 그를 그리워하듯 뿔뿔이 흩어진 조정 대신들을 그리는 심회를, 그리고 종장의 석양이 자기 신세와 비슷하다는 느낌을 형상화함으로써 난세에 고뇌하는 노 선비의 심정을 작품화한 명작이다.

백설, 잦아지다, 구름, 머흘다, 매화, 피었느냐, 석양, 갈 곳 등이 모두 보조관념으로 쓰인 말들이다.

다음 예문과 비교해 보면 그 차이가 분명해진다.

봄날 양지쪽에 세 사람이 앉았습니다.
장모님과 딸 아이 그리고 아내입니다.
꽃처럼 흙돌담처럼 장독처럼 앉았습니다.

***의「사진찍기」

이 작품은 형상화가 안 된 묘사(描寫) 문장이거나 설명문이다. 초장에서 상황 전개, 중장에서는 초장을 사실대로 보충 설명하고 종장에서는 비유 대상을 자세히 나열하여 쓴 묘사(描寫)문이다. 또 종장은 종결어미로 마감은 했으나 과거형 시제를 사용했고 설명조로 되어 있어 화자의 사상 또는 결의가 없이 마감되었다. 비유가 전혀 없는 설명문이다. 이런 작품은 시조 형식만 있고 미학적 가치를 찾기 어려운 형해화(形骸化)된 시조로 독자에게 주는 메시지가 별로 없다. 더구나 종장은 완전 자유시 형태이다. '꽃처럼(그리고) 흙돌담처럼(그리고) 장독처럼'은 격(格)이 같다. 시조 종장의 정체성이 있는 작품으로 보기 어렵다. 순진법에(음수가 4 < 5) 대화체 경어를 쓰는 것도 바람직하지 않다.

3. 문장성분

문장성분이란 문장을 구성하면서 일정한 구실을 하는 요소들을 말한다. 하나의 문장을 만드는 데는 여러 요소, 즉 주어, 서술어, 목적어, 보어, 관형어, 부사어, 독립어 따위가 필요하다. 문장을 이루는 필수성분을 주성분이라 하고 주어 서술어 목적어 보어가 이에 속한다. 주성분을 꾸며주는 역할을 하는 문장성분을 부속 성분이라 하며 관형어, 부사어가 있다. 또 본문의 문장과 독립적으로 쓰이는 독립어와 감탄사가 있다. 주어는 주체가 되는 성분이며 서술어는 상태나 성질을 나타내는 성분이다. 문장성분을 이해해야만 작품이 매끄럽게 연결되고 예술성이 높아진다.

 문장에는 여러 성분이 있으나 여기서는 꼭 알아두어야 할 몇 가지만 정리하여 본 교재에서 사용하는 용어의 이해를 돕고자 한다. 문장은 주어와 술어로 크게 나뉠 수 있다. 즉 주체적 역할을 하는 말과 서술해 주는 말이 필요하다.

 시조(時調) 역시 감성이 수반된 짧은 문장으로 말마디를 막힘없이 잘 흐르게 하고 화자가 숨겨둔 행간의 의미를 배가시키기 위해서, 또 화자와 독자 간의 감성적 소통을 원활히 하고 어법과 문장의 호응이 잘 이루어지게 하려면 적어도 몇 가지 기초적 지식과 문장성분에 대한 이해가 필요하다. 시나 시조는 비유라는 특성 때문에 원관념을 숨기는 것이 일반화된 문장으로 주어(주체적 역할)가 반드시 작품 속에 나타나야 하는 것은 아니다. 이미지화하거나 행간에 메시지를 숨긴 은유적 표현으로 하여 시적 매력을 배가시킨다. 특히 고시조에서는 작품의 제목이 없이 이런 점들을 시조 작품에서 반영시키고 있으므로 일반 문장과는 다른 양상으로 나타난다.

 현대시조는 자유시의 문학 장르와 차별화되는 시(詩)의 구조적 특성을 지니고 있으나 어느 정도 기초적인 문법은 준수해야 한다. 맞춤법은 물론이고 문장부호의 사용도 필요 없는 것이 아니라 작품을 더욱 깔끔하게 만들고 독자와의 소통을 쉽게 만들어 주는 것이다. 어법에 안 맞는 글은 소통을 방해한다. 시조는 품격 있는 문학 장르로서 이와 같은 용어의 이해가 없다 해도 시조를 짓는 데 별문제는 없겠으나 알아둔다면 더욱 깔끔한 작품을 생산할 수 있을 것이다. 고시조는 문장의 짜임새가 아주 유연하다. 즉 문장성분이 적절하게 제자리를 유지하고 있기 때문이다.

말(언어)에도 일정한 질서가 필요하며 어법에 맞아야 한다. 글은 글쓴이의 향기로운 마음이니만큼 더욱 질서를 지킨 선비 같은 품위를 요구받는다.

현대시조의 정체성은 고시조로부터 물려받은 내·외형적 유전인자(meme)를 유지하는 것이며 현대인의 어법에 맞게 예술성을 창조하는 것이다.

1) 체언

체언(體言)은 문장에서 조사의 도움을 받아 주체적 구실을 하게 되는 명사, 대명사, 수사를 말하는 것으로 활용을 하지 않고 취하는 조사에 따라 주어, 목적어, 보어, 서술어가 될 뿐 아니라 부사어, 관형어, 독립어가 되기도 한다.

'물'이라는 명사가 문장 안에서 하는 역할을 예로 들면

주어: 개천에 물이 흘러간다.
목적어: 새도 물을 먹어야 산다.
보어: 얼음이 녹으면 물이 된다.
서술어: 이것은 물이다.
관형어: 물의 성분은 수소와 산소의 결합이다.
부사어: 물에 헹궈라.
독립어: 강물아, 쉬어 가렴.

참고로 주격 조사 '이(가)'와 보조사 '은(는)'의 차이를 보면 같은 말 같지만 분명한 차이가 있다. '인생은 짧고 예술은 길다.'라는 문장에서 '-은'은 보조사이다. 주격조사 '이(가)'는 주어에만 붙고 보조사 '은(는)'은 주어 목적어 부사어 등에 붙는다. 예를 들면 "오늘은 날씨가 춥다.", "이 책은 친구가 주었다.", "가끔은 쉬어라" 등등.

보조사 '은(는)'의 용법을 보면

① 어떤 대상이 대조됨을 나타낼 때. 예: 예술은 길고 인생은 짧다.
② 어떤 대상이 화제임을 나타낼 때. 예: 이 책은 친구가 준 것이다.
③ 강조의 뜻을 나타낼 때. 예: 일만 하지 말고 가끔은 쉬어라.
④ 주어가 초점일 때 '이(가)'을 쓰고 술어가 초점일 때는 '은(는)'을 쓴다.
⑤ 묘사문에서는 '이(가)'를 쓰고 설명문일 때는 '은(는)'을 쓴다.
  예: 고양이가 누워서 잔다.(묘사문이며 객관적. 주어가 초점)
    고양이는 엎드려 잔다.(설명문이며 주관적. 술어가 초점)
⑥ 어떤 사실을 말할 때는 '은(는)'을 쓴다.
  예: 지구는 태양 주위를 돈다.
⑦ 이중주어문일 때는 '~은(는), ~이(가)의 형태로 쓰인다.
  예: 그 사람은 성격이 좋다.

문장을 연결하는 역할은 조사와 연결어미이다. 조사에는 주격조사(이/가), 서술격조사(다/이다), 목적격조사(을/를), 보격조사(이/가), 관형격조사(의), 부사격조사(에/에서), 호격조사(아/야) 등이 있으며 명사에 붙는다. 연결어미는 용언(동사, 형용사)의 어간에 붙어 다음 말과 연결하는 구실을 한다.

예를 들어보면

"이 몸의 죽고 죽어 일백 번(을) 고쳐 죽어"
이(관)+몸+의(주격조사), 죽+고, 죽+어('고'나 '어'는 연결어미), 일백(수사)+번(을)+(목적격조사) 고+쳐, 죽+어('쳐'나 '어'는 연결어미)

2) 용언(用言)

대상의 동작이나 상태의 성질을 나타내며 문장에서 서술하는 기능을 한다. 동사와 형용사가 이에 속하며 어미변화가 가능하다. 문장 안에서 쓰임에 따라 본용언과 보조용언으로 나누어진다.

밥을 <u>먹는다</u>. -------------- 동사(먹다)
꽃이 <u>예쁘다</u>.----------------형용사(예쁘다)
나는 사과를 <u>먹어버렸다</u>. ---먹어 (본용언), 버렸다(보조용언)

  용언은 문장에서 서술하는 역할도 하지만 어미를 변화시켜 다음 문장과 연결고리를 유지하게 하는 역할도 한다. 대개 -아, -게, -지, -고를 붙여 부사어를 만들게 된다. 관형어는 "-ㄴ 또는 -던, -을"을 붙여 만든다. '먹다'를 변화시키면 '먹고, 먹지, 먹고서, 먹어, 먹으면'처럼 하여 부사어를 만들고 '먹을, 먹던'처럼 하여 관형어를 만든다.

  시조에서 연결어미는 대체로 용언의 활용 형태로 나타나기 때문에 매우 중요하고 종장 말미에 반드시 술어로 마감되어야 한다. 용언의 활용은 문장을 부드럽고 매끈하게 만들어 주는 효과가 있다.

4. 소절, 구, 장의 의미구조

1) 소절

  <시조 명칭 및 형식통일안>을 보면 소절(小節)에 대하여 다음과 같이 정의한다.

  "소절은 구를 다시 나눈 것으로 구는 두 개의 소절이 된다. 장 하나는 4개의 소절로 이루어진다."

  '소절'의 개념이나 그 역할을 정의하지 않은 것은 아쉽지만 이를 만든 밑바탕에는 소절에 대한 명확한 설명이 들어가 있다.

　고시조는 아래 예문에서 보듯이 소절은 의미가 생기는 가장 작은 단위로 음절수는 3 또는 4로 이루어지고 종장 둘째 소절만 5-7자로 만들어지며 한 호흡으로 읽는 어절이다.

　　　구름이√ 무심탄 말이√/ 아마도√ 허랑하다
　　　중천에√ 떠 있어√/ 임의로√ 다니면서
　　　구태여√ 광명한 날빛을√/ 따라가며√ 덮나니
　　　　　　　　　　　　　　　　　　　　　-이존오-

　　*√는 소절 표시, /는 구의 표시임

　예문에서 보여주듯이 소절은 의미가 있는 품사에 조사나 연결어미가 붙어있는 말마디이다. 즉 "자립성(自立性)과 분리성(分離性)을 가진 말의 최소 단위로 의존명사나 보조용언과 같은 준자립어와 형식 형태소인 조사가 붙은 말이나 용언을 활용하여 만들게 된다.

　'구름이'는 '구름'이라는 명사에 주격조사 '이'를 붙여 '구름이'라는 체언을 만들고 주체적 역할을 하고 있다. 전구 <u>구름이 무심탄 말이</u>'는 두 개의 소절로, 후구 역시 두 개의 소절로(<u>아마도 허랑하다</u>) 되어 있다. 중장과 종장도 마찬가지이다. 소절은 의미가 생기는 말마디로 조사나 연결어미가 붙여 다음 문장과 연결고리를 만들고 있음을 알 수 있다.

　예를 들면, '눈보라가 몰아치는 언덕에서'라는 문장에서 '눈보라'는 주격조사 '가'를, '언덕'이라는 말에 '에서'라는 처소격 조사를 붙여 만든 어절에 해당되고, '몰아치는'은 '몰아치다'라는 용언을 어미변화 시켜 '몰아치는'으로 하여 '언덕'을 꾸며주고 있다. '눈보라가', '몰아치는', 언덕에서'는 각각 말마디가 되는데 이 말마디(어절)를 소절이라 한다. 이처럼 소절은 명사에 조사를 붙여서, 용언은 어미를 활용시켜서 만들게 된다. 명사에 조사가 붙거나 용언을 활용하여 어미변화를 시키지 않으면 연결 고리를 만들지 못하게 되므로 소절이라 볼 수 없다. 다만 간결성을 유지하려는 조치로 조사를 생략하는 경우는 조사가 붙은 것과 동일한 효력을 갖는다.

'눈보라(명사)'는 주격조사 '가'가 붙어 있고, '언덕(명사)'은 처소격조사 '에서'가 붙어 있다. '눈보라가 몰아치는 언덕에서'라는 문장에서 주격조사 '가'를 생략하여 '눈보라 몰아치는 언덕에서'처럼 하여도 의미상 아무런 변화가 없다. 이런 경우에는 '눈보라'라는 명사에 조사가 붙지 않아도 되는데 이는 간결성을 유지하려는 조치이므로 이때 '눈보라'는 명사가 아니라 체언으로 인식되어야 한다.

'몰아치는'은 관형어지만 그 원형은 동사 '몰아치다'이다. 어미 '다'를 활용한 것이다. 체언은 간결성을 위해 의미의 변화를 주지 않는 범위 내에서 조사를 생략할 수 있으나 용언은 활용된 어미의 생략이 불가하다. '몰아치는'에서 어미 '는'은 생략이 불가하다.

2) 구(句)

각 장의 하위 단위로서 각 장을 2개의 의미 단위로 나눈 것을 구라 한다.

오백 년 도읍지를/ 필마로 돌아드니
산천은 의구한데/ 인걸은 간데없네.
어즈버 태평연월이/ 꿈이런가 하노라
　　　　　　　　　　　　　　　　-길재-

작은 소절(말마디) 둘이 만나 더 큰 의미를 만들게 되는데, 이를 구(句)라 한다. 전구의 모습은 후구로 나갈 방향을 가리키는 척도가 된다. 후구는 전구와 마찬가지로 두 개의 소절이 모여 만들어지는 의미 단위이지만 전구 후구 둘이 모여 완전한 의미 단위인 독립적 장을 이루게 된다.

'오백년 도읍지를/ 필마로 돌아드니'를 보면 전구(오백년 도읍지를)나 후구(필마로 돌아드니)는 모두 작은 미완성의 의미 단위이지만 둘이 합치면 하나의 독립된 문장이 만들어진다.

이를 잘못 적용한 현대시조 한 편을 본다.

떡갈나무 추시계는 / 복제된 시간을 끌고
봄.여름.가을.겨울. / 강.산.마을.도시를 지나
세속의 무대에 올라 / 악보 없는 연주를 한다.
　　　　　　　　　　　　　　***의 「기상이변」

초장만 구의 형태를 갖추었다. 중장은 구가 성립되지 못한다. '봄'에서부터 '도시를'까지가 전구가 되고 후구는 '지나' 하나뿐이다. '-과(와)'라는 접속조사가 7번 생략된 경우이다. 따라서 '봄'과 '도시'까지는 격이 같다. 이렇게 보면 이 중장의 전구 앞 소절의 음수는 14(봄.여름.가을.겨울.강.산.마을.도시를/)가 되고 후 소절은 2자(지나)가 되어 소절은 결과적으로 전구에만 있고 후구에는 소절이 없어 구의 성립조건이 안 되는 결과를 초래한다. 더구나 접속조사를 사용하지 않고 가운데 점(·)을 사용한 것은 체언만 나열한 결과를 초래한다.

초장의 '떡갈나무 추시계는'를 보면 명사와 명사(떡갈나무+추시계)처럼 보이지만 여기서는 '-의'라는 관형사가 생략된 것으로 '떡갈나무의 추시계'가 된다. 따라서 의미상으로는 관형어+체언(명사)이 되는 것이다.

종장 첫 소절 역시 3자로 보기 어렵다. '세속의'는 '무대'를 수식하는 말로 '세속의 무대에'까지 합쳐져야 그 의미가 선명해지기 때문이다. 즉 수많은 무대 중에서 화자가 짚어 말하는 무대는 '세속의 무대'이다. 따라서 5자가 된다.

관형사 '-의'는 뒤에 오는 체언의 범위를 한정한다.

고시조에서는 발견하기 어려우나 현대시조에서 많이 나타나는 관형격 조사 '의'는 구와 구 사이에서, 그리고 종장 첫 소절에서도 사용할 수 없다.

각 장에서 즉, ... /... 의//.../ ...의//

(/는 소절을 , //는 전구 후구를 나타낸 표시임)

  홀로 깬/새벽잠의//뒤끝이 뜨악하다.
  (새벽잠의 뒤끝이)까지가 의미상 한 소절.
→홀로 깬/ 새벽잠의 뒤끝이/뜨악하다. (3소절로 바뀜)

그러나 관형격 조사 '의'가 붙은 관형어 외에 다른 관형어 사용은 가능하다. 예를 들면 "천 갈래로 뻗어오는/그 속을 누가 알까."에서 전구(천 갈래로 뻗어오는) 전체가 후구의 '그 속'을 꾸며주고 있으므로 통일안에서는 이를 허용한다.

'뻗어오는 천 갈래의/그 속을 누가 알까.'로는 할 수 없다. 그러나 장의 후구 말미에서는 장의 독립성을 훼손하므로 허용되지 않는다.

3) 장

삼행을 각각 장(章)이라 하여 1행을 초장(初章), 2행을 중장(中章), 3행을 종장(終章)이라 한다. 그리고 장을 행(行)이라 부르지 않는다.

  초장: 동짓달 기나긴 밤 한 허리를 베어내어
  중장: 춘풍 이불 아래 서리서리 넣었다가
  종장: 어른님 오신 날 밤이어든 굽이굽이 펴리라

-황진이-

　장(章)은 문장 구조상 완결된 의미 단위가 된다. 즉 하나의 의미를 충분히 지닌 문장이 만들어지게 된다. 따라서 각 장은 독립성, 연결성, 완결성을 지녀야 한다.

　독립성(獨立性)이라는 개념은 문장이 독립된다는 의미가 아니라 의미상 완결을 나타내는 소단위의 <u>외형상 자립성</u>을 말하는 것이다. 이 독립성은 3장에 모두 해당된다.

　한편 초장 중장 종장은 상호 연결성을 유지하고 있어야 한다. 이 연결성 유지를 위해 초장이나 중장 후구의 말미는 반드시 조사나 연결어미 등이 와야 한다. 이를 장(章)의 연결성(連結性)이라 한다.

　장(章)의 완결성(完結性)이란 무엇인가?

　위 예문 초장 '동짓달 기나긴 밤 한 허리를 베어낸다.' 중장 '춘풍 이불 아래 서리서리 넣는다.' 종장 '어른님 오신 날 밤이어든 굽이굽이 편다.' 등은 하나의 문장으로서 완전한 의미를 지니게 된다. 이를 장(章)의 완결성(完結性)이라 한다. 완결성은 대개 종장만을 가지고 논하기 쉽지만 여기서 말하는 완결성은 초장, 중장, 종장에 각각 해당되는 말이다. 즉, 각 장은 완결된 의미의 형태로 마감되어야 함을 뜻한다.

　연시조라 할지라도 동일한 규칙을 적용받는다. 연결성이 없으면 별개의 문장이 되기 쉽다. 시조의 중요한 정체성 중 하나이다.

　연시조의 연관성이란 각 수(首)와 주제(제목)의 연관관계를 말하는 것일 뿐 장의 연결성과는 별개의 개념이다. 연결성을 자가 진단하는 법은 중장이나 종장 앞부분에 (그리고, 그래서, 그런데, 왜냐하면) 같은 접속어를 넣어보고 의미가 잘 통하면 연결성을 유지했다고 볼 수 있다.

　　　　동짓달 기나긴 밤 한 허리를 베어내어
　　　　(그래서)춘풍 이불 아래 서리서리 넣었다가
　　　　(그래서)어른님 오신 날 밤이어든 굽이굽이 펴리라
　　　　　　　　　　　　　　　　　　　　　　　-황진이

　　　　고독마저 황홀하게 사르는 석양빛을
　　　　(어떻게)늘 시린 가슴에다 모닥불로 지펴놓고
　　　　(그래서)무상을 휘감고 앉아 그 아픔을 삭인다.
　　　　　　　　　　　　　　　　　　　김광수의 「바위」

　이처럼 잘 짜인 작품은 후구만 연결시켜보아도 의미가 통하게 된다. 즉 '한 허리를 베어내어 서리서리 넣었다가 구비구비 펴리라'
　'사르는 석양빛을 모닥불로 지펴놓고 그 아픔을 삭인다.'처럼 하나의 문장이 성립된다. 자기 작품이 연결성을 잘 유지했는지 진단해 보려면 위 두 가지 방법 중 어느 하나를 이용하여 자가 진단해 볼 수 있다.
　그러면 다음의 고시조 예문은 각 장이 모두 종결어미로 마감되어 별개의 문장처럼 보이는 데 연결성은 어떻게 보아야 할 것인가?

　　　　"동창이 밝았느냐 노고지리 우지진다 / 소 칠 아이는 여태 아니 일었느
　　　　냐 / 재 넘어 사래 긴 밭을 언제 갈려 하나니 //"
　　　　　　　　　　　　　　　　　　　　　　　　　남구만

　이 작품은 3장이 모두 술어로 마감은 되고 있어 장의 독립성과 완결성은 잘 드러나 있고 오히려 연결성은 없는 것처럼 보인다. 그러나 의미상으로 각 장은 상호 연관성을 유지하고 있다. 연관성을 유지한다는 것은 상호 연결성이 있다는 말이 된다.
　이 문장을 좀 바꿔 보면 "동창이 밝아져서 노고지리 우짓는데/재 넘어 사래

긴 밭을 언제 다 갈려고/소치는 아이는 여태까지 일어나지 않았느냐"처럼 읽히기 때문이다. 즉, 연결어미 '-데'와 '-고'가 생략되고 종결어미 '우지진다'와 '일었느냐'를 사용한 것으로 문맥상 의미는 전혀 변함이 없다.

고시조에서 발견되지 않는 장의 말미가 현대에 와서 관형어로 마감된 작품도 종종 발견되는데 이럴 때 소절이 변하게 되어 정형을 벗어난다. 관형어는 다음에 오는 체언과 함께 있어야 장(章)으로서의 독립적 의미가 완성된다.

초장: 더 얻을 수 있고 뭣이든 이룰 것 같은 (1.5.3.5)
중장: 허공에 피어오르던 터질 듯한 뭉게구름 (3.9.4)

우선 예문은 장은 초장과 중장으로 구분할 수가 없다. 즉 장이 둘이 아니라 하나이다. 화자가 생각하는 초장은 구의 조건에서 상당히 멀리 있다. 초장 후구 말미가 '-같은'으로 되어 있는데 이는 중장 말미의 '뭉게구름'을 수식하는 말이고 중장 앞부분(전구) 역시 '뭉게구름'을 수식하는 말이므로 그 의미로 보면 초장은 독립성을 상실한 한 문장이다. 중장에 의지해야만 독립이 가능하다.

'더 얻을 수도 있는, 그리고(and) 뭣이든 이룰 것 같은, 허공에 피어오르던, 터질 듯한 뭉게구름'이 되므로 이 작품은 엄격히 말해 장(章)이 하나밖에 없는 문장이다. 자유시를 시조 형식을 빌려 쓴 것으로 시조의 정체성을 유지한 작품으로 보기는 어렵다.

5. 분리할 수 없는 시구(詩句)

시조 구성의 근본원리는 어절과 어절(語節)의 상호 유기적 결합으로 만들어진다는 사실을 유념하여야 한다. 시조의 창작 현장, 즉 시조를 짓다 보면 외형상 특징인 음수에 집착하다가 분리해서는 안 되는 시구를 강제 분할하는 경우가 종종 생기고 많은 작가들의 작품에서 실제 이런 현상이 목격되곤 한다. 이는 절대 있을 수 없는 일이다.

깨질라!
이 아찔한
높이에서 보는 세상

내 잘못
살았다기로
삭풍보다
더 매우랴

까짓것
사나이 한평생
다시 걷는 등성이

***의「겨울 산행」

초장은 장이 둘이 된다. "깨질라!"는 하나의 독립된 문장이다. "깨질라!//이 아찔한/높이에서 보는 세상//"이 된다. 이 '깨질라!'는 다음에 오는 문장과 연결이 되지 않는 독립어이다. 즉 두 개의 문장이 된다.

중장은 "내 잘못 살았다기로"는 음수 배열이 3.5가 아니라 1.7이 된다. '잘못 살았다기로'는 붙어 다니는 통사적 언어구조이다. 즉 '잘못+살다'이다. '-기로'는 용언이나 '이다'의 어간 또는 선어말 어미 '-으시-', '-었-', '-겠-'의 뒤에 붙어, 앞 절의 내용이 뒤 절의 내용에 대한 까닭이나 조건임을 나타내는 말로 '살았다'라는 과거형시제에 연결어미 '-기로'를 붙인 말이다. 따라서 하나의 어휘이다.

종장은 화자의 결의가 없이 마감된 상태이다. '까짓것'은 이 문장에서 감탄사로 쓰인 것이므로 반점(,)을 찍어야 한다. 그렇긴 해도 종장 첫마디에 사용하는 말로서는 적절하지 않다. 약간 우습게 여기거나 비하하는 말투이기 때문이다.

분리할 수 없는 시구는 주로 다음과 같은 것들이다.

1) 통사적 합성어로 된 것

명사: 붉은머리오목눈이(8).→붉은머리 오목눈이(4.4 ×)
　　　도깨비방망이(6)→도깨비 방망이(3.3 ×)
동사: '눈여겨보다,' 되돌아가다. 거들떠보다. 물구나무서다.
　　　'명자꽃/ 선홍 잎을/ <u>눈여겨/ 보았느냐</u>' 3.4.3.4 (4소절)
　　　→'명자꽃/ 선홍 잎을 / 눈여겨보았느냐 3.4.4 (3소절)

　　　'고향길/주홍 놀 한 점/ <u>물구나무/ 서고 있다.</u>' 3.5.4.4 (4소절)
　　　→고향 길/주홍 놀 한 점/ 물구나무서고 있다.' 3.5.8(3소절 음수 이탈)

으르렁거리다(으르렁+거리다), 어리둥절하다(어리둥절+하다).
'<u>어리둥절/하는</u> 나를/멀끔히/ 바라보더니' 4.4.3.5 (4소절)
→'어리둥절하는/나를/멀끔히/바라보더니' 6.2.3.5. (4소절 음수 이탈)

2) 통사적 의미 구조로 된 것

　　예: '-지 않다.' <u>보이지 않는 공부가</u>(3.5 ×)→<u>보이지 않는 공부가</u>(5.3 ○)
　　　　'<u>거들떠 보지도 않다</u>(3.5×)→<u>거들떠보지도 않다</u>(8.0 ○)

'어디서 부터인지(×)' → 어디서부터인지
'내 잘못/살았다 기로/삭풍보다/더 매우랴' 3.5.4.4 (4소절)
 →'내/ 잘못 살았다 기로/삭풍 보다/ 더 매우랴' 1.7.4.4(4소절이나 음수 이탈)
 '-도 없는' '뿌리도 없는(3.2 ×)→ '뿌리도 없는(5)
  '-와(과) 같은' '철수와 같은 또래(3.4×) →철수와 같은 또래(5.2)

3) 의미상 붙어 다니는 말(격이 같음).

① ~도~도.　　　예문: 비석도 산담도,　*3.3이 아니라 6임
　~고~고.　　　예문: 하얗고 빨간 등대,
　~와(과) ~와(과). 예문: 거북이와 도마뱀, 햇빛과 바람

당신을 알았다고/ 착각하는 잠시 동안 (3.4.4.4), 소절 4, 총 음수 15
내가 나를/ 영영 모를 것 같은/ 기분과 (2.2.7.3) 소절 4, 총 음수 14
의문과 과거시제가/ 조금 더 외로워졌다 (3.5.3.5) 소절 4 총 음수 16 총 45자
　　　　　　　　　　　　　　***의 「타인의 방」

이 작품을 시조로 볼 것인가? 외형적 모습만 보면 3장 6구 12소절이다. 규칙을 어기지 않은 작품처럼 보인다. 그러나 큰 오류가 숨어 있다. 시조의 구성 원리(장의 정체성)를 충분히 이해하지 못한 결과물이다. 노루와 사슴을 구분 못하는 것과 똑같다. 이 문장의 정상적인 구성은 다음과 같다.

당신을 알았다고 착각하는 잠시 동안
　　　　　　　　　　　　(4소절 음수 3.4.4.4 총 15자)
내가/ 나를/ 영영/ 모를 것 같은/ 기분과 의문과 과거시제가
　　　　　　　　　　　　(5소절,음수 2.2.2.5.11 총 22)
조금 더 외로워졌다　　　　　(소절 2, 음수 3.5.총 8자)

완전 자유시가 아닌가. 중장과 종장은 모두 소절 수 음수, 총 음수 등 모두 시조의 조건을 벗어나고 있다. 결과적으로 이런 오류를 범하게 된 이유는 접속사를 잘못 사용한 결과이다. "-과" 또는 "와"는 앞뒤 문장이 대등한 관계임을 나타낸다. "기분과 의문과 과거시제가"는 동격으로 모두 주체가 된다. 따라서 시조에서 요구하는 독립적인 시어가 될 수 없다.

예를 들면 '<u>너와 난</u> 친구간이다'라 할 때 3자로 인정되나 '<u>철수와 영이는 친구간이다.</u>' 하면 철수와 영이는 대등한 관계이므로 음수가 6.5가 된다. '철수와'를 가지고 3자로 만들 수 없다는 얘기이다. 같은 이유로 위 예문 종장의 첫 음절 수는 "의문과 과거시제가"처럼 8자가 된다. 그러나 예문은 중장 후구에 '기분과'라는 격이 같은 시어이므로 "<u>기분과 의문과 과거시제가</u>"처럼 되어 11자가 된다고 보아야 한다. 그러므로 '-와(과)' 같은 접속사는 종장 첫 소절에서는 사용치 않는 것이 합당하다.

② 기타 앞말에 붙여 읽느냐, 아니냐에 따라 소절이 달라진다.
(밑줄 부분이 한 소절이 되므로 오른쪽이 정상이다.)

　　*노래를 하고 싶어라(3.5), -----<u>노래를 하고</u> 싶어라(5.3)
　　*다리가 되면 무엇하나(3.6). -----<u>다리가 되면</u> 무엇하나(5.4)
　　*마당 한 가운데 앉아(3.5) -----마당 <u>한가운데</u> 앉아'(2.6)
　　*남 생각 할 겨를도 없이----<u>남 생각할</u> 겨를도 없이(4.5)
　　*이불 푹 뒤집어 쓰고------이불 <u>푹 뒤집어</u> 쓰고(2.6)
　　*온 몸 다 내어주고도 -----온 몸 <u>다 내어 주고도</u>(2.6)
　　*마음뿐 아닌 발길마다-----<u>마음뿐 아닌</u> 발길마다(5.4)
　　*가늠키 힘든 수심이 ------<u>가늠키 힘든</u> 수심이(5.3)
　　*있어야 할 재물 복이------<u>있어야 할</u> 재물 복이(4.4)
　　*감당도 못할 무게를------<u>감당도 못할</u> 무게를(5.3)
　　　*못 들은 척해도 미륵의 발자국소리----<u>못들은 척해도</u> 미륵의 발자국소

리(6.8.)
*꼿꼿이 서서 나는(3.4) ------꼿꼿이 서서 나는(5.2)
*망설임 끝에 잠시(3.4)-------망설임 끝에 잠시(5.2)
*왼손도 몰래 오른 손이(3.6)----왼손도 몰래 오른 손이(5.4)
*견디어 낸다고 하는 게(3.6)----견디어 낸다고 하는 게(6.3)
*잘 뛰고 나서 쉬어야지(3.6)---잘 뛰고 나서 쉬어야지(5.4)
*추운가 보다 양지쪽 강아지(3.8)--추운가보다 양지쪽 강아지(5.6)

③ '~같은, ~없는'과 같은 앞말에 붙여 읽는다.
　천원도 없는 사람이, 봄 나비 같이 날아간다.

참고로 '~같은'의 용법을 보면
○다른 것과 비교하여 그것과 다르지 않을 경우 앞에 오는 체언과 붙여 읽어야 의미가 더 분명해진다. '백옥 같은 피부'인 경우, '백옥'에 붙여 읽어야 한다.
○같은 부류에 속한다는 의미일 때는 뒤에 오는 체언에 붙여 읽는다. '외출 시 신분증(과) 같은 것을 지녀야 한다.' 뒤에 오는 '것을'에 붙여 읽는다. '-과'가 생략된 형태 '신분증은 아니고 신분을 증명할 수 있는 것'을 말함 '피 같은 같은 민족' 뒤에 붙여 읽는다.
○합성형용사 활용 시는 붙여 쓴다. 예: 감쪽같은, 목석같은, 꿈같은, 실낱같은

'못하다'의 용법

○형용사인 경우는 뒷말에 붙여 읽고
　예: 동생만 못한 철수 - '철수'에 붙여 읽음

○보조형용사 보조동사인 경우는 앞말에 붙여 읽는다.
　예: 옳지 못한 행동이다. - 앞말에 붙여 읽음
　　　가지 못할 사정이 있어서 - 앞말에 붙여 읽음

④ 다음과 같은 연결어미는 다음 말과 붙어 다닌다.
　예: ~며. 예문: <u>교수며 정치가며 저명인사인 그분</u>
　　　　　　　12자
　　　~듯: <u>없는 듯 있는 듯</u>,
　　　　　6자
　　　~지: <u>그렇지 않아도</u>. (-지+부정어)
　　　　　6자
　　　~디: <u>예쁘디예쁜</u>
　　　　　5자

음수 이론에서 소절을 만들 때 특히 주의해야 할 점은 다음과 같은 말이다.
① 하나의 낱말은 소절로 나누어 쓸 수 없다.
　◎ "붉은머리√오목눈이"→ 하나의 명사(새 이름)로 나눌 수 없는 하나의 소절임.
② 의미상 앞말 또는 뒷말에 붙는 말도 나눌 수 없다.
　◎ "아, 차마/보내려 하니"→아, / 차마 보내려 하니
　◎ '~ 지+부정어'까지는 하나의 관용구처럼 붙어 다닌다.
　　"보이지 않는 / 공부가 제일 힘든 공부다"
　◎ '-도 -도', '-와(과)', '-디-', '-고 -'
　　"임금도 백성도 함께 좋은 나라 만들자" '~도~도'는 둘 다 대등한 주체임
　　"토끼와 거북이 둘이 경주하는 모습 같다" '~와(과)~와(과)' 역시 대등한 주체

"예쁘디예쁜 꽃밭에 호랑나비 앉아 있다" '-디'는 반복되는 관용구(연결어미)

"하얗고 빨간 들꽃이 실바람에 살랑인다." '-고'는 앞 뒤 말이 대등한 관계임을 나타내는 연결어미

③ 명사의 나열

"봄 여름 가을 겨울이/ 한꺼번에 지나갔다." "봄~겨울이"까지가 한 소절이다.

④ "-없는, -같은"처럼 앞말에 붙여 읽어야 의미가 확실해지는 경우

"꽃송이 같은 낙엽이 나풀나풀 떨어진다", "꽃송이 같은"까지가 한 소절
"매듭 풀던 손가락" "매듭 풀던"까지가 한 소절

> 업장을 짊어지고 뚜벅뚜벅 걷는 날들
> 가끔 토하는 목청 얼음처럼 차갑지만
> <u>순하디, 순한</u> 눈망울 푸른 하늘 가득하다.
>
> ***의 「흑우(黑牛)」

위 예문에서 종장 '순하디, 순한'은 분리할 수 없는 말을 강제 분할한 것이다. "-디"는 용언의 어간을 반복하여 그 뜻을 강조하는 연결 어미이다. 쉼표를 찍어 강제 분할한 것으로 보인다. 종장의 음수는 화자의 의도(3.5.4.4)와는 관계없이 5.3.4.4로 보아야 하므로 종장의 규칙을 완전히 벗어난 모양이 되는 것이다.

4) 통사적 문장 구조의 분할 금지

하나의 장을 여러 개로 행갈이 하는 것은 의미를 축소시키거나 어법에 맞지

않는다.

①
작은방 창 너머엔
매미 우는 푸른 구름

그 풍경에 머리 두고
너는 꿈꾸는 <u>창이</u>

<u>시일까</u>
행복한 소나기
잠시 흥건하다.

***의 「낮잠」

이 예문에서 중장 후구 말미와 종장 첫 소절 '창이 시일까'가 통사구조이다. 즉 종장 첫 소절 '시일까'는 중장 끝으로 가야 한다. 따라서 종장 첫 소절 3자는 '행복한'이 되어야 하는데 "<u>행복한</u> <u>소나기 잠시 흥건하다</u>."가 되어 종장의 규칙을 어기게 된다. 즉 음수 배열이 달라진다.

종장 둘째 수의 음수 5-7이 되어야 하는데 3이 되고 셋째 소절의 음수 4가 되어야 하는데 2가 되므로 음수의 배열에 문제가 생기게 된다.

중장은 독립성과 완결성이 결여된 상태이다.

②

고두이던살　　　다는놓을길
떠　　　　　　　원
난　　　　　　　여
녹　　　　　　　에
슨　　　　　　　끝
물　　　　　　　지
펌　　　　　　　가
프　　　　　　　감
에　　　　　　　은
낮　　　　　　　굽
뻐꾸기울음만이무시로건너와서휘

　　　　　　　　　　　　***의 「빈집」

예문 ②를 정상적으로 다시 써보면 다음과 같다.

　살던 이 두고 떠난 녹슨 물 펌프에
　낮 뻐꾸기 울음만이 무시로 건너와서
　휘굽은 감가지 끝에 여윈 길을 놓는다.

위 ①② 예문은 모두 언어의 통사구조를 파괴한 작품이다. 만약 ①이 가능하다고 주장한다면 종장의 음수를 맞추기 위해 다음과 같이 썼다고 하면 어떨까?

"시일까,✔ 행복한 소나✔ 기잠시흥✔ 건하다."3.5.4.3도 가능해야 한다. ②는 장의 개념을 무시한 시조이다. 좋은 작품을 이상하게 만들었다. 특히 '살던 이/ 두고 떠난/ 녹슨/ 물 펌프에'를 살펴보면 이상하거나 어색한 부분을 발견할 수 있다. '두고 떠난'도 '물 펌프'를 수식하는 말이고, '녹슨'도 '물 펌프'를 수식하는 말이다. 따라서 초장의 소절 수는 '살던 이/ 두고 떠난 녹슨/ 물 펌프에'

가 되므로 소절 수가 셋이 된다. 이는 중간에 관형어 '-ㄴ -ㄴ'가 중복되기 때문인데 이중 어느 하나를 다른 성분으로 만들어야 소절 수가 맞게 된다.

 즉 '살던 이 두고 떠난/ 물 펌프는 녹이 슬어'로 하면 이때 '두고 떠난'은 '펌프'를 수식하게 된다.

 이 밖에도 '잘못/살았다기로' '죽었나,/ 살았나 싶어' 같은 말들은 통사적 언어이므로 분리하여 쓰는 것은 어법에 맞지 않는다.

③
 8월 하순 다 낡은 국밥집 창가에 앉아
 온종일 질척이며 내리는 비를 본다.
 <u>뿌리도,</u>
 <u>없</u>이 내리는
 실직 같은 비를 본다.

 철로 건너편엔 완만한 산자락
 수출처럼 난만하던 철쭉꽃은 지고 없는데
 살아서 다졌던 생애의
 뼈하나/ 묻히고 있다.
          ***의 「산인역」

 첫수 초장 "8월 하순/ 다 낡은/ 국밥집/ 창가에/ 앉아"처럼 하면 5소절이 되고, "8월 하순/ 다 낡은/ 국밥집/ 창가에 앉아"로 하면 4소절은 되지만 음수가 4.3.3.5로 전구가 역진이 된다.

 첫수 종장 '뿌리도 없이 내리는 실직 같은 비를 본다.'는 두 가지를 짚고 가야 한다. '뿌리도 없이'는 통사적 언어로 종장 첫 소절 3자가 될 수 없다. 5자가 되므로 종장 규칙에 안 맞는다. 작가는 통사적 언어를 강제 분할하여 "뿌리도," 다음에 반점을 찍었으나 이 반점 사용과는 무관하게 '뿌리도 없이'처럼 읽혀야 의미가 살아난다.

둘째 소절 '<u>내리는 실직 같은</u>'은 둘 다 관형어로 '비'를 수식하는 말이다. 따라서 둘째 소절은 음수가 7이 되고 셋째 소절은 '비를 본다.'만 남게 되므로 한 소절이 부족하게 된다.

'뿌리도 없이/내리는 실직 같은/비를 본다.'가 정상적인 종장 처리이다. 그러나 실제로는 "<u>뿌리도 없이</u>/<u>내리는</u>/<u>실직 같은</u>/<u>비를 본다</u>."라고 한다면 소절 수는 맞지만 종장 첫 소절의 음수가 5자가 둘째 소절은 3자가 된다. 그러나 이렇게 해도 의미가 이상해지는 부분이 있다.

"뿌리도 없이 내리는"은 다음에 오는 체언 '실직'을 수식하지 못한다. '뿌리도 없이 내리는 실직'은 무슨 말인지 이해하기 어렵다. 이 세 개의 소절은 '비'를 수식하는 말임이 분명해진다.

둘째 수는 종장의 행갈이를 다시 봐야 한다. '살아서 다졌던 생애의 뼈 하나 묻히고 있다' 종장 둘째 소절을 '다졌던 생애의'까지로 본다면 관형격 조사 '-의' 때문에 뒤에 오는 '뼈 하나'까지 붙어야 한다. 앞서 설명한 바와 같이 전구 후구 사이에서는 관형격 조사 '의'를 두어서는 안 된다. 소절 수의 변동을 초래한다. 즉 '<u>살아서</u> <u>다졌던 생애의 뼈하나</u> <u>묻히고 있다</u>.'가 되므로 음수 배열이 3.9.3.2가 되므로 정형을 벗어난다.

> 행복은 별게 아냐 어제처럼 지금처럼
> 마음 맞는 사람과 한자리에 앉아서
> <u>바라만</u> 보아도 좋은 그게 바로 행복이지. (6.4.2.4)
>   ***의 「행복은」

종장 '바라만'은 독립적 첫 마디인가 살펴볼 필요가 있다.

'바라만' 자체로는 의미가 생기지 않는다. 이 말은 '바라보다'가 원형이다. 이때 '만'은 강조를 나타내는 보조사이다. 그러므로 통사적 언어는 띄어쓰기와 관계없이 앞말에 붙여 읽어야 된다. 3자로 쓰기에는 적절하지 않다.

이 밖에도 'Y字로 묶던 허물을 벗고 나비넥타이 달아요.'같이 외래어 혼용이나 '꼬끼오... 꿈속처럼 아련하게 첫닭 홰치는 소리'처럼 '...'을 붙이는 것도 적절치 못하다고 본다.

고시조에서는 이러한 통사적 의미구조가 종장 말구에서만 무시되었다. 창으로 부르려는 조치였다. 안확은 산문적인 표현은 안 되고 읽는 음절 단위로 표기해야 한다고 시조시(時調詩)와 서양시(西洋詩)(문장 2권 1호. 1940년 1월 1일 발행)라는 글에서 밝히고 있다.

즉 "일러 무삼 하리오"는 '일러무삼 하리오'처럼 써야 한다고 했으나 현대시조에서는 다르다. 통사적 표현에 따라야 한다. '일러 무삼하리오.'처럼 써야 한다. '새도 아니 오더라.' 역시 '새도 아니 오더라'가 아니라 '새도 아니 오더라.'처럼 해야 맞춤법에 어긋나지 않는다. 이런 안확의 주장은 '운율'을 만들거나 '창을 부르려는 조치' 때문이다. 시조는 운율을 중시하기 때문에 종장에서 3.5.4.3의 리듬을 만들어 내려면 음수를 맞추어야 하므로 이런 주장을 한 것으로 생각된다. 하지만 현대시조는 문법 체계에 맞추어 음수를 배열해야 한다. 즉 통사적인 언어를 강제 분할할 수 없다는 말이 된다.

임제의 작품 '청초 우거진 골에' 종장의 표기는 "잔 잡아 권할 이 없으니 그를 설워 하노라"로 되어 있는데 '설워하다'는 하나의 낱말이나 종장의 운율을 살려내기 위해 '그를설워(4) 하노라(3)'처럼 써야 된다고 주장했으나 현대문법체계는 '그를 서러워한다.(2.5)'처럼 쓰는 것이 맞다. 따라서 현대시조에서 4.3이 되도록 맞추려는 작가의 노력이 요구된다.

5) 관형 조사 '-의'는 사용이 제한적이다.

① 관형격 조사 "-의" 사용 시
  "달팽이의/ 노란 등짐//혹은 작은 <u>자벌레의</u>"
  (자벌레의+종장에 처음 나오는 체언(명사)까지가 의미상 한 소절.
② 장의 후구 말미에 일반 관형어 사용도 허용되지 않는다.
  "출근길엔 안 보이고 퇴근길에 <u>보이는</u>"

이 경우에도 장 후구말미 관형어 '보이는'은 다음 장에 오는 첫 번째 나오는 체언과 합쳐져야 의미가 분명해지는데 이렇게 되면 장의 독립성이 훼손되고 음수, 소절 모두를 어긋나게 만든다. 이 관형어는 '-ㄴ'만 아니라 '-ㄹ'도 포함된다.

  예: '퇴근길에 보이<u>는</u>,', '퇴근길에 볼'

관형격 조사 '-의'를 사용할 수 없는 곳은 다음과 같다.

  초장 ... /... 의//.../ ...의//
    예문: 홀로 깬/<u>새벽잠의</u>/<u>뒤끝이</u> 뜨악하다.
          (새벽잠의 뒤끝이)까지가 의미상 한 소절.

  중장 .../...의//... /...의//
    예문: 달팽이의/ 노란 등짐//혹은 작은 <u>자벌레의</u>
          (달팽이~ 자벌레의)까지가 하나의 문장.

  종장-..의/...의///.../...//
    예문: <u>세상의</u>/ 인심과 정이//고스란히 담겨 있다.

(세상의 인심과 정이)까지가 의미상 한 소절.

특히 종장 첫 소절 3자에 '-의'를 사용하면 안 되는 이유는 다음과 같다. 즉, 뒤에 오는 체언(명사)을 주어로 했을 때 문장 성립이 되지 못한다. 장의 성립조건인 독립성이 결여되기 때문이다.

① 일반 관형어인 경우
    '무심한 달빛'→달빛이 무심하다. '임 계신 구중심처에'→ 구중심처에 임이 계시다.
② 관형격 조사 '-의'의 경우
    '세상의 인심과 정이'→ 인심과 정이 세상이다.(문장 성립되지 않음)
    '필생의 한 줄을 구하듯'→ 한 줄이 필생이다.(문장 성립 안 됨)
    '지상의 문을 박차고'→문이 지상이다.(문장 성립 안 됨)

이처럼 문장 성립이 안 되는 이유는 앞의 관형격조사 '-의'는 주체이긴 하지만 주체로서 역할을 할 수 없는데 '-의'와 결합된 성분이 체언이기 때문이다. 그래서 관형격 조사 '-의'를 쓰면 비독립적인 소절이 된다. 즉 뒤에 오는 체언과 합쳐져야 완전한 의미 단위가 만들어지며 뒤에 나오는 첫 번째 체언이 주체가 된다는 것을 의미한다.

따라서 관형격 조사 '-의'를 예시된 곳(/)에서 사용하면 소절 수 또는 음수가 달라진다. 이 점을 강조하는 것은 각 장(章)의 독립성 때문이다. 독립된 의미 소절이 만들어지는 단위가 되기 때문이다. (위 예시에서 괄호로 표시한 부분)

관형격 조사 '의'가 나타내는 의미는 대개 다음과 같다.
① 앞 체언이 뒤에 온 체언을 수식하는 관계로 뒤 체언이 주체임을 나타냄.

    예: 악어의 눈물(눈물이 주체)
② '~와 같이'의 뜻을 나타냄. 예: 거리의 혼잡. 교통의 무질서
③ 정도나 양을 나타냄. 예: 최고의 기술. 한 쌍의 부부
④ 처소를 나타냄. 예: 동래의 온천
⑤ 비유되는 관계를 나타냄. 예: 죽의 장막
⑥ 앞 체언이 소유자임을 나타냄. 예: 철수의 책
⑦ 재료나 용도를 나타냄. 예: 순금의 반지
⑧ 체언의 자격을 나타냄. 예: 사람의 도리
⑨ 소유나 친족 관계를 나타냄. 예: 철수의 누나
⑩ 전체 중 한 부분임을 나타냄. 예: 책상의 서랍

소유나 친족 관계, 전체와 부분, 장소를 나타낼 때는 조사 '의'를 생략해도 의미 전달에는 전혀 지장이 없다. 따라서 생략이 가능하다.

철수의 누나→철수 누나, 철수의 책→철수 책,

책상의 서랍→책상 서랍, 학교 앞의 문방구→학교 앞 문방구

6) 일반 관형의 중복 사용은 피해야 한다.

일반 관형어 사용도 상당한 주의를 요한다. 겹쳐 나오는(중복되는) 관형어 사용을 피해야 소절 수가 잘 맞게 된다.

일반적으로 관형어는 용언에 + ㄴ, ㄹ, 을 붙여 만드는 경우가 대부분이다. 그런데 -ㄴ -ㄴ이 겹쳐 나오게 되면 소절 수의 감소를 초래하거나 운율을 깨뜨리는 경우가 많다.

"꽃 한 송이 지는 것이 / 경쾌한 짧은 음인 듯 // 딩동댕 벨에 실려 / 부고가

날아왔다. // 손가락 쓰윽 누르자/ 한 생애가 지워졌다. //"

「부고」 전문

이 예문은 밑줄 친 부분에서 운율이 지장을 받는다. 음수 역시 3.5가 아니라 5.3으로 역진이 된다. 여기서도 '지워졌다'는 '지나간다' 또는 '사라진다'처럼 현재형으로 하는 것이 훨씬 효과적이다.

관형어는 단독으로 쓰이지 못하고 뒤에 오는 체언과 붙어 다녀야 완전한 의미 단위가 만들어진다. '작은 꽃' 하면 꽃이 작은지 큰지를 한정하게 된다. 관형어가 연속될 때 관형어를 만드는 "ㄴ"은 생략할 수 없다.

예로 ①의 "비 맞는 조그만 빨간 꽃이"에서 'ㄴ'으로 이루어진 말을 생략해 보면 문장이 안 된다. 즉 "비 맞 조그 빨 꽃이"는 무슨 말인지 알 수 없다. '비 맞는 꽃이 입을 연다, 조그만 꽃이 입을 연다, 빨간 꽃이 입을 연다.'라는 세 개의 문장이 된다. 이는 조사의 생략은 때에 따라 가능하지만 관형어는 용언(술어)의 어미변화이기 때문에 생략이 불가능하다는 얘기이다.

아래 예문에서 화자가 생각한 소절과 구는 " 비 맞는 조그만/ 빨간 꽃이 입을 연다."처럼 구성했으나 이는 구(句)의 의미를 제대로 이해하지 못한 결과로 보인다.

①

비 맞는 조그만 빨간 꽃이/ 입을 연다.
하늘의 푸른 뜻이 가슴으로 들어간다.
그 뜻이 발음을 얻어 입술로 중얼댄다.

-「수련」 전문

이 예문을 보면 초장에서 "비 맞는, 조그만, 빨간"은 모두 '꽃'을 꾸며주는 말들이다. 그러면 전구는 어디까지인가? '비 맞는'부터 '꽃이'까지가 전구이고 '입을 연다.'가 후구이다. 음수로 보면 8,2/2,2이다.

종장 '그 뜻이'에서 '그'는 지시관형사이다. '그 뜻이'는 무슨 뜻인지 모호한 표현이다. 고시조의 종장 첫 소절 3자는 완전 독립적이어야 한다.

다음의 예문은 완결성을 상실한 예문이다.

①
　　출근길엔 안 보이고 퇴근길에 <u>보이는</u>
　　가로수에 반쯤 가려 여차하면 <u>숨어버리는</u>
　　갓길로 천천히 가야 희뜩희뜩 <u>보이는</u>
　　　　　　　　　　　　　　　　「쉴낙원」의 첫수

이 작품은 장의 독립성과 완결성이 결여된 상태이다. 후구에 오는 관형어 다음에 '쉴낙원'이라는 주제를 연관시켜보면 '보이는 쉴낙원, 숨어버리는 쉴낙원, 희뜩희뜩 보이는 쉴낙원'으로 and의 개념이다.

초, 중, 종장을 구분하기 어려울 뿐 아니라 화자의 메시지가 무엇인지 전달받기 어렵고 자유시와 구분하기도 어렵다. '쉴낙원'은 '실낙원'을 연상시키는 합성어로 수사법 중 하나인 희언법을 연상시킨다.

현대시조에서 관형어가 사용된 경우를 살펴보면 다음과 같다. 고시조는 초장이나 중장의 전, 후구 말미에 관형어를 둔 작품을 발견하지 못하였다. 관형어를 둔 현대시조와 비교하면서 차이점을 알아본다. 현대시조 작품에서 <u>전구의 뒤 소절을 관형어로 한 경우</u>를 보면

① 초장: (고) 없음
　　(ㄱ) (현) <u>침묵의 산을 깨운</u>/산새소리 아름답다　　*관+관/주+술

(ㄴ) (현) 상전이 된 아이들의/ 뒷전에서 어정쩡히 *관+관/부+부

이 예문은 (ㄱ)이나 (ㄴ)이나 전구가 관형어로 되어 있다. 그러나 (ㄴ)의 경우는 뒤에 오는 소절이 관형격 조사 '의'가 쓰였음으로 후구 첫 소절 '뒷전에서'까지가 전구가 된다. (ㄱ)과는 차이가 있다. 즉 소절이 달라진다.
"상전이 된 아이들의 뒷전에서 어정쩡히"는 4소절이 되는 것 같으나 엄격히 말하면 '상전이 된 아이들의 뒷전에서/ 어정쩡히'가 되므로 3소절이다.

② 중장: (고) 없음
 (현) 게으르게 둘러앉은/ 모서리가 어설프다. *부+관/주+술
③ 종장: (고) 없음
 (현) 늦가을 비에 젖고 있는 저 낡은/ 가구들 *부+관+관/주

예문 ②나 ③이나 문장성분은 부+관으로 같으나 ②는 전구 전체(게으르게 둘러앉은)가 '모서리'를 수식하게 되어 문제가 없지만 ③은 전구와 후구 일부(늦가을 비에 젖고 있는 낡은)까지가 '가구들'을 수식하므로 전체 소절 수는 셋이 된다. 그 이유는 전구가 '저 낡은'을 수식하지 않기 때문이다. 실제 꾸밈을 받는 말은 '가구들'이다.

'늦가을 비에 젖고 있는 저 낡은 가구들'의 문장 구성을 보면 '젖고 있는 낡은'처럼 관형어가 중복된다. 이럴 때 문장 도치법이 필요하다.

'늦가을 비에 젖는다, 저 낡은 가구들'하면 관형어의 중복 사용을 피할 수 있게 된다.

위 예문에서 고시조는 구의 뒷 소절이 목적어(-를)나 부사어(-데), 또는 주어(-이)로 되어 있는 반면 현대시조는 '깨운, 앉은, 있는, -의'처럼 관형어로 되

어 있는 작품이 많다. 이 관형어는 모두 뒤에 오는 체언을 수식하는 말들이다.
 다음의 예처럼 후구의 뒷 소절을 관형어로 한 경우는 장의 독립성을 훼손하게 된다는 점에 유의해야 한다.

① 초장: (고) 없음
　　　 (현) 색이 바래고 경첩 빠지고/ 좀이 슬고 삐걱거리는
② 중장: (고) 없음
　　　 (현) 달팽이의 노란 등짐/ 혹은 작은 자벌레의
③ 종장: 해당 안 됨

 예문에서 보듯이 고시조는 관형어를 일체 두지 않았다.
 ① '색이 바래고 경첩 빠지고/ 좀이 슬고 삐걱거리는'은 관형어 덩어리이다. '색이 바랜 (그리고)경첩이 빠진 (그리고)좀이 슨 (그리고) 삐걱거리는'이 된다. 구나 장의 의미구조를 벗어나게 된다. <시조 명칭 및 형식 통일안>에 의하면 구(句)는 의미가 완결된 작은 단위라고 규정하고 있다.
 초장의 후구를 관형어로 마감하면 중장에 나오는 체언을, 중장의 후구를 관형어로 마감하면 종장의 체언을 꾸미는 말이 되므로 장의 독립성이 없어진다. 우리 시조의 묘미이며 미학이다. 선조들의 지혜에 감탄하지 않을 수 없다.
 그러나 이러한 시조의 깊은 의미를 이해하지 못한 일부 시조시인은 무조건 글자 수(음수)에만 집착하여 외형상 글자 수만 맞으면 시조가 되는 줄 안다. 현대시조를 짓는 일부 시인들은 관형어의 사용을 남용한다. 이는 문법적으로 보면 문장 구성은 문제시되지 않는다 하더라도 시조의 정체성, 즉 장의 독립성과 완결성을 고려하면 정형이라는 틀에서 벗어나 있게 된다.

다음 예문은 연결성이 결여된 예이다.

①
　계곡의 물소리
　　　고구려의 말발굽 소리

　한을 두드리는
　　　여인네의 다듬이 소리

　저문 날 종종걸음
　　　재촉하는 귀갓길
　　　　　　　　　　　　　　　***의 「사물놀이」

이 작품은 시조로 보기 어렵다. 장의 연결성이 없어 3장이 각각 별개의 장章으로 구성되어 있을 뿐 아니라 종장 둘째 소절의 음수가 4자로 되어 있어 종장의 정체성을 완전히 벗어나고 있으며 화자의 각오나 결의도 발견하기 어렵다. 주체가 다른 언어의 나열일 뿐이다. 초장은 종장의 전제조건이 되지 못하며 어떤 사건이 전개된 순서도 아니고 더구나 종장은 초장. 중장과는 아무런 관련이 없는 문장이다.

이해를 돕기 위해 다음과 같이 만들어 본다.

　　　　계곡의 물소리 고구려의 말발굽 소리
　　(그래서)한을 두드리는 여인네의 다듬이 소리
　　(그래서)저문 날 종종걸음 재촉하는 귀갓길

문장의 연결성을 보면 '고구려의 말발굽 소리' 때문에 '다듬이 소리'가 나는 것도 아니며 순차적 상황 전개 또한 아니다. 종장은 초장이나 중장 때문에 생기는 화자의 결의나 각오로 생기는 결과물이 될 수 없다.

　화자는 장의 후구에 '소리'라는 시어를 반복하여 각운을 두고자 한 것 같으나 이는 다시 생각해 볼 문제이다. 자유시와는 달리 시조는 글자 수가 45자 내외라는 제약을 받기 때문에 절제를 요구받는다. 따라서 두운이나 요운, 각운을 두고자 할 경우는 화자가 말하고 싶은 핵심을 놓치기 일쑤다. 따라서 시조에서 압운押韻을 두기는 매우 어렵고 바람직하지 않다고 본다.

　시조는 절제의 미학이라는 점을 잊지 말아야 한다.

6. 문장 구성하기(문장성분의 배치)

　현대시조는 장의 독립성 연결성 완결성과 더불어 종장에 화자의 결의가 나타나도록 하며 비유로 이미지를 만들고 독자에게 메시지를 전하도록 구성되어야 한다. 예문을 보며 설명을 곁들인다.

①

　　아우내 함성들이 순댓국에 들끓는다.　3.4.4.4　　관+주/부+술
　　절규까지 버무려서 순대를 만든 건지　4.4.3.4　　목+술/목+술
　　한 숟갈 뜨기도 전에 명치끝이 아려온다. 3.5.4.4　목+부/주+술
　　　　　　　　　　　　　　　　김홍열의 「병천순댓국」

　위 작품은 필자의 졸작이다. 초장 중장 종장이 각각 독립성, 연결성 완결성을 유지하였고 '함성' '들끓다' '절규' '명치 끝'같은 비유를 통하여 유관순 주도하에 병천 오일 장터에서 시위를 하며 만세삼창을 외치던 군중을 떠올리도

록 하였다.

적절한 조장은 순진법으로 종장은 역진법으로 만들어진 작품이다.

적절한 조사와 연결어미 등으로 문장이 부드럽게 연결되도록 하고 음수의 배열도 정형의 범주를 벗어나지 않으려 노력했다. 초장과 중장은 순진법으로, 종장은 4≧3(4)의 범위 내에서 이루어지도록 했다.

②

  어머니 얼굴을 보는/ 어느 반나절 쯤 (3.5.2.4) 관+관/부+부
  그릴 수 있는 것들/ 죄다 떠오른다 (5.2.2.4) 관+주/부+술
  한 생의 숱한 길 걸음/ 촘촘히 그려졌다 (5.3.3.4) 관+주/부+술

  그 속에/ 내가 있고/ 동생과 아버지도/ (3.4.7,0) 부+술/주+주
  하나씩/ 그려 넣은 쓸쓸한/ 생의 암각화 (3.7.2.3) 부+관/관+부
  꼿꼿한/ 일상의 기억/ 등 굽은/ 아흔 근처 (3.5.3.4) 관+주/관+부
              ***의 「암각화를 읽다」

예문은 형상화가 잘 되고 이미지도 선명하고 메시지도 있으나 문장의 짜임새에 문제가 있다고 본다. 첫수 종장 첫 소절 "한생의 숱한 길 걸음 촘촘히 그려졌다."를 보면 의미의 생성 단위가 화자의 의도와는 완전히 다르게 된다. '한생의' 3자는 비독립적이다. 즉 독립적 의미가 생기는 단위는 '한생의 숱한'까지이다. '한 생의 숱한'이라는 소절이 '길'을 수식한다. 관형격 조사 '-의'는 뒤에 오는 체언과 결합되어야 완전한 의미를 지니게 되어 독립성을 갖게 된다. 즉 주체적 역할을 하는 말은 뒤 오는 체언 '길'이다. 따라서 음수는 4자가 된다. 종장의 '길 걸음'은 그 구성이 분명하지 않다 '길걸음'이라는 말은 없으니까 '길'과 '걸음'이라는 의미로 받아들여야 할 것 같다.

종장의 시제를 현재시제로 바꾸려면 어떻게 할 것인가?

'그려졌다'는 과거형시제이고 수동형으로 어떤 상태를 나타내고 있어 화자의 결의가 들어가 있지 않은 마감이다. '그려졌다.'를 능동형 현재시제로 바꾸면 '그린다' 또는 '그려 있다.'가 될 것이며 화자의 감정이 들어가 있는 능동형이 되어야 한다.

이 작품의 화자는 '암각화'를 보고 누가 그렸는지 모를 촘촘한 길을 자세히 묘사하거나 설명하려는 의도가 있어 '그려졌다.'처럼 했을 것이나 이렇게 하면 열린 시조가 된다. 만약 종장을 '촘촘히 그려진 길을 사색하며 걷는다.'라고 했다면 화자의 사유가 들어가 있는 종장이 될 것이다. 즉 상상력을 동원하여 과거에 그린 길을 가며 많은 생각을 한다는 의미가 된다.

둘째 수 초장은 '그 속에', '나, 동생, 아버지'가 그려져 있는 암각화라는 의미가 되므로 시조의 규칙에서 벗어난다. '암각화'나 '기억', '아흔 근처'와의 관계도 모호하다. 종장 후구가 체언으로 끝나고 있어 아직 마감이 되지 못한 열린 시조가 된다.

"꼿꼿한 일상의 기억 등 굽은 아흔 근처"는 (3.5.3.4)로 마감을 하지 않은 상태이다. '아흔 근처'가 어떻다는 것인지 매듭을 짓지 못하고 있다.

종장 '꼿꼿한 일상의 기억'을 보면 '꼿꼿한'과 '일상의'라는 관형어가 겹쳐 나온다. 관형어가 겹쳐 쓰이게 되면 둘 다 뒤 체언을 각각 수식하기 때문에 독립적이지 못한 첫 소절 3자가 된다. 즉 '꼿꼿한 기억'도 되고 '일상의 기억'도 된다.

종장 후구가 역진이 되어야 하는데 순진법으로 구성되었다.

첫수 종장은 '촘촘히 그려졌다. 3.4' 둘째 수 종장도 '등 굽은 아흔 근처 3.4'로 반대가 되어야 한다. 종장 후구는 '3<4가 아니라 역진, 즉 4>3의 음수 배열을 요구받는다.

고시조를 보면 종장 첫 소절 3자는 부사어(예: 청강에)가 약 50%, 독립어(예: 어즈버, 아이야 등)가 약 24%, 주어(예: 사람이) 약 18%, 관형어(예: 무심한) 약 2%, 목적어(예: 내 몸을) 약 0.2% 그리고 접속어(그래도)가 약 1% 정도로 되어 있다.

현대시조에서 종장 첫 소절 3자로 쓸 수 없는 말이 접속어이다. 즉, 그러니, 그래서, 그런데, 그리고 같은 말들은 비록 3자이기는 하나 사용을 피해야 하는데 이유는 문장의 의미로 볼 때 이미 종장의 결론 부분에 해당한다. 이는 '꽃' 하면 아름답다든가 향기롭다는 의미가 이미 내포된 것과 같은 이치이다.

초장과 중장의 결과로 나타난 말이 "(그래서) (그러면) ~이 어떻게 된다."이고 반대로 나타난 모습이 (그런데) 라는 의미로 나타나게 된다. 어느 작품이거나 이에 해당한다. 종장 앞부분에 이와 같은 접속어를 넣고 읽어볼 때 어색하게 읽히면 결론이 잘못되었다는 증거이다.

③

<u>굽어 돈 산길 끝에 촌집 한 채</u> 졸고 있다　　3.4.4.4 관+부+주+술
<u>도포를 끌던 포</u>은 잠시 마실 갔는지　　　　3.4.4.3 목+주+부+술
읽다가 던져둔 고서 <u>아무렇게 쌓였다</u>　　　3.5.4.3 술+주+부+술

청석을 캐어 와서 잘 다듬은 반구연에　　　3.4.4.4 목+술+관+부
밤낮 물소리가 먹을 갈고 있었다　　　　　2.4.4.3 부+주+술+술
<u>집청정</u> 푸른 대숲이 겸재 화원 붓이 됐다　3.5.4.4 관+주+관+술

반구천 대곡천이 함께 만든 <u>에스라인</u>　　　3.4.4.4 관+주+관+부
그 물길 돌아 돌아 선사로 이어졌고　　　　3.4.3.4 목+술+부+술
갑자기 맹수 한 마리 달려들 것 같았다　　　3.5.4.3 부+주+관+술
　　　　　　　　　　　　　　　　***의「반구대 가는 길」

첫수 초장을 보면 '굽어 돈 산길 끝에 촌집 한 채 졸고 있다.' 관+부+주+술, 종장은 종결어미로 마감은 했으나 화자의 결의(사상과 철학)가 없는 현상의 나열 또는 상황의 묘사이므로 첫수나 셋째 수 종장은 열려 있는 마감이다. 어떤 현상(상황)만을 그려냈기 때문이다. '붓이 됐다'나 '같았다'는 화자의 의지로 된 일은 아니다.

한편 고시조 종장 말구의 시제는 반드시 현재형으로 되어 있다. 요즘 일부 작가는 과거에 발생한 일이라 하여 과거형(-했다)을 쓰는 경우가 많은데 이는 반드시 고쳐야 한다. 예문에서도 '쌓였다', '됐다', '같았다' 등 모두 과거형 시제를 택하고 있는데 초장이나 중장에서 과거형은 괜찮지만 종장 마감시제의 과거형은 반드시 피해야 생명력이 지속된다. 시조는 시간의 구애를 받지 않는, 언제나 현재를 살아가는 시간만 존재하기 때문이다. 이를 시조의 무시간성이라 한다.

예를 들어 "오솔길 걸어가면서 콧노래를 불렀다." 하면 이미 과거에 일어난 일로 현재는 아닐 수도 있다는 가정이 성립된다. 생명력을 상실한 작품이 된다. 그런데 이 종장을 "오솔길 걸어가면서 콧노래를 부른다."라고 했다면 과거에도 그랬고 현재도 그렇고 미래에도 그럴 것(콧노래를 부를 것)이라는 문장이 된다. 매우 중요하다.

고시조 어느 작품을 보아도 종장에서 과거형 시제를 사용한 작품은 단 한 수도 없다.

예문에 나온 과거형 시제를 현재형으로 바꾸면 다음과 같다.

첫수 종장 후구 "아무렇게 쌓였다"→ "아무렇게나 쌓인다."
둘째 수 종장 후구 "겸재 화원 붓이 됐다"→ "겸재 화원 붓이 된다."
셋째 수 종장 후구 "달려들 것 같았다"→ "달려들 것 같다."

둘째 수 중장 "밤낮 물소리가 먹을 갈고 있었다.(2.4, 4.3)"를 보면 후구가 역진으로 짜였는데 조금만 노력하면 다음과 같이 고칠 수도 있다. "물소리가 밤낮으로 먹을 갈고 있을 때면(4.4, 4.4)"처럼 만들어 역진을 예방하고 연결성을 더욱 살려낼 수 있게 된다.

첫수 '잠시 마실'은 어순이 안 맞는다. 이런 낱말은 없다. '마실'은 단독으로 쓰일 수 없는 관념어이다. '마실가다, 마실다니다'처럼 가다, 다니다, 오다 등의 동사와 함께 쓰이는 말이다. 둘째 수 종장 첫 소절도 독립적이지 않다. '집청정'이 '집+청정'이란 의미라면 다시 써야 한다. 무슨 말인지 이해하기 어렵다.

셋째 수 초장 후구 '에스라인'은 우리말로 순화하는 것이 좋다. '고운 곡선' 또는 '가녀린 선'쯤으로 해도 의미는 다 전달될 것 같다.

종장 셋째 수 '달려들 것 같았다,'에 쓰인 '것'은 형용사형 어미(달려들) '-을'의 뒤에 쓰이며 앞에서 말한 내용에 대한 추측이나 예상을 나타내는 말로 의존명사이다.

④
    품이 큰 외투 위에 위태로운 가방 한 줄　3.4.4.4 관+부+관+부
    이력서 너머로는 볼 수 없던 회색 바람　3.4.4.4 관+주+관+부
    지난달 경리 하나가 사직서를 써냈다　　3.5.4.3 부+주+목+술
                          ***의「미생」둘째 수

이 작품을 보는 순간 초장 후구의 '가방 한 줄'이 시적 잠금장치를 너무 경고하게 하여 무슨 말인지 이해가 안 된다. 중장 역시 '이력서 너머로 볼 수 없던 회색바람'은 이해하기 쉽지 않다. '회색바람'은 보조관념으로 쓰인 말이다. 이 작품은 장의 독립성이나 연결성이 결여되기도 했지만 특히 종장 후구말미의 종결어미가 과거시제(過去時制)이다. "사직서"를 써낸 시점에서 생명력이 멈

춘 것 같다. 그때는 그랬지만 지금은 아닐 수도 있다. 초장이나 중장은 과거시제를 사용했다 하더라도 종장에 가서는 현재형으로 마감하는 것이 바람직하다.

⑤
  최초로 발견한 자, 그 이름 명명하듯 3.4.3.4 부+주+목+부
  산허리 신림동에서 날마다 두 손 모아 3.4.3.4 관+부+부+술
  뜨겁게 불을 밝히는 외로운 섬이 있다. 3.5.4.4 부+관+관+술
             ***의「고시원」

 종장 처리를 보면 "섬이 있다."는 시제가 '현재형 시제'로 마감되어 있어 닫힌 시조로 볼 수 있다. 열린 시조니 닫힌 시조니 하는 문제 역시 종장을 처리함에 화자의 결의가 있느냐 없느냐를 가지고 판단해야 할 문제이지 술어로 마감만 하면 된다는 의미는 아니다.
 이 작품은 중장과 종장은 상호 연결성이 있으나 초장은 완전히 동떨어진 문장으로 읽힌다. 각 장의 후구만 따로 떼어 읽어보면 '명명하듯 두 손 모아 섬이 있다.'가 된다. 어색한 어순이 된다.

7. 초장과 중장의 전구나 후구 뒤 소절에 관형어 사용은 안 된다.

고시조에는 이런 류(類)의 작품은 보이지 않는다.

①-1
  냇가에 <u>해오랍아</u>/ 무슨일 서 <u>있는다</u> *호격/술어

무심한 저 고기를/ 여어 무삼 하려는다　　*목적어/술어
　　　아마도 한물에 있거니/ 잊어신들 어떠리　　*술어/술어(虛辭)
　　　　　　　　　　　　　　　　　　　　　　-신흠-

　①-2
　　　청초 우거진 골에/ 자는다 누웠는다　　*부(처소격)/술어
　　　홍안을 어디두고/ 백골만 묻혔으니　　*부(연결어미)/술어(연결어미)
　　　잔 잡아 권할 이 없으니/ 그를 설워 하노라　*술어(연결어미)/술어
　　　　　　　　　　　　　　　　　　　　　　-임제-

　　　*밑줄 친 부분만 표시한 것임

　고시조 예문 ①-1이나 ①-2에서 보듯이 초장이나 중장 전구와 후구 뒤 소절(말미)에 관형어(수식하는 말)를 두지 않았다. 그러나 현대시조에서는 전구의 앞 소절과 후구의 뒤 소절에서 관형어 사용이 나타난다.

　②-1
　　　색이 바래고 경첩 빠지고/ 좀이 슬고 삐걱거리는　　*/관형어
　　　비틀고 휘어져/ 누구도 가져가지 않을　　　　*/관형어
　　　늦가을 비에 젖고 있는/ 저 낡은 가구들　　　　*관/주어
　　　　　　　　　　　　　　***의「너무 늦게 온 사랑」

　삐걱거리는 가구들, 가져가지 않을 가구들, 젖고 있는 가구들이 되므로 하나의 문장이다.

　②-2
　　　그곳은 언제나/ 초록빛 숲에 닿아 있다　　*술어
　　　달팽이의 노란 등짐/ 혹은 작은 자벌레의　　*관형어

144　시조 연구

투명한 행로만으로/ 무성한 <u>눈물자국</u>   *체언
　　　　　　　　　　　　　　　　***의 「아버지의 밭」

　현대시조 예문 ②-1은 '바래고, 빠지고, 슬고'처럼 and의 개념이지만 뒤에 '삐걱거리는'이라는 관형사로 보아 '바랜, 빠진, 좀이 슨'과 동일한 관형어로 보아야 한다. 임종찬 교수가 말하는 네 가지 사례(장은 a.주어구+서술구 b.전절+후절, c.위치어+문장, d.목적어+서술어) 중 어느 하나에도 해당되지 않는다. ②-2는 '달팽이의 노란, 작은, 자벌레의, 투명한'이 모두 관형어이다. 이 경우 이미 설명한 것처럼 초장이나 중장이 독립성을 유지하려면 그 관형어(형용사) 뒤에 나오는 체언(명사)까지 합쳐져야 독립된 의미를 만들어 내게 되므로 당연히 음수와 소절이 달라진다.

③
　　안주인 바깥주인 서로를 <u>품어 안듯</u>   *부(술어형)
　　백목련 동백꽃이 어우러져 <u>피어 있는</u>   *관형어
　　여태껏 어떤 색깔로 그대 곁에 <u>섰을까</u>   *술어
　　　　　　　　　　　　　　***의 「곁을 보다」-첫 수

　예문에서 중장 후구 말미가 '피어 있는'처럼 관형어로 마감되고 있으나 '피어 있는'은 '어떤 색깔'을 수식하는 말이다. 즉 중장의 독립성과 완결성이 없게 된다.
　장의 독립성이 생기는 곳은 다음에 오는 체언 '색깔로'이다.
　"<u>백목련 동백꽃이</u>/ <u>어우러져 피어 있는 어떤 색깔로</u>/<u>여태껏 그대 곁에 섰을까</u>" 가 되므로 소절 수와 장의 총 음수가 모두 정형에서 멀어져 있게 된다. 더구나 '피어 있는 어떤 색깔'이라는 표현은 모순이다. 피어 있는 색깔을 보면

서 어떤 색깔로 있느냐고 묻는 것은 어색하다.

'집착이 꿈틀거리는'과 '집착이 꿈틀거려서'의 차이는 무엇일까? 강조하는 곳이 다르게 된다. 전자는 '목마름'에, 후자는 '꿈틀거려서'에 강조점이 생긴다. 만약 이 종장을 "집착이 꿈틀거려서 목마름만 타오른다."라고 했다면 전구의 원인으로 후구가 생겨나는 결과가 되어 화자의 감정이 더욱 살아나게 된다. 한편 '꿈틀거리는'이라는 관형어를 서술어로 바꾸어 "집착이 꿈틀거린다, 목마름에 애가 타서."처럼 도치법문장으로 만들면 둘 다 살리게 된다.

예를 더 들어 "이제야 알 것만 같은 부모님의 크신 사랑"도 "이제야 알 것만 같다, 부모님의 크신 사랑."처럼 도치된 문장으로 만들면 둘째 소절을 관형어로 만들지 않고 음절 수를 틀에 맞게 만들 수 있다. 그러므로 미묘한 차이지만, 종장 둘째 소절에서는 관형어구가 오는 것을 가능하면 피하는 것이 더 좋다고 생각한다.

④
발붙일 틈도 없는
이태원 골목길에

할로윈 악령들이
한바탕 놀고 갔나

새하얀 국화송이가 눈꽃처럼 쌓여간다.
                              최은희의 「축제」

이 작품은 초장 전구가 '틈도 없는'이라는 관형어로 되어 있다. 예문③과 예문④는 문장성분의 배치가 완연히 다르다.

예문③은 중장 후구가, 예문④는 초장 전구가 관형어이다. 그 차이점은 무엇일까? 이는 장의 독립성과 관련된 문제이다. 예문③은 소절 수가 바뀌는 결과를 초래하지만, 예문④는 그렇지 아니하다. 소절이나 음수의 변화를 전혀 가져오지 않는다. 그래서 통일안에서는 이를 허용한다. '발붙일 틈도 없는'은 전구 전체가 후구를 수식하는 관계에 있으므로 정형의 틀을 벗어나지 않는다. 비유와 메시지가 분명하고 음수와 장의 독립성 연결성 뛰어난 시조의 전형이다.

8. 주체(시적 대상)는 하나이어야 한다.

현대시조 역시 한 작품 안에서 시적 대상인 주체는 하나가 되어야 한다. 비록 자기 독백은 아니라 하더라도 주제와 연관된 작품을 쓰는 경우가 대부분이다. 요즘 현대시조는 모두 제목이 있는 만큼 그 제목이 주체가 되는 것이 맞다. 대개는 제목이 화자가 된다. 주체가 의인화되면 더욱 좋다. 따라서 주제(제목)를 벗어나거나 본문의 시적 대상이 흔들리면 안 된다.

①
　　얽히고 할퀸 모습 굴러 박힌 이 박토에
　　<u>바람</u>은 돌고 돌아 가지 끝을 살랑인다.
　　먼 하늘 우러러 펼친 초목들의 <u>고운 잎새</u>.
　　　　　　　　　　　　　　　　　　　　***의 「미풍」

이 작품은 주체가 흔들리고 있다. '바람'인지 '고운 잎새'인지 분간하기 어렵다. 시조는 자유시와는 달리 하나의 주체로 종장까지 그 역할이 이어져야 한다. 시적 대상물이 미풍이므로 종장은 미풍이 만든 결과물로 마감이 되어야 한다. 그런데 예시된 작품은 '고운 잎새'로 마감이 되었으므로 대상물이 느닷없이 바뀌었다.

②
　　알몸의 나무들 <u>살찐 근육</u> 통통하다
　　비어버린 대합실 <u>메아리가</u> 목을 빼고
　　벌판의 육자배기와 창문을 두드린다.
　　　　　　　　　　　　　　　＊＊＊의「간이역」

　초장은 근육이 주체(시적 대상)이고 중장은 메아리가 주체(시적대상)이다. 즉 주체가 각기 다른 and의 문장이다. 이렇게 되면 화자가 무엇을 말하고 있는 것인지 독자는 혼란해진다. 제목이 '간이역'이므로 간이역이 주인공이 되어 얘기를 써내려 가야 된다. 만약 간이역의 풍경을 말하고 싶으면 '간이역에서' 처럼 해야 한다.

③
　　탱탱한 한 하늘 깔고 <u>바람자락</u> 구름 걷어
　　<u>날땅이</u> 일어서서 봄이 한창 야단인데
　　야윈 손 다소곳 모아 기도하는 <u>모나리자</u>.
　　　　　　　　　　　　　　　＊＊＊의「초승달 변주」

　이 예문의 제목은 '초승달 변주'이다 그런데 초장의 주체는 '바람자락'이고 중장은 '날땅'이고, 종장은 '모나리자'가 된다.
　고시조는 어떻게 되어 있는지 살펴보기로 한다.

④

뫼버들 갈해 것거 보내노라 님의 손대
자시는 창밧긔 심거 두고 보쇼셔
밤비에 새잎 곳 나거든 날인가도 너기쇼셔
　　　　　　　　　　　　　　　　　-홍랑-

이 작품의 시적 대상(주체)은 무엇인가? '뫼버들'이다. 초장에서는 뫼버들을 가려서 꺾어 보내는 이도 홍랑이고 중장의 그 뫼버들을 창밖에 심어 두고 보라고 부탁하는 이도 홍랑이고 종장에 '날인가'도 역시 홍랑 자신을 말하고 있다.

⑤
얼마나 닦아야만 이렇게 모가 닳아
차이고 짓밟혀도 상처 하나 아니 받고
밀려나 그냥 있어도 반들반들 윤이 날까.
　　　　　　　　　　　　　　　박필상의 「조약돌」

위 예문은 주체가 조약돌 하나이다. 작품이 매우 반짝인다. 조약돌은 보조관념이고 원관념은 화자 자신이다. 즉 '조약돌'을 내세워 화자 자신의 얘기를 대신하게 하고 있다. 초장에서 모가 다 닳은 것도 조약돌이고 중장 역시 이리저리 차이고 밟혀도 상처 하나 받지 않는 존재는 조약돌이고 종장의 반들반들 윤이 나는 것도 조약돌이다. 화자도 세파에 시달릴망정 조약돌처럼 반들반들 윤이 나야겠다는 소망 또는 각오를 나타낸 말이다.
주체가 흔들림 없을 뿐 아니라 독자에게 전해주는 메시지 또한 분명하다.

9. 현대시조 종장의 마감 방식

안확은 《시조시학》에서 종장은 '전문을 종결하는 것'이라고 했다. 초장은 기(起), 중장은 서(敍), 종장은 결(結)이라 하였다. 이 말은 술어로 마감하라는 뜻이다. 고시조에서는 체언 마감이나 연결어미로 마감한 작품을 발견할 수 없다. 그러나 현대시조에서는 대략 세 유형의 종장 마감 방식을 볼 수 있다.

첫째는 현재형 술어(종결어미)로 마감하는 방식과

둘째 체언으로 마감하는 경우

셋째 연결어미로 마감하는 방식이다

첫째 현재형 술어로 마감하는 것이다. 이는 대부분이 이 방식을 택하고 있다.

'풍화한 영예를 안고 전봇대가 울고 있다'/<목격1> 첫수 종장
'판자 집 루핑 지붕엔 어두움이 쌓인다'/<목격2> 첫수 종장
'풀벌렌 몸을 숨긴 채 긴 여름을 울고 있다./<목격4> 셋째 수 종장
'지난해 절망을 삭여 꽃망울로 내단다'/<묵화치기> 종장
'개구린 통곡을 하네, 온 동네가 귀먹도록'/<향수> 종장

현대시조 역시 종장 말미의 시제는 현재형 시제이어야 한다. 그래야 화자의 응축된 감정이 나타나게 된다. 시조 종장의 정체성을 살려내는 일은 현재형 술어 마감이다. 그러나 과거형 술어로 마감하는 경우가 있으나 이는 문장으로 보면 잘못된 것은 아니지만 시조의 무시간성 측면을 고려하면 잘못된 것이다.

물론 고시조에서 '-었더라', '-었어라'처럼 된 것도 몇 수 있으나 그 의미가 약간 다르다고 볼 수 있다. 이는 과거에 경험한 사실을 회상하며 지금 하는 말

이다. 몇 수에 지나지 않아 표본으로 삼기에는 너무나 그 수가 적다.

또 아래 예문처럼 어떤 상황을 그려내면 비록 술어 마감이 되었다 하더라도 화자의 굳은 각오가 들어가 있지 않으므로 맛이 덜할 뿐 아니라 설명문이나 묘사문이 되기 쉽다. 고시조 편에서 말한 화자의 결지가 없게 되므로 정체성과는 거리가 있다.

"소나기 슬쩍 지나고 잠자리 낮게 날다."/<입추> 종장
"남몰래 갈매기가 와서 덤으로 넣은 것이다."/<갈매기 살> 둘째 수 종장
"가는 길 비켜 앉아 있는 바위마다 불상이다."/<경주 남산> 첫수 종장
"방전이 되고 말았다, 쓰지도 않았는데"/<시간>/ 종장
"속 쓰림 더부룩한 속, 신트림이 나온다."/<위산과다> 종장

먼저 술어(종결어미)로 마감하는 방식은 언제나 현재시제가 되어야 한다. 체언으로 마감하는 경우와 연결어미로 마감하는 방식은 도치법에서만 허용된 방식이다. 현재시제로 마감하는 것은 다 아는 방식이고 여기서는 도치법 마감에 대해서 중점적으로 설명하기로 한다.

뫼버들 가려 꺾어 <u>보내노라 임의 손대</u>
자시는 창밖에 심어두고 보소서
밤비에 새잎 곧 나거든 나인가도 여기소서

-홍 랑-

초장 밑줄 친 부분이 도치로 되어 있다. 고시조의 중장이나 종장 도치는 흔치 않아서 그 예를 찾기가 어렵다. 그러나 현대시조는 같은 장 안에서, 장과 장에서 도치법을 많이 사용한다.

현대시조의 예를 보며 이해를 돕는다.

첫째 종장 전구와 후구의 도치

이 경우는 말미에 있는 체언이 대체적으로 시적 대상의 주체가 된다.

    천혜의 작은 낙원 아파트 발코니에
    성 다른 화초들이 오순도순 모여 살며
    <u>살뜰히 꽃을 피운다</u>, 향기롭고 화사한 정.
                                  김광수의 「풍취」

종장의 정상적인 어순은 "향기롭고 화사한 정이 살뜰히 꽃을 피운다."이다. 종장 마감을 전구와 후구를 도치법으로 한 예이다. '정'은 '정이'에서 주격조사 '이'를 생략한 것이다. 간결성을 추구하는 조치이다. 그러나 도치법 문장이 아니면서도 다음과 쓴 예(例)가 있는데 이는 잘못된 것이다.

둘째 체언으로의 마감

위 예문에서도 체언으로 종장 말미를 마감하였다. 요즘 작품을 보면 체언으로 마감한 경우가 상당히 많다. 원칙적으로 종장 말미의 마감을 체언으로는 할 수 없다. 단 도치법은 예외이다. 이는 강조하기 위한 수사법일 뿐이다.

①
    어르신 호칭에 발끈하는 남자와
    전철 빈자리 가방부터 던지는 여자가
    병들고 늙은 반려견과 느릿느릿 사는 집
                                  ***의 「양로원」

이 작품에는 어디에도 술어가 없다. 종장 말미가 도치법 문장이 아니면서도

'사는 집'이란 체언으로 마감이 되어 있다. '사는 집'이 어떻다는 것인지 문장이 계속되는 상태에 있다. 즉 남자와 여자가 사는 집이 어떻다는 말인지 결론이 나와 있지 않다.

이 문장을 다시 써 보면 "어르신 호칭에 발끈하는 남자와 (그리고)전철 빈자리 가방부터 던지는 여자가 병들고(그리고) 늙은 반려견과(그리고) 느릿느릿 사는 집을 양로원이라 한다."가 되므로 양로원에 대한 설명문이 된다.

음절 수 소절 수, 구와 장 모두 규칙에 안 맞는다. 정상적인 문장이 되려면 '사는 집' 다음에 보충 설명하는 문장이 뒤따라 나와야 한다.

②
그리움도 무거우면
하나씩 내려놓는다

던질 것 알고 나서
불태우기 시작한다

버려서 절정에 오르는
저 고요한 다비식茶毘式

***의 「단풍」

이 예문 역시 '다비식'이라는 체언으로 마감을 했다. 고요한 다비식이 어쨌다는 말인지 알기 어렵다. 그렇다고 초장이나 중장과 도치된 문장도 아니다.

주격조사 '이' 목적격 조사 '을'을 넣어도 연결이 되지 않는다. '처럼'을 붙여야 한다. 그러면 문맥은 통하지만 말미의 음수가 5자가 된다. 따라서 정체성을 벗어나게 된다.

③
　　지울 거 뻔히 아는 단체사진 한 방 찍고
　　모르면서 친한 척 손 흔들고 돌아서며
　　서름히 여행을 익혔다 여름의 끝물모양
　　　　　　　　　　　　　　***의 「여행의 표정」

　이 예문은 종장 말미가 '끝물 모양'이라는 체언으로 마감이 되었다. 도치법은 맞지만 시제가 과거형이다. '여름의 끝물 모양으로(처럼) 서름히 여행을 익혔다.'가 정상적인 마감이 되겠지만 음수와 강조를 위해 도치법으로 썼기 때문이다. '익혔다' 다음에 반점(,)을 찍었으면 하는 아쉬움이 있다. '서름히'가 '서먹하다'의 의미라면 '서름하다'에서 온 부사어로 쓰기에는 부적절하다. 부사어는 '서름해'가 표준어이다.

④
　　강보를 떠난 온기가 새록새록 <u>젖어오는</u>
　　<u>다독이며 불러주는</u> 자장노래에
　　유난히 이글거리는 신선한 까만 눈썹
　　　　　　　　　　　　　　　　***의 「자장가」

　명사형 마감으로 종장이 아직 끝나지 않은 상태이다. '까만 눈썹"이 어찌된 것인지 말 수 없다. '자장노래'에 '까만 눈썹'이 있다는 의미라면 '까만 눈썹이 있다.'가 되어 음수가 7자로 정체성을 벗어나게 된다. 종장 둘째 수에 '이글거리는, 신선한, 까만'은 모두 관형어이므로 시조 종장의 정상적인 모양을 갖출 수 없다.
　참고로 초장 후구에 '젖어오는'이라는 관형어를 두었는데 이때 이 관형어

(젖어오는)는 '자장노래'를 수식하는 말이다. 즉 "강보를 떠난 온기가 새록새록 젖어오는 다독이며 불러주는 자장노래에"까지가 하나의 장이 된다. 즉 초장이 된다. 결과적으로 소절 수 장, 구, 음절수까지 모두 어긋나는 작품이 된다.

⑤
　해와 달 바람 구름 십장생을 그려놓고
　세 가지에 목을 괴어 자비로 선 빈자등(貧者燈)은
　한천에 수묵을 풀어 붉게 찍은 신의 낙관
　　　　　　　　　　　　　　　***의「홍시」

이 작품 역시 비유는 뛰어나지만, 종장 마감이 체언으로 되어 있다.

이 역시 '낙관이다'라는 의미라면 음수가 '신의 낙관이다'가 되어 음수가 6이나 되므로 형식을 벗어나게 된다. 이 경우는 도치법을 사용할 수가 없다. '빈자등=신의 낙관'이 되므로 후구를 다시 짠다. 즉, '한천에 수묵을 풀어 신의 낙관 붉게 찍네.'처럼 되어야 '빈자등'이 주체가 되고 그 주체가 하는 행위가 종장에서 결론을 내게 되며 시조 형식을 벗어나지 않게 된다. 그러나 이렇게 고치더라도 오류가 있다. 수묵(水墨)은 빛이 엷은 먹물을 말하는 것으로 붉은빛을 만들 수 없다. 즉 수묵으로는 붉은 낙관을 찍을 수 없다는 얘기가 비유의 오용을 가져온다. 참고로 체언(명사)을 술어로 만들려면 술어격 조사 '이다(다)'를 붙이면 된다.

　　나무→나무다, 곰→곰이다.

누차 강조하였지만, 종장 말미를 체언으로 마감하였다 하여 잘못된 것이라 단정하기는 어려워도 시조의 정체성을 생각하면 정형에서 벗어나게 되므로 도치문장이 아닌 이상 체언으로 마감하는 것은 반드시 피해야 할 요소 중 하나라고 본다.

셋째 연결어미로 마감을 해도 되는 경우(장과 장의 도치)

이 경우는 도치법 문장에만 가능하다. 고시조에는 없으므로 현대시조만 예로 든다.

① 동일한 구에서의 도치
　　한 바다 물을 막아 중증 앓는 갯벌에서
　　살판난 도요새 떼 분별없이 폴락거려
　　<u>조개는 혀를 깨문다, 운명을 가늠하며.</u>
　　　　　　　　　　　　　　　　김광수의 「제방에서」

이 예문은 종장 전구와 후구를 도치하였다. 즉 '운명을 가늠하며 조개는 혀를 깨문다.' 바른 어순이지만 강렬한 인상을 주려는 조치로 보인다. 종장의 도치는 술어가 오는 부분(깨문다)에 반점(,)을 찍는 것이 좋다.

② 장과 장의 도치
이 경우 시적 대상의 주체는 '판잣집'이 된다. 조장 후구가 '외투마냥 껴입고'라는 연결어미로 마감을 하였다.

②-1
　　신림동 산 번지에 엎드린 판잣집들
　　그 무슨 미련이 많아 찌든 남루 벗지 못하나
　　한밤내 내리는 눈을 외투마냥 껴입고.

김광수의 「목격」

이 예문은 중장과 종장이 도치된 문장이다. 중장이 종장 역할을 하고 있다. 이 작품도 정상적인 어순은 다음과 같다.

    신림동 산 번지에 엎드린 판잣집들
    한밤 내 내리는 눈을 외투마냥 껴입고(서)
    그 무슨 미련이 많아 찌든 남루 벗지 못하나.

②-2
    눈 녹은 골짝마다 수잠 깬 실개천이
    <u>굽이굽이 휘돌아서 한바다로 치닫는다.</u>
    <u>혼탁을 가리지 않는 그 성정(性情)을 닮고파서.</u>

종장 말미가 '닮고파서'라는 연결어미로 마감을 하였지만, 의미상으로 보면 중장이 종장에 해당한다. 강조와 종장 규칙을 지키려는 조치이다. 즉 이 문장의 의미상 순서는 "눈 녹은 골짝마다 수잠 깬 실개천이/혼탁을 가리지 않는 그 성정(性情)을 닮고파서/굽이굽이 휘돌아서 한바다로 치닫는다."처럼 되므로 '치닫는다'라는 술어로 마감을 한 것과 동일하다.

②-3
    자벌레 한 마리가 나뭇가지 재며 간다
    살아온 날 수 재듯 살아갈 날 수 재듯
    한 땀씩 지구 모퉁이 환해지는 어느 봄날

                                            ***의 「봄, 봄」

이 작품은 종장이 초장, 종장이 초장 역할을 한다. 이 작품의 정상적인 어순은 다음과 같다.

"한 뼘씩 지구 모퉁이 환해지는 어느 봄날(에)
살아온 날 수 재듯 갈아갈 날 수 재듯
자벌레 한 마리가 나뭇가지 재며 간다."

종장이 초장 역을 하고 초장이 종장 역할을 해야 맞다. 도치법을 쓰는 효과이다. 초장이 종장으로 가면서 문장이 더욱 강조하는 효과를 거둘 수 있다. 이러한 도치법은 구와 구, 장과 장 사이에서 가능하므로 잘 활용하면 좋은 작품을 만들 수 있다.
다음의 예문은 도치된 문장으로 보기 어렵다.

①
그대를 다 적셔주어도/ 나 마르지 않으리
그대를 다 받아주어도/나 넘치지 않으리
한 천년 변치 않는 물결,/고요 있어 더 좋은

***의 「못」

이 예문은 두운으로 '그대를, 요운으로'~주어도, 각운으로 '않으리'를 두었다. 한 작품에 세 가지 압운을 동시에 살려낸 작품이라 하겠다. 종장 마감을 술어가 어디에도 없이 '더 좋은'이라는 관형어로 마감하였다. 이 관형어가 '물결'을 수식하는 말이라면 '물결,'은 '물결이다.'처럼 술어가 되어야 한다. 그러나 문장 구성이 문맥상 도치법으로 짜인 것이라고 보기 어렵다.

②
　　빗줄기에 움푹 파여 고여 있는 내 모습
　　둥글게 거울이 되어 햇별을 붙잡고 있다
　　가만히 들여다봐도 내 얼굴 닮을 수 없어
　　　　　　　　　　　　　　　　***의 「깨진 거울」

　이 작품 역시 문맥으로 볼 때 도치는 아니다. 종장을 초장 중장에 어디에 붙여 읽어봐도 어울리지 않는다. 닮을 수 없어서 어떻게 된다는 말인지 문장 연결이 어렵다. 이처럼 종결어미를 용언의 활용형으로 마감하면 안 된다.
　현대시조 중 아래 열거된 종장 마감은 화자의 결의가 없거나 다음 문장과 연결되는 상태로 마감을 하였다.

　　'부용꽃 서늘한 이마 돌아서서 지우고'------------ and의 개념
　　'둥글게 나이테 하나 몸 속 깊이 새기며'----------'-며'는 연결어미
　　'빛바랜 하얀 옥양목 차가 움에 눈부시다가'-------'-다가' 연결어미
　　'왕성한 검은 생명들이 자유롭 길 원하지만'-------'-지만' 연결어미
　　'아득한 강물의 시간 문 한 짝을 떼어내면'---------'-면' 연결어미
　　'호수는 청람한 하늘 품어 안고 조는데'------------'ㄴ데' 연결어미
　　'불살라 거두었던 시혼 먼 땅에서 빛나고....'-------'....'은 여운의 의미

　위 예시된 종장처럼 연결어미로 마감하는 것은 도치법이 아닌 이상 허용될 수 없다. 연결어미로 마감한 작품의 예를 더 보면 다음과 같다.

①
　　글자와 글자 사이를 헤엄치며 놀다가
　　배고프면 통통한 글자 한 쪽 베어 먹고

건너뛴 음풍농월로 돌아가서 누웠다가
　　　　　　　　　　　　　　　***의 「지어紙魚」

　'다가' '-고' '며(면)' 같은 연결어미로 마감하는 것은 정형에서 벗어나는 것이다. 누웠다가 어떻게 했다는 말인지 결론이 나와야 한다. 기타 접속어미도 같다.

　②
　　　절집마당 휘어 돌아 화마가 할퀸 자리
　　　해당화 하 벙근다, 헌 입성 훌훌 벗고
　　　재가 된 종루 옛터에 반듯한 주춧돌만….

　　　우여곡절 뛰어넘고 내 편이 돼준 노송
　　　앞발치기 헤살에도 먼뎃불빛 그러안고
　　　덜 아문 민둥산 곳곳 송홧가루 흩날린다.
　　　　　　　　　　　　***의 「낙산사, 어처구니」 첫 수 셋째 수

　첫수는 '주춧돌만 … '으로 마감이 되어 화자의 각오나 결의가 보이지 않으며 셋째 수 역시 결의가 없이 상황 설명으로 끝나고 있다.

10. 비유

　비유는 어떤 사물이나 현상을 그와 비슷한 사물이나 형상에 빗대어 표현하는 방법이다. 이는 일상적 언어와는 다르며 특수효과를 거두거나 의미를 부여하기 위한 수사법이다. 일상적 언어가 객관적이며 개념적인 데 비해 비유는 함축적이고 간접적인 방법으로 언어의 예술성을 창출하는 방법이라 할 수 있다. 시인의 언어는 일반인의 언어와 다르다. 일반인은 언어의 소통을 쉽게 하도록 일상어를 사용하지만 시인은 일상어가 아닌 비유와 상징으로 된 특수 언어(詩的言語)를 사용한다.

하나의 예를 들면 "교실은 학생들로 발 디딜 틈 없이 빽빽하다." 하면 현상을 사실적으로 표현한 일상어가 되고 "교실은 콩나물시루 같다." 하면 비유가 된다.

'~ 같이, ~처럼, ~인 듯' 등은 직유가 된다. A is like B이다. 그러나 "교실은 콩나물시루다." 하면 은유가 된다. A is B이다.

이처럼 비유법을 사용하면 문장이 간결해지며 함축적이며 새로운 의미를 부여하게 되고 새 생명력이 탄생한다. 그래서 시조 창작시 "비유는 생명이다."라고 말하는 것이다.

그러면 비유는 어떻게 만들고 어디서 찾아야 하나 하는 문제에 부딪치게 된다. 비유는 누구나 할 수 있다. 예를 들면 '빛 좋은 개살구, 같은 값이면 다홍치마, 개밥에 도토리, 도긴 개긴(도찐 개찐), 자식농사' 등 우리가 은연중에 사용하는 말에도 많은 비유가 있다. 이런 말이 생겨난 이유는 우리 삶에서 유사성을 발견했기 때문이다.

우리 삶의 오랜 경험에서 얻어진 유사한 성질을 어떤 사물로 대신 빗대어 표현하는 경우와 유사하다.

인지기능(認知機能)은 함축적인 사고로 깨닫게 되는 지적 과정이다. 이 인지기능을 개발할수록 비유를 잘하게 된다고 한다. 선비의 이미지를 대나무에서 느끼기 때문에 '선비'라는 말 대신 '대나무'로 바꾸어 말하는 것뿐이다. '그는 선비다' 하면 설명문이 되지만 '그는 대나무다' 하면 독자로 하여금 대나무라는 표현에서 선비정신을 느끼도록 하게 된다.

시조에서 사용하는 언어는 가능하면 관념어는 피하고 구체어(具體語)를 쓰는 게 좋다. 관념어(觀念語)는 구체성이 떨어져 독자와의 소통을 모호하게 만들기 때문이다.

관념어는 ①구체성이 없는 말, 예를 들면 사랑, 행복, 고독, 소망, 허무같이 실체가 없는 말이며 ②계량화되지 않은 말, 예를 들면 여기, 저기, 저만치, 그렇게... 등의 말들이고 ③모호한 말, 예를 들면 '어쩌면, 얼마나, 이토록'과 같은 류(類)의 말들이 이에 속한다.

시조에서 사용된 구체어는 보조관념이다. 즉 은유이다. '시인의 언어는 비유이다.'라는 말을 이해하고 창작에 임해야 한다.

　① 눈 마자 휘어진 대를 뉘라서 굽다던고
　　 구블 절이면 눈 속에 프를 소냐
　　 아마도 세한고절은 너뿐인가 하노라
　　　　　　　　　　　　　　　　　-원천석(청구영언)

　① 백설이 자자진 골에 구름이 머흐레라
　　 반가온 매화는 어느 곳에 피엇는고
　　 석양에 홀로 서이서 갈 곳 몰라 하노라
　　　　　　　　　　　　　　　　　-이색(청구영언)

①은 일상적 언어의 표현 같지만, 글의 행간에 많은 의미를 숨겨 놓고 있다. 비유는 대나무, 굽다, 눈, 절, 푸르다 등의 구체적 언어를 보조관념으로 차용하여 구성된 시조 작품이라 볼 수 있다. 왜냐 하면 대나무→올곧은 선비, 굽다→변절하다, 눈→권력, 절→지조, 절개, 푸르다→변치 않다, 부패하지 않다 등의 의미를 지니고 있기 때문이다. ②도 ①과 같이 원관념은 감추고 보조관념만으로

지은 작품이다. 백설, 자자지다, 골, 구름, 머흘다, 매화, 피다, 석양 등이다. 골
→조정, 백설→고려 왕조를 배반하지 않은 충신, 자자지다→ 힘없는 잔존 세력,
구름→검은 세력, 역성혁명에 동조하는 세력, 머흘다→사납다, 신흥세력으로
일어나다. 매화→몰락한 예 선비들, 피다→ 머물다. 석양→망해가는 고려 왕조
등을 은유적으로 표현하고 있다.

③
  바람만 찾아오는 섣달 끝 판잣집에
  고뿔 걸린 그믐달이 쪽방에 모로 누워
  두 귀는 문밖에 둔 채 지른 빗장 풀고 있다.
            김**의「독거노인」

이 작품에 비유는 어느 곳인가? '바람만 찾아오는→ 사람은 찾아오지 않는'
'그믐달→ 등이 굽은 노인' '쪽방 → 허름한 방' '문밖에 두다 → 귀에 익은 발소
리가 들릴까 신경을 곤두세우다' '지른 빗장 → 마음에 맺힌 응어리' '풀다 →
용서하다. 다 잊어버리다' 같은 표현이다.

②
  이래도 사는 세상 저래도 사는 세상
  우리네 사는 인생 어울려 사는 인생
  한세상 춤추며 살다 후회 없이 가보세.
            ***의「한 세상」

이 작품 역시 '사는 세상'이라는 시어가 4번 '한세상'까지 하면 5번이 반복
된다. 총 43자 중에 중복된 시어를 제외하고 나면 화자의 메시지를 충분히 담

아내기란 쉽지 않은 작업이라 여겨진다. 더구나 이 작품은 비유가 없기도 하지만 한탄조 또는 원망조의 내용으로 구성되어 있어 독자는 인생이 허무하다는 느낌을 받는다.

시조는 독자에게 희망을 주는 메시지가 담기도록 짓는 것이 좋다.

③
말없이 앉았다가
말없이 일어서서

말없이 거닐으며
말없이 사랑했네

한 마음 서로 비추네
말을 보태 무엇하리

          ***의 「말없이 앉았다가」

이 작품 역시 두운을 살려 쓰기는 했지만 비유가 전혀 없는 일상어로만 표현된 작품이다. 같은 시어의 반복으로 핵심이 없어 독자에게 지루함을 줄 뿐이다.

11. 이미지

언어가 가진 특성에 따라 이미지를 만들어 독자에게 전달하고자 하는 메시지를 작품에 담는다. 이런 이미지는 어떤 상황이나 직간접 체험을 비유라는 수단을 통해 만들게 된다. 이미지(心象)는 어떤 사물에 대하여 떠오르는 직관적

인상, 즉 대상에 대한 지각, 기억, 상상, 느낌 등이 머릿속에 떠오른 것을 언어로 그리는 그림이라 할 수 있다. 비유가 언어적이라면 이미지는 감각적이다.

예를 들어 '분수처럼 쏟아지는 푸른 종소리'는 언어적 표현이고 독자가 받는 느낌은 감각적 느낌이다.

이미지에는 ①정신적 이미지 ②비유적 이미지(원관념과 보조관념) ③ 상징적 이미지가 있다. 이미지는 추상적이며 관념적인 표현을 구체화시켜 선명하게 만들어 준다.

① 정신적 이미지

-개울물이 종알거리며 흘러간다.   -청각적 이미지
-강남콩꽃 보다 더 푸른 물결   -시각적 이미지
-그녀가 말을 하면 꽃향기가 난다.   -후각적 이미지
-첫 키스는 너무나 달콤했다.   -미각적 이미지
-아기의 피부는 비단이다.   -촉각적 이미지
-분수처럼 쏟아지는 푸른 종소리   -공감각적 이미지(시각, 청각)

깊은 절 고승인가 세속 다 비워놓고
저 높은 하늘보다 더 높이 살고 싶어
댓잎이 반야심경을 시퍼렇게 읽고 있다.

　　　　　　　　　　　　　　　　　　김옥중의 「청대」

초장은 은유로, 중장은 비교법을 활용하고 있다. '고승'은 학덕이나 덕행이 높은 승려로 마음을 비운 상태이다. 청대 역시 푸르고 속이 비어 있어 고승에 비유된다.

종장에서 공감각적(여기서는 청각과 시각) 이미지를 잘 살려내고 있다.

② 비유적 이미지(원관념과 보조관념)
다음 예문을 보면서 이미지에 대한 이해를 바란다.

당신은 늙은 비애이다.
푸줏간에 걸린 커다란 살점이다.
시인 릴케가 만난 스라브 여자의 마음속에 가라앉은
놋쇠 덩어리다.
　　　　　　　김춘수의 「사랑하는 나의 하느님」의 부분

　이 시는 참으로 난해한 시이다. '늙은 비애, 커다란 살점, 스라브 여자, 놋쇠 덩어리, 가라앉은' 같은 표현들은 무슨 말인지 이해하기 어렵다.
　'늙은 비애'는 어떤 상태를 말하는 것일까? 태초부터 살아계신 하느님이 늙었다는 말은 아닐 것이다. 인간을 창조한 하느님이지만 지금은 무기력하게 십자가에 달리어 죽음을 맞는 모습은 너무도 비참하고 슬프다는 표현일 것이다. 늙으면 누구나 무기력해진다. 신은 늙지 않겠지만 인간의 늙어가는 모습에서 발견되는 무기력한 슬픔 자체가 하느님 당신일지도 모른다. 그래서 '늙은 비애'라고 비유하였다. '커다란 살점'은 또 무엇인가? 예수의 십자가에 달린 모습과 매치시켜 보면 희미하지만 이해는 된다. 십자가에 달리신 예수도 인간을 위한 희생 제물이고, 푸줏간의 커다란 살점도 역시 인간의 식욕을 위한 희생물이다. 여기서 우리는 공통점을 발견하게 된다. 남을 위해 희생되는 제물의 모습이다. '마음속에 가라앉은 놋쇠 덩어리'는 또 무엇인가? 놋쇠는 무겁다. 한 번 가라앉은 놋쇠 덩어리는 그만큼 묵직하여 움직이지 않는다. 그러니 '마음속에 깊이 자리 잡고 있다.'는 비유를 한 것은 아닐까? '스라브 여자'는 무엇인가? 김춘수 시인이 유학 중에 접한 시집이 릴케의 시집이고, 릴케가 사랑한 여인이 슬래브 여자라고 한다. 슬래브 여자의 마음속에 가라앉은 묵중한 놋쇠 덩어리 같이 변하지 않는 신을 사랑하고 있는 것이 아닐까? 이처럼 난해한 시는 자유시에서 종종 발견되지만, 시조에서는 이렇게 잠금장치를 겹겹이 쳐 놓은 경우는 매우 드물다. 이 작품을 읽는 독자는 아주 낯선 느낌을 받는다. 이에 비해 시조는 은유법을 쓰면서도 행간에 숨긴 메시지를 더 중요시하고 있는 것 같다. 현대시조는 어떤가? 당연히 행간에 메시지를 숨겨두어야겠지만 언어의 조합을 새롭게 하여 시적인 맛을 새롭게 우려내려는 기법이 필요하게 대두되었다. 아름다운 여자를 보고 '그녀는 장미처럼 아름답다.'라고 비유는 했지만, 상투적인 비유라서 신선미는 떨어진다. 그래서 도입한 수사법이 은유법이다.

"그 여자는 장미다."라고 했을 때 떠오르는 느낌은 어떤 것인가?

아마도 아름다운 모습이 떠오를 것이다. 그 머릿속에 떠오르는 그림이 이미지다. 메시지는 '그 여자는 아름답다.'라는 의미를 행간에 숨겨둔 모양이 된다.

일상적인 언어로는 이미지를 만들어 낼 수가 없다. 반드시 비유와 상징이 이미지를 만들어내는 재료이다.

    이 몸이 죽어가서 무엇이 될꼬하니
    봉래산 제일봉에 낙락장송 되었다가
    백설이 만건곤 할제 독야 청청 하리라
                                   - 성삼문

이 작품의 이미지는 선비의 곧은 절개이다. 충절이다. 이 작품에서 이미지를 만들어 낸 요소는 무엇일까? '낙락장송' '백설' '독야청청' 같은 구체적 비유로 이미지를 만들어내고 있다. 즉, 올곧은 선비정신이라는 이미지를 탄생시킨다. 변치 않는 신하의 충성심이 눈에 보이는 듯한 이미지를 만들어낸다. 이 작품에서도 원관념은 숨겨두고 보조관념만으로 작품을 이끌어내고 있다.

청산리 벽계수야 수이 감을 자랑마라
일도창해하면 돌아오기 어려우니
명월이 만공산 하니 쉬어 간들 어떠리

-황진이

이 작품의 이미지는 어떻게 다가오고 있는가? 아마도 이별의 아픔일 것이다. 또는 사랑하는 임이 머물다 가기를 소원하는 마음이며 그 마음은 애틋한 정에서 나온다. '벽계수'는 사랑하는 임, 이종숙의 호이다. 여기서 이미지를 만들어 내고 있는 비유는 '벽계수' '명월' '만공산' 같은 보조관념들이다. 이처럼 비유를 하지 않고는 독자에게 이미지를 전달할 수 없다.

③ 상징적 이미지

관념적이며 추상적인 생각 느낌 따위를 구체적인 사물이나 기호로 표현하는 방식이다. 원관념은 없어지고 보조관념만 남게 된다. 즉 어떤 것을 대신하는 기호이다. 예를 들면 무궁화는 '대한민국'을, 거수경례는 '충성'을, 신호등은 '사회적 규범'을 나타내는 기호이다. 이 외에도 연꽃, 군화, 칼 등도 상징성 이미지를 구체화한 기호의 예(例)가 된다.

엊그제 버힌 솔이 낙락장송 아니런가
적은덧 두던들 동량제 되리러니
어즈버 명당이 기울 면 어느 남기 바치리

-김인후-

'낙락장송', '동량', '명당', '바치다' 같은 표현이 상징적 이미지이다.

황소 머물다가 배설하고 돌아선 자리
쇠똥구리 말똥구리가 좌우로 편을 갈라
한 덩이 분구(糞)를 들고 서로 엉겨 물고 뜯는다.
-김광수의 「상황(狀況)」

 위 예문에서 '황소'는 과거 공화당의 마크이다. 상징이다. '배설하고 돌아선 자리'는 '공화당의 시대를 마감한 뒤'를 얘기하고 '쇠똥구리' '말똥구리'는 여(與)와 야(野)를 빗댄 말이다. 정권이 몰락하고 신정당들이 주도권을 잡으려고 싸우는 모습이 눈에 선하다. '분구'는 '먹을거리 또는 잇속을 차리는 욕심'이다.

통곡도 화약내도 꽃이 되어 잠든 자리
진혼나팔 물결 타고 깃발로 솟는 죽음
빗돌에 역사를 심어 하늘빛이 푸르다.
김사균의 「4.19 묘소에서」

4.19 묘소에서 정의를 부르짖던 젊은이들을 생각하며 지은 시이다.

1) 이미지 만들기 : 비유와 상징이다.

① 어떤 사실을 빗대어 말한다.
　물은 흘러간다.→세월은 물과 같다.(직유법)
② 두 대상 간의 공통점을 발견한다.
　세월은 빠르다 → 세월은 화살이다(은유법)
　꽃은 아름답다→여자는 꽃이다(은유법)
③ 사물의 동작, 상태, 형태를 의인화 한다(의인법)
　꽃이 피었다→꽃이 웃는다. 나뭇잎이 흔들린다.→나뭇잎이 춤을 춘다.

④ 상징어로 바꾸어 본다.

　그는 장군이다.→그는 별이다. 그는 오래 살고 있다 →그는 학이다.
⑤ 구체적 개념과 추상적 개념을 적절히 바꿔 쓴다.

　비는 생명이다.(구체적→추상적) 사랑은 눈물의 씨앗이다.(추상적→구체적)
⑥ 언어의 조합을 새로 한다.

　새소리가 들린다.→새소리가 떨어진다. 그림을 본다.→그림이 말을 한다.

선홍색 꽃잎 한 점 접시에 앉아 있다
죽어야 다시 피는 시공을 건너가며
불판이 적멸도량인 듯 한 생애를 벗는다
　　　　　　　　　　　　　　진길자의 「꽃등심」

　소고기 한 점에 이렇게 깊은 사유와 철학이 있는지를 처음 알았다. 초장 '선홍색 꽃잎'이라는 표현에서 이미 독자는 무릎을 치며 감탄을 하지 않을 수 없다. 불판에 올라온 고기 한 점을 '꽃잎'으로 비유하는 발상이 정말 기상천외하여 놀라지 않을 수 없다. 뜨거운 불판 위에서 선홍색 꽃잎이 피고 있다고 비유한 시인의 사고는 구태(舊態)를 벗어나 현대시조의 새로운 장을 여는 현태(現態) 모습을 유감없이 보여주고 있다. 중장에 가서 죽음을 죽음으로 보지 않는 생의 연속성을 갈파해 낸다. 시공을 건너가면 인간의 사고(思考)로는 무(無)가 되어야 하는데 시인은 다시 유(有)가 된다고 말한다. 그 뜨거운 불판이 도량이 되고 죽음을 넘어 결국에는 새 생명으로 이어진다.

　마치 어느 종교의 내세 신앙이나, 불가(佛家)에서 말하는 윤회설과도 맞닿아 있는 사유의 세계로 우리를 이끌고 간다. 인간은 누구나 죽음에 대한 두려움을 갖는다. 그러나 시인은 지금 그 죽음을 두려 하는 것이 아니라 뜨거운 불판을 건너가야 하는 하나의 도구 또는 과정쯤으로 생각하며, 이 과정을 지나면 새로운 세상이 기다리고 있을 것이라는 내세적 신앙으로 우리에게 희망을 주고 있다.

'꽃잎→소고기의 등심살', '죽어야 다시 피는→불사(不死)', '불판→적멸도량'으로 비유하였고 중장 '죽어야 다시 피는'은 표현기법은 역설법이다.

이런 류(類)의 시조를 메타시조라 불러도 좋을 듯하다.

2) 이미저리

이미저리는 육체적 감각이나 마음에서 생성되어 언어로 표출되는 이미지군(群)을 말한다. 김광균의 「외인촌」, '분수처럼 흩어지는 푸른 종소리'가 대표적이다.

3) 알레고리

알레고리는 추상적인 내용을 구체적인 대상으로 표현하는 비유법이다. 은유는 하나의 단어나 한 문장 같은 작은 단위에서 표현되는 비유법이고 알레고리는 이야기 전체에서 하나의 은유로 관철되는 비유법이다. 이솝 우화가 대표적이다. '개미와 베짱이'도 그 예의 하나이다.

> 굼벵이 매암이 되어 나래 돋쳐 나라올라
> 노프나 노픈 남게 소릐는 조커니와
> 그 위희 거믜줄 이시니 그를 조심 하여라.
> 　　　　　　　　　　　　　　-작자미상(청구영언)-

권력에 대한 경고이다.

4) 패러디

패러디는 작가의 원작을 모방하여 새로운 작품을 만들어내는 기법이다. 이때 원작이나 패러디한 작품이거나 새로운 의미를 부여받는다.

어느 패러디 하나를 소개한다. 김천택의 작품을 패러디한 것이다.

원작: 잘 가노라 닷지 말며 못 가노라 쉬지 마라
부디 긋지 말고 촌음을 아껴 쓰라
가다가 중지 곳하면 아니 감만 못하리라
-김천택-

이 작품을 패러디한 작품을 본다.

금수저라 뻐기지 말며 흙수저라 쫄지 말라
절대로 포기 말고 열심히 살다보면
어느 날 로또 당첨되면 신분 상승 되느니라.

12. 낯설게 하기

'낯설게 하기'란 이미 우리가 알고 있는 사물이나 관념의 친숙함을 벗어나 새롭게 표현함으로써 독자에게 신선한 느낌을 주도록 하는 방법이지만 영구적이지는 않다. 예를 들면 "같은 값이면 다홍치마"니 "칠흑의 밤"이니 하는 표현은 이미 은유가 아니라 누구나 인식할 수 있는 하나의 기호가 돼버렸다. 기호가 되었다는 의미는 무엇일까? "내 마음은 호수요."도 은유적 표현이고 "그는 천사다."도 역시 은유적 표현이다. 모두 은유이지만 둘 중 어느 하나는 낯선 느낌을 더 준다. 그 차이점은 바로 일상화된 말이냐, 아니냐로 이해하면 된다. 후자는 누구나 일상생활에서 자주 쓰고 듣는 말이므로 이미 귀에 익숙해져 있고 전자는 잘 쓰지 않는 표현이기 때문에 조금 낯설게 느낄 뿐이다. 그러므로 현대시조 창작시에는 늘 새로운 은유의 필요성이 대두하게 된다. "새로운 은유" 이것이 현대시조에서 "낯설게 하기"의 방법이 될 수 있다.

시조의 시대적 변천 또는 발전은 이러한 점에 착안하여 시조의 내적 짜임새를 새롭게 하는 것이지 겉보기의 꾸밈에 있는 것이 아니라고 생각한다.

'낯설게 하기'는 한마디로 "언어와 언어가 만나 감성적 반응을 일으킨 결과물로 다른 이미지를 가지고 탄생한 언어의 조합"이라고 말할 수 있다.

(1) 언어의 조합

시조 역시 언어의 새로운 조합으로 '낯설게 하기'를 하여야 한다.

그러나 시조는 이미 오래전부터 이런 수사법을 써왔다는 점을 상기할 필요가 있다.

①
　　동짓달 기나긴 밤 한 허리를 베어내어
　　춘풍 이불아래 서리서리 넣었다가
　　어른님 오신날 밤이어든 굽이굽이 펴리라
　　　　　　　　　　　　　　　　-황진이(청구영언)

고시조에서도 예문처럼 언어의 조합을 통하여 '낯설게 하기'를 잘하였다. '기나긴 밤 한 허리 베어내다', '춘풍 이불 아래 서리서리 넣다' 같은 표현은 정말 절창이 아닐 수 없다. 예문에서 보듯이 시조를 시조답게 만드는 것은 비유지만, 그 비유 중에서도 가장 바람직한 것은 언어의 새로운 조합으로 만들어 낸 '낯설게 하기'의 기법이라 할 수 있다. 한 사물을 놓고 여러 가지의 비유를 할 수 있겠으나 독자에게 신선한 이미지로 다가가는 작품을 쓰기란 쉽지 않은 일이다. 한 시조 작품을 지으면서 비유하기 또한 쉬운 일이 아니다. 그래서 필자는 비유도 좋지만, 언어의 새로운 조합으로 '낯설게 하기'를 시도해 보라고 권하고 싶다. 새로운 언어의 조합은 서정성을 더욱 심화시키는 역할을 한다.

서정주는 「자화상」에서 "어떤 이는 내 눈에서 죄인을 읽고 가고 어떤 이는 내 입에서 천치(天痴)를 읽고 간다."라고 했는데 이런 표현이 좋은 예이다. 두려움에 사는 내 눈에서 '죄인을 읽고 간다.'고 했으며, 의사표시도 제대로 못하는 나를 보고 천치(天痴)라 부르지 않고 '천치를 읽는다.'라고 표현했다. 나를 보고 천치나 죄인이라 부르지 않고 '읽고 간다.'라는 말로 대신하여 언어의 묘미를 살려내고 독자가 새로운 느낌을 갖게 한다.

'부른다'를 단순히 '읽는다'라고 하지 않고 '읽고 간다'라는 말로 바꾼 것뿐인데 신선하지 않은가? 이것이 바로 시인의 재주이며 언어를 조율하는 능력이다. 따라서 현대시조에서는 새로운 언어의 조합 기법을 요구 받고 있는 것이고 이에 대한 대답은 우리 시조시인들이 해야 한다. 지금까지 사실적 서정성에 무게를 두고 아름다운 시어를 만들어냈다고 하면 지금부터는 완전히 새로운 언어의 조합을 찾아내어 신선미를 살려내야 한다. 예를 하나 든다면 숲속을 걸어가는데 새소리가 들려온다는 표현을 어떻게 할 것인가를 고민해 봐야 한다. 지금까지는 아름다운 새소리, 고운 산새 소리처럼 관형어(형용사)로 새소리를 더 아름답게 표현하는 시어를 찾는 데 주력하였다면 지금은 "떨어지는 산새소리"처럼 적극적이며 능동적인 시어의 조합을 요구한다. 새소리는 '들리는 것'이라는 이미지는 이미 소리의 근본 바탕에 깔려 있기 때문이다. '꽃' 하면 '아름답다'라는 이미지가 연상되기 때문에 구태여 아름답다는 설명을 필요로 하지 않는다. 이처럼 언어 자체가 지니고 있는 이미지를 생각하면 사물을 꾸며줄 말은 필요 없게 된다. 그래서 '곱다'든지 '아름답다'라는 말 대신에 '떨어지는 산새 소리', '밟히는 산새 소리'처럼 새롭게 언어를 조합하여 신선미를 배가시킬 필요가 있다. 모든 시어가 그런 것은 아니지만 가능한 것은 새로운 조합을 만들려는 노력이 필요하다고 필자는 생각한다.

이러한 언어 조합은 어떻게 만들 것인가? 환유법의 활용에 그 길이 있다. 지금까지 시인들이 즐겨 써온 '낯설게 하기' 방법으로는 다음과 같은 것이 있다.

① 운율의 첨가: 나같이→날같이, 하련만→하오련만
② 언어의 조합: 새소리 들리다→새소리가 떨어지다(수동에서 능동적 표현으로)
③ 인위적 조어: 색시→새악시, 부끄러움→부끄럼
④ 신조어: 얼짱, 착한 밥집

지금까지 많은 시인이 ①③에서처럼 서정의 묘미나 운율적 매력을 찾는 데 주력하였거나 ④에서처럼 새로운 시어를 만들어 쓰려고 노력하였다. 그래서 생긴 말이 '시인은 낱말을 만드는 창조자'라는 유행어를 만들어내기도 했다. 물론 아름다운 시어를 만들 수는 있다. 그 대표적인 예가 김소월의 작품 '진달래'에서 사용한 '아름 따다' '즈려밟다' '아니 눈물' 같은 시어들이다. '시인은 언어의 창조자'란 진정한 의미는 시어를 '만든다.'라기 보다 시어를 '찾아낸다.'는 의미가 더 강하다고 본다. 비유로 낯설게 느껴지는 시어를 만들어 쓰는 일, 즉 시인의 언어를 말한다.

이제 몇 가지 언어의 새로운 조합으로 '낯설게 하기'를 만든 예를 본다.

*새소리가 들리다.→새소리가 떨어지다. 새소리를 밟고 간다.
*비석에 업적을 새기다.→빗돌에 역사를 심다.
*가을이 오다 →가을이 도착했다.
*나는 자유를 되찾았다→나에게 가압류된 시간을 풀었다.
*굴러가는 돌멩이→땅을 치는 조약돌
*일용직 근로자→공사판을 떠도는 새
*거미→투명한 사기꾼
*대숲의 봄바람→하이힐 벗은 발로 연두 볕살 밟는 소리
*대숲 바람→바람이 댓잎에 앉아 노는 소리
*병실→저승이 수다 떨며 노는 자리
*빗방울→흙이 먹는 진주알
*새벽→먹빛 어둠 거둬내는 일꾼
*이슬→풀잎에 달린 별똥. 풀잎에 달린 진주
*추억→잔뼈가 굵어가던 시절, 지난날을 눈앞에 불러오다.
*아픈 추억 →설움이 사태진 골
*낙엽이 지다→초록빛 욕망들과 결별하는 다비의 시간
*뻐꾸기시계가 밤 열두 시를 알리다→눈먼 뻐꾸기 열두 시를 읽고 있다.
*어두워지다→그림자를 땅거미로 덮어두다.
*봄에 새싹이 나다→가지 끝 새싹들이 봄의 잠언 풀어낸다.
*눈물이 어리다→녹녹해진 창에 흐릿해진 그림들이 나타나다.
*봄을 알리는 새소리→새소리에 노란 봄이 묻어 있다.
*봄 나무들은 푸른빛이 돈다.→나무들의 푸른 봄 읽는 소리(공감각적)
*빌딩을 짓다.→창공을 파내고 시간을 새겨 넣다.

위와 같은 표현들은 몇 분의 시조집에서 선별하여 실은 것이지만 이처럼 신선한 표현은 독자에게 새로운 언어의 묘미를 선사할 수 있다. 물론 작품 전체를 '낯설게 하기'는 어렵고 또 그렇게 했다고 해서 명작이 되는 것도 아니다.
 비유가 됐든 상징이 됐든, 아니면 언어의 낯선 조합이 되었든 간에 작품 중

한두 군데만 이런 표현을 해도 작품은 예술의 옷을 입고 고상한 품격을 지니게 된다. 이런 과정은 누가 가르쳐주기보다는 스스로 연구하고 개척할 분야이다. 깊은 사색과 훈련을 통해서만 이러한 새로운 언어의 연금술이 가능해진다.

위 예문처럼 언어의 새로운 조합법은 첫째는 타고난 재능이 될 것이다. 배우지 않아도 예술의 감성은 어느 정도 타고나는 것 같다. 이것을 우리는 보통 '끼'라고 한다. 이 '끼'는 감성적 순발력이다. 어떤 대화를 할 때 비유를 잘하는 사람이 있다. 둘째로는 깊은 사색을 통한 비유이다. 이는 좋은 글을 많이 읽음으로써 두뇌가 만들어내는 후천적 재능일 것이다. 셋째는 평소 우리가 느끼는 육감을 서로 다르게 활용해 보는 훈련이다. 예를 들어 그림을 감상할 때 그림 속에서 화가의 말을 듣는 착각 현상과 같은 것이라고 할 수 있다. 이때 그림을 보며 아름다움을 느끼는 그 순간 화가의 메시지를 듣는다. 그래서 "그림이 말을 건다."라는 표현이 가능하다고 본다.

즉, 시각을 청각으로, 청각을 시각으로, 미각을 촉각으로 후각을 시각 또는 청각으로 환치(換置)하는 것이 가능하다. 공감각적 표현이 가능해진다. 어느 감각이나 환치 가능한 것은 물론 아니다.

몇 가지 사례를 들면 '진달래가 빨갛게 피었다.'→진달래 피는 소리가 빨갛다. 소리(청각) 빨갛다(시각)= 공감각적 표현으로 신선미를 증가시킨다. 진달래가 빨갛기 때문에 피는 소리마저 빨간색일 것이라고 상상한다.

① 새소리가 들린다.→떨어지는 새소리를 밟는다.
② 울려 퍼지는 종소리/김광균의 <외인촌>→분수처럼 쏟아지는 푸른 종소리,
③ 자극적인 광고→선정성 글꼴이 전두엽을 찌른다.
④ 홍매화가 피다.→앞뜰의 매화꽃이 봄 햇살에 데인 오후

①은 상상력이다. ②는 상상력을 동원한 희망이다. 저녁 무렵의 종소리는 마음을 허전하게 만든다. 어둠이 깔려오기 때문이다. 그러나 화자는 '분수처럼'이라는 시어로 활력(活力)을, '푸른'이라는 시어로 희망과 '종소리'로 알린다는 메시지로 바꾸어 놓고 있다. 종소리는 들리는 것(청각)이지만 쏟아진다(시각)고 표현하여 독자에게 신선미를 느끼게 만든다. ③전두엽(前頭葉)은 뇌의 앞쪽에 위치하며 '이마엽'이라고도 부르는데, 기억과 사고, 판단 따위의 고도의 정신 작용을 관장하는 역할을 하는 부분이다. '자극적'이라는 말 대신에 '선정성 글꼴'이라 하고 '광고를 보는 시각' 대신 '전두엽을 찌른다.'고 했다. 좀 더 강력한 이미지를 심어주기 위해서 '찌른다'라는 시어를 선택했을 것이다.

위와 같이 비유한 여러 사례는 모두 다 어느 정도 상호 연관성을 지니고 있다. 그래서 공감하게 되는 것이다. 이런 비유나 언어의 조합을 잘못 했을 때 비유의 남용이나 오용이 되고 작품에서 어색한 부분으로 남게 되는 경우도 있겠지만, 이런 훈련을 통하여 우리는 독자에게 새로운 시선으로 다가갈 수 있다.

흔히 시인은 언어의 창조자라고 말하지만, 이때 '언어의 창조'는 새로운 낱말(시어)을 만든다는 의미가 아니라 이미 존재해 오고 있는 언어 중에서 감각적이며 생명력이 있는 언어를 조화롭게 결합해 새로운 의미를 만들어내는 감각적이고 감성적 시어(詩語)라 할 수 있다. 이근배 시인은 '언어의 껍질을 과감히 벗겨내고 속살 언어만을 먹으라.'고 말한다. 무슨 말인가 하면 '푸른 하늘, 예쁜 꽃'과 같은 표현 중에서 하늘은 이미 푸르다는 것은 다 아는 사실이며, 꽃도 예쁘다는 것은 다 아는 사실인 만큼 '푸르다'던가, '예쁜'이라는 군더더기 표현들은 구태여 쓸 필요가 없다고 한다.

시인은 언어의 창조자가 아니라 언어의 최초 발견자 또는 최초 결합자가 되어야 한다. 예를 들면 '산에서 새소리가 들린다.'라는 표현은 누구나 다할 수 있는 표현이지만 '떨어지는 산새 소리가 밟힌다.'처럼 하면 전혀 새로운 느낌으로 다가온다. 즉 '들린다'를 '떨어진다'라고 바꿔 썼을 뿐인데 독자에게는 신선미를 주게 된다.

독자의 이런 감정 변화는 공감각적 표현을 했기 때문이다. 즉 '들린다.'라는 청각적 이미지에서 '떨어진다(시각)와 소리(청각)'라는 공감각적 이미지를 도입하여 신선한 맛을 느끼게 한다.

그러면 언어의 조합은 어떻게 만들 것인가?

①의 예문을 가지고 그 과정을 만들어가 보기로 한다.

"새소리가 들린다." 시조의 음수율에 맞춰보면 "떨어지는 새소리를 밟으며 걸어간다. 4.4.3.4"로 초장이나 중장을 만들 수 있다.

우리는 지금까지의 고정관념에 갇혀 있어서 '새소리' 하면 당연히 '들리는 것'으로 이해한다. 그런데 '들린다. 듣다.'는 일상어이다. 시인의 언어는 일상어와 다르다고 했으니 당연히 시인의 말로 바꾸어야 한다. 그런데도 그와 같은 노력을 하지 않은 것도 사실이다. 여기서 우리의 고정관념을 조금만 바꾸어도 전혀 다른 언어의 조합이 생긴다.

'소리'는 청각이다. 그러니 들어야만 하는 것이다. 그러나 이미지 창작의 하나로 배운 6감이나 공감각적 기능을 활용하면 시인의 언어가 만들어진다. '떨어진다.'나 '산새 소리' 그리고 '밟힌다'는 말은 '보거나 들리거나 느끼는' 공감각이다. 즉 청각과 촉각 시각으로 짜인 새로운 언어의 조합이 된다. 우리는 누구나 알밤이나 도토리가 떨어지는 소리를 들어 본 적이 있을 것이다. 새소리가 떨어지거나 알밤이 떨어지거나 같은 동작이다. '새소리가 들린다.'에서 '새소리가 떨어진다.'처럼 만드는 고정관념의 전환이 필요하다. 나무에 앉아 우는 새소리는 그 나무 아래를 지나다가 듣는 작가의 입장에서 보면 그 새소리는 위에서 아래로 떨어지는 소리이다. 풀벌레의 울음소리는 어떻게 표현할까? 풀숲에 사는 벌레는 눈에 잘 띄지 않는다. 그래서 작가는 '숨어 우는 풀벌레'라고 하여 마치 무슨 말 못 할 사연이라도 있는 것처럼 독자가 느끼게 한다.

이러한 표현은 모두 우리의 삶과 밀접한 관련이 있음을 눈여겨 볼 필요가 있다. 이러한 표현법을 좀 더 살펴보면,

"뻐꾸기시계가 밤 열두 시를 알린다."는 일상적 표현이다. 여기서 생각을 조금만 바꾸면 '뻐꾸기가 한밤중에 창문을 열고 나와 4.4.3.4/고요를 쓸어내듯 열두 시를 읽고 있다.3.4.4.4/ 초장과 중장을 이끌어낼 수 있다. 이 의미를 모르는 독자는 없을 것이다. 뻐꾸기시계가 한밤중에 12시를 알린다는 의미니까. 이런 표현은 왜 신선하게 시적인 맛을 내게 되는 것일까?

우리가 고정관념에 묶여있기 때문이다. 시계 소리는 항상 듣는 것이라는 관념 때문이다. 뻐꾸기시계를 뻐꾸기로 의인화하면 '뻐꾸기가 읽는다.'라고 해도 조금도 어색해지지 않는다. 즉 실제는 내가 시계를 보며 분침이 가리키는 시각을 읽고 있는 것이지만 '나(원관념)' 대신 '뻐꾸기(보조관념)'를 끌어들여 읽게 하는 것에 지나지 않는다.

김광균은 「외인촌」에서 "쏟아지는 푸른 종소리"라고 했다. '종소리'는 들리는 청각이지만 '쏟아진다'는 시각으로 바꾸고 있으며 소리의 색깔마저 푸르게 표현함으로써 시각적 효과를 극대화하고 있는데 이는 모두 언어의 조합(낯설게 하기)으로 만들어진 시어들이다. 이런 방법으로 시인은 자기만의 언어를 만들어가야 한다.

이러한 언어의 조합은 환유법에서 쉽게 발견해 낼 수 있다. 은유가 보편적 유사성에 근거를 둔다면 환유는 연상을 통한 인접성에 근거를 둔다. 인접성에는 공간적 인접성과 논리적 인접성으로 나눌 수 있다.

공간적 인접성은 예를 들어 "한잔 합시다"라고 할 때 우리는 술을 먼저 연상하게 되는데 이는 술과 잔이 인접해 있기 때문이다. 청와대→대통령, 빵→밥, 군화→무력

논리적 인접성은 인과관계이다. 즉 "독약을 마시면 죽는다."에서 "독배를 들다→죽는다." 그러므로 "죽음을 마셨다."라고 할 수 있다. 독약을 마시면 죽는다는 논리적 사고에서 나온 환유이다. '냄비가 끓는다'는 실제 냄비가 끓는 것이 아니라 냄비 안에 들어 있는 음식물이 끓는 것을 모르는 사람은 없다.

자연스러운 환유 표현은 화자와 청자 사이에 상황에 대한 공유인식이 있어야 한다. 예를 들어 우리는 "자식농사를 잘 지었다."라는 말을 쓰기도 하는데 이때 사용된 '자식농사'가 무엇을 의미하는지 다 이해하고 있다.

우리는 '손이 모자란다.'는 일하는 손, 즉 일꾼이 부족하다는 의미로 이는 우리 삶의 인접성에서 나온 비유이다. 즉 공유인식을 갖고 있다. 이처럼 환유는 언어를 더욱 효율적으로 사용하게 한다.

'굴러가는 돌맹이'는 '땅을 치는 돌맹이' 한다면 '굴러가다'와 '땅을 치다'라는 말에서 '굴러가는 모습'이 '땅을 치는 모습'의 유사성을 찾아 만든 언어이며 '빗방울'을 '흙이 먹는 진주알'이라고 했다면 '빗방울이 진주 같다.'는 이미지는 평소 진주에서 느낀 인접성에 근거를 두고 있다. 흙으로 배 들어가는 모습이 진주를 먹는 이미지와 비슷하므로 '빗방울=진주, 흙에 스며들다=흙이 먹다'라는 두 언어의 조합을 '흙이 먹는 진주'로 새롭게 조합한 것뿐이다. 시인의 언어는 이처럼 사용하는 용도가 일상어와는 다르다는 점을 늘 염두에 두고 있어야 한다. '낯설게 하기'는 시조를 맛깔나게 한다.

시조는 시적 대상을 설명하는 것이 아니라 감성적 언어 예술로 화자의 정서나 사상 따위를 운율을 지닌 함축적 언어로 표현한 문학의 한 갈래이며 ①간결성 ②함축성 ③음악성 ④상징성 ⑤서정성을 요구 받는 문학 장르이다.

자유 시(詩) 한 편을 소개한다.

환상의 마을에서 살해된 낱말이

내장을 드러낸 채
대낮에
광화문 네거리에 누워 있다.
초조한 눈빛을 굴리는 약속이 불타는
서시의 거리를 지나다가
피투성이가 되어 그 위에 쌓인다.

오규원의 「대낮」

위 작품은 '말이 가벼워져 마침내 아무것도 아닌 헌신짝처럼 함부로 내버려진다.'는 현시대적 상황을 비판적으로 쓴 시이다. 우리는 요즘 코로나 팬데믹으로 한 번도 경험해보지 못한 지구촌의 삶을 살고 있다. 이 긴 말을 시조 형식에 맞춘다면 어떻게 해야 할까? 오규원의 「대낮」에서 그 답을 얻을 수 있다. "환상의 마을에서"처럼 한다면 3.4의 소절로 이루어진 구(句) 하나를 만들 수 있게 된다.

시는 현실이 그 대상이 아니다. 시는 언어를 대상으로 하는 예술이다. 그러므로 현대시조는 현실과 언어의 교직(交織)으로 탄생되는 전통적 시관(詩觀)이 아님을 인지하여야 한다.

동짓달 기나긴 밤 한 허리를 베어내어
춘풍 이불 아래 서리서리 넣었다가
어른님 오신 날 밤이어든 굽이굽이 펴리라

-황진이-

5백여 년 전에 이미 시조에서는 이런 작품이 쓰이고 있었지만 이를 계승하여 발전시키지 못했을 뿐이다. 현대시조에서 '낯설게 하기'를 한 예를 보면 다음과 같은 표현이 대표적이다. 가장 쉬운 방법은 시각을 청각으로, 청각을 시각으로, 미각을 촉각으로 후각을 시각 또는 청각으로 환치(換置)하는 것이 가능하다. 공감각적 표현을 하는 것이 가장 좋다고 본다.

현대시조는 현대 감각에 맞아야 공감력(共感力)을 갖게 된다. 이러한 창작은 누가 가르쳐서 되는 것은 아니고 스스로 노력하는 방법 외엔 도리가 없다.

시조문학이 유네스코 무형 문화재로 등재되어 세계화될 때까지 함께 연구하고 발전시켜 나갈 의무가 시조시인이 지고 갈 십자가이다.

(2) 비유의 남용(catachresis)

비유를 잘 못 하거나 지나치게 비유한 것을 비유의 남용 또는 오용이라 하는데 비유를 함에 있어서는 화자가 생각하는 개념과 독자가 공통적으로 이해하는 개념의 두 표현에서 공통점을 찾아내야 한다. 그래야 화자와 독자 간의 감정이입(感情移入)이 될 것이다. 이런 공통점을 무시한 채 비유를 하게 되면 독자는 화자의 심중을 이해할 수 없게 되어 지루하거나 엉뚱하다는 느낌을 받게 된다. 그러나 이것은 상징과는 다르다는 점을 이해해야 한다. 상징은 공통점이 없는데도 불구하고 원관념 대신 보조관념으로 쓸 수 있다. 예를 들어 무궁화→대한민국, 비둘기→평화와 같은 비유는 상호 아무런 관련이 없는 말이지만 이미 상징적으로 우리의 뇌리에 박혀 있는 말이다. '무궁화→대한민국' 관계는 수많은 꽃 중에 순결, 끈기 등의 의미를 지닌 무궁화를 나라의 꽃으로 지정했기 때문이고(강제성), '비둘기→평화'는 비둘기의 성질이 순하고, 예로부터 소식을 주고받는 메신저의 역할에 이용해 왔기 때문에 평화의 상징으로 인식돼 왔다. "반지→결혼"은 결혼식 때 반지 끼워주는 습성에서 생겨났을 것이다. 반지의 둥그런 모습은 물론 손가락 형태가 둥글기 때문이기도 하지만 원은 처음과 끝이 없다. 즉 영원성을 지닌다. 영원히 오래오래 잘 살라는 의미가 추가된다. 물론 결혼하지 않은 여자도 낄 수는 있으나 반지를 끼는 손가락의 위치가 다르다. 이처럼 상징은 사물이나 기호, 행동 들이 자연 현상 또는 물리적 속성과는 다르게 새로운 의미를 부여받게 된다. 강제적이거나 우리의 오랜 삶의 습관, 문화, 또는 역사적으로 어떤 계기가 된 사건 등에서 복잡한 의미를 하나의 기호로 표시한 데서 유래되었을 것이다. 상징이 아닌 비유로 쓰일 경우는 공통점이 있어야 된다. 그러나 비유의 대상이 상호 유사성이 없거나 엉뚱한 비유를 하는 것은 독자로부터 호응을 얻을 수 없다.

   비유가 남용 또는 오용된 경우를 본다.

①
>술이 술 마시다가 막차에 매달리는
>세상이 동전만한 키 작은 난쟁이들
>36계 앞으로 가면 포차도 눈 감는다.
>
>   ***의 「포장마차」

   중장 후구 '키 작은 난쟁이들'은 비유가 잘 안 된 표현이다. '키 큰 난쟁이들'로 역설적 표현을 해야 비유가 된다고 본다. '난쟁이'라는 표현은 비하하는 말로 바람직하지 않다. 물론 화자는 다른 의미로 이런 표현을 했는지 모르지만, 비유의 남용이라 할 수 있다. '36계(삼십육계)'는 종장 첫마디 3자로 될 수 없고 비유의 오용이 된다. '난쟁이들'과 '포차' 중 어느 것이 시적 대상인지 모호하다.

   문장의 짜임새도 초장의 '매달리는'이라는 관형어는 중장의 '난쟁이들'을 수식하는 관계에 놓이게 되므로 초장은 '술이부터 난쟁이들'까지가 된다. 엇시조 형태이다.

②

난 곁에 다소곳한 버들가지 하얀 송이
　　　가을날 우뚝 솟은 연꽃 같은 노래마저
　　　진흙벌 캄캄한 속을 뿌리 내리지 못한다
　　　　　　　　　　　　　　　***의 「<허난설헌>」

　초장은 남용이다. 버들가지가 하얗게 보일 수는 있겠지만 '가지'를 '송이'라고 하는 것 역시 오용으로 보인다. '송이'는 주로 꽃이나 열매 따위가 꼭지에 낱낱이 따로 붙어 이루어진 작은 덩이를 말한다.
　중장 후구 역시 오용이다. '연꽃 같은 노래'는 상호 연관성이 없어 보인다. 말하자면 독자는 '연꽃'과 '노래'에서 공통점을 찾아내기가 어려울 것이다. '연꽃의 노래'는 아무리 상상력을 동원해도 이해하기 어렵다. 한편 문장의 구성을 보면 '우뚝 솟은 노래마저, 연꽃 같은 노래마저'처럼 읽히므로 소절 수가 셋이 된다.
　종장의 문장 구성이 '노래마저 뿌리내리지 못한다.'가 되므로 변용의 과정에서 오류가 생긴 것 같다. '진흙 벌 속'이 캄캄한 것은 당연하고 누구나 다 아는 사실이다. 허난설헌은 이런 환경에도 불구하고 뿌리를 내리지 못한 것이 아니라 오히려 뿌리를 내린 분이다. 그러나 허난설헌은 시인이며 화가이지 노래하는 분은 아니다. 그런데 종장 후구 '뿌리 내리지 못한다.'라는 중장 후구 '연꽃 같은 노래마저'가 뿌리를 못 내린다는 의미로 읽히므로 오용으로 보인다. 또 음수에 있어서도 '뿌리 내리지 못한다.'는 5.3으로 썼으나 이는 통사적 언어로 8이다. '뿌리내리다'는 하나의 낱말로 분할할 수 없는 '뿌리내리지 못하다'까지는 통사적 언어이다. 따라서 이 작품의 종장은 소절이 달라진다.
　'송이'와 '노래' 중 어느 것이 주체적 역할을 하는 실체인지 알 수가 없다. 이는 '송이' 다음에 꼭 필요한 조사를 생략하여 원관념(허난설헌)과 보조관념(비유로 쓰인 말)의 관계를 분명하게 설정하지 못했기 때문이다.

③
　　봄여름 가을 없이 꽃들은 빨강이다
　　바람의 바깥에서 구름의 안쪽으로
　　<u>숨소리 듣다가 타들어가는</u> 내 목구멍도 빨강

　　　　　　　　　　　　　　　***의「<빨강>」

　이 작품은 전체가 비유의 오용으로 보인다. '봄여름 가을에 피는 꽃은 모두 빨갛다.'라고 규정했기 때문이다. 꽃 색깔은 여러 종류다. 그런데 계절과 관계없이 '꽃은 모두 빨간색'이라는 단정적 표현을 하고 있다. 중장 '바람의 바깥'과 '구름의 안쪽'은 어떤 비유인지는 모르나 구름과 바람은 안과 밖을 구분 지을 수 없는 대상물이다. 중장은 초장과는 무관한 장의 연결이다. 즉 꽃의 색깔과는 크게 연관이 없는 것 같고 종장은 어법이 맞지 않을 뿐 아니라 논리상으로도 맞지 않는다. 종장 역시 초장이나 중장과는 무관한 장이 되며 음수도 3.8.5.2로 통일안 규칙을 벗어나고 있다. 꽃이 시적 대상인데 중장과 종장은 꽃과 아무런 연관성을 유지하지 못하고 있다.

④
　　입 꼬리만큼/ 마음의 꼬리를/ 끌어올리고
　　사유는 반만 접어 무릎 위로 올린다
　　그믐을/ 흘러들어온/ 달빛이/ 정박 중이다

　　떠날 듯 머무를 듯/ 잠길 듯 떠오를 듯
　　뺨에 물린 손가락으로/ 고요를 짚는 동안
　　눈초리/ 휘어진 달빛이/ 그믐을/ 빠져나간다

　　　　　　　　　　　　　　　　　　「반가사유」

작품의 제목이 '반가사유(半跏思惟)'이다. 상당히 추상적인 말이다. 사유(思惟)는 ①생각하고 궁리함 ②개념, 구성, 판단 등을 하는 인간의 지적 작용을 말하는 말로 추상적 개념이다. 추상적 개념을 주제로 하여 작품을 쓰기란 어렵기도 하거니와 본문에 구체적 사물을 끌어들여 비유하기란 더욱 어렵다. 왜냐하면 제목 자체를 형상화하기가 매우 어렵기 때문이다. 제목의 상(象)이 떠오르지 않는데 본문에 어떤 보조관념을 도입하는 것은 거의 불가능에 가깝다. 만약 '반가사유상'이라는 제목이 붙으면 우리는 경험이나 학습을 통하여 그 실체를 기억하고 있으므로 그 상(象)을 분명히 이해할 수 있다.

그래서인지 본 작품의 내용 역시 추상적이다. 독자에게 어떤 상(象)이 잡히지 않는 시어의 조합으로 이루어져 있다. '마음의 꼬리', '반만 접은 사유', '그믐을 흘러들어온 달빛', '뺨에 물린 손가락', '고요를 짚다', '눈초리 휘어진 달빛', '그믐을 빠져 나간다.' 같은 표현은 신선하다고 생각할 수는 있겠으나, 실체가 없어 독자와의 소통에 많은 지장을 준다.

문장 구성을 보면 다음과 같다.

첫수 초장은 소절이 셋이다. '마음의 꼬리'는 붙어 다녀야 완전한 의미가 생긴다.

첫수 종장 "그믐을/ 흘러들어온/ 달빛이/ 정박 중이다"
  음수가 3.5.3.5이므로 후구를 역진으로 해야 한다.
둘째 수 종장 "눈초리/ 휘어진 달빛이/ 그믐을/ 빠져 나간다"
  음수 배열이 3.6.3.5로 후구 역시 역진을 해야 한다.

(3) '낯설게 하기'의 오해

햇살의 고요 속에선 ㅉ ㅉ ㅉ, 소리가 나고
바람은 쥐가 쏠 듯 ㅅ ㅅ ㅅ, 문틈을 넘고

후두엽 외진 간이역 녹슨 기차 바퀴 소리.

　　　　　　　　　　　　　　***의 「귀로 쓴 시」

　"ㅉ, ㅅ"은 음소(音素)로 한글은 자음+모음이 되어야 하나의 소리를 낼 수 있는 음절(音節: 소리마디: '학교'는 두 개의 음절)이 된다. 음절이 모여 어절(語節: 문장을 이루는 도막)이 되고 비로소 문장의 기능을 하는 의미를 만들게 된다. 예를 들어 "<u>학교에</u> <u>공부하러</u> <u>간다.</u>"는 세 어절로 이루어진 문장이다.

　시조의 구성 요소 중 하나가 구(句)에서 의미의 생성이 되어야 한다고 했는데 위 예문 "ㅉ"이나 "ㅅ"은 의미가 생기지 않는다. 당연히 정형의 틀에서 벗어난 형식을 취하고 있다. 이 글의 화자는 단순히 "낯설게 하기"의 방편으로 이렇게 한 것까지는 좋으나 의미를 만들어내지 못한다는 점은 염두에 두지 못한 것 같다. 종장 전구까지는 언어의 조합을 새롭게 하였으나 '바퀴 소리'라는 체언으로 마감을 한 점은 아쉽다. 특별한 경우가 아니면 대체적으로 종장 말미의 체언(명사)은 주체적 역할을 하게 되므로 술어를 요구하게 된다.

　예를 들면 종장에서 "후두엽 외진 간이역 녹슨 기차 바퀴 소리."로 마감을 했다면 이때 '바퀴 소리'는 술어를 필요로 한다. 주체로서 '바퀴 소리는(가) 요란하다, 바퀴 소리가 들린다, 귀를 찢는다.'와 같은 술어가 뒤따라 나와야 완전한 의미 단위가 생겨난 구(句)로 볼 수 있다.

　"녹슨 기차 바퀴 소리(가) 후두엽 외진 간이역(에)"처럼 해도 불완전 문장이 된다. 다시 말해 기차 소리가 간이역에 사는지, 지나가는지, 낮잠을 자는지 독자로서는 알 길이 없다. 이는 화자가 마무리를 지어주지 않았기 때문이다. 종장은 반드시 마감을 해서 화자의 각오, 결의나 결심, 사상, 등을 메시지로 행간에 숨겨두어야 맛이 있다.

　이 밖에도 "타고난 사람 8자 Zero라 탓을 말고"처럼 기호와 혼용하여 쓰는 것, "36.5+36.5"처럼 수학 공식을 쓰는 것 등도 적절하지 못한 시작법(詩作法)이다.

> 눈길 줄 곳 마땅찮아
> 너도 나도 숫자 센다
>
> 9-8-7-6- 5-4-3-2-1
> 땡, 하며 문 열리자
>
> 한통속 인연도 잠시,
> 등 돌려 사라진다
>
> ***의 「외면시대」

이 작품은 같은 승강기를 타고 내려오면서 서로 모르는 사람처럼 속으로 층수만 세고 있다는 내용이다. 중장 "9-8-7-6- 5-4-3-2-1"처럼 숫자로 쓴 것이 '낯설게 하기'의 본 모습은 아니다. 더구나 이는 시조의 전구가 되지 못한다. 숫자와 '-'라는 기호가 시조가 될 수는 없다.

(4) 문장의 호응

문장의 호응은 글이나 말속에서 어떤 특정한 말 다음에는 반드시 어떤 특정한 말이 따르는 제약적 쓰임을 말하는 것으로 어떤 요소가 나타나면 반드시 다른 요소가 나타나야 하는 제약적 관계이다.

예를 들면 "결코"라는 말 뒤에는 "~ 지 않다."라는 부정어가 나타나야 한다.

문장의 호응에는 ① 높임말, ② 시간을 나타내는 말 ③ 주어와 서술어 ④ 부사어와 서술어 ⑤ 목적어와 서술어 ⑥ 사동사와 서술어 등에서 나타난다.

①은 "선생님이 나에게 책을 주었다.(주셨다)" ②는 "그는 어제 놀러 간다.(갔다)"

③은 "비바람이 불었다.(비가 오고 바람이 불었다.)" ④는 "결코 나는 밥을 먹었다.(먹지 않았다.)" ⑤는 "차에 사람과 짐을 실었다.(차에 사람을 태우고 짐을 실었다.)" ⑥은 "선생님이 나에게 그 사람을 소개해 주었다.(그 사람을 소개시켜 주셨다.)

이외에도 '별로' 다음에는 "~없다, ~하고 싶지 않다,"(예: 나는 공부하고 싶은 맘이 별로 없다.) '전혀' 다음에는 '없다'(예: 나는 가고 싶은 생각이 전혀 없다.)처럼 부정어가 따라오게 되고, '불구하고' 다음에는 '~ 잘 한다'(예: 작은 체구에도 불구하고 운동을 잘한다.) '반드시' 다음에는 '~ 해야 한다.'(사람은 반드시 윤리 도덕을 지켜야 한다.)와 같은 긍정적 표현이 나와야 문장의 호응이 잘 되며 어법에 맞는 표현이 된다.

매어 온 이랑길이
뒤돌아 세지 말고

매어갈 이랑길이
눈짐작 세지 마라

되보고 앞서 견준들
줄고 늘지 않느니

***의 「오늘을 열심히」

이 예문은 어법에 맞지 않는다. '세다'는 타동사로 목적어를 필요로 한다. 여기서 '눈짐작으로 세지 말라.'는 의미지만 '-으로'라는 부사격 조사를 생략하였기 때문에 타동사로 쓰인 것처럼 읽힌다. 즉 '눈짐작을 세지 마라'는 엉뚱한 오해를 가져올 수도 있다. '눈짐작으로 세다'는 '어림잡아 헤아린다.' 뜻이지만 '눈짐작을 세다.' 하면 '눈짐작을 헤아려 보라'는 의미이므로 전혀 다른 결과를 초래한다. '이랑길이'는 '이랑 길을'처럼 목적격 조사를 사용해야 맞는 표기이다. 중장의 '이랑길이'에서 주격조사 '이'는 '도'라는 보조사로 바꾸어야 한다. 문장의 호응은 장과 장, 구와 구, 절과 소절에도 적용되며 조사의 사용이 적절한지도 살펴봐야 한다. 문장의 호응이 안 되면 흐르던 물이 장애물에 걸리는 현상과 같다.

주체가 자동사를 취하느냐, 타동사를 취하느냐에 따라 쓰이는 조사도 달라진다. 문장의 호응이 잘 이루어지려면 조사나 연결어미가 제대로 쓰여야 하며 반어적이거나 역설적인 표현이 아니라면 논리에도 맞아야 한다. 예를 들면 '비 오는 달밤에 우산을 함께 쓰고' 같은 표현이다. 또 '밥을 먹는다'라고 해야지 '밥이 먹는다'라고 하면 전혀 다른 표현이 된다. 그러나 '욕을 많이 먹었더니 배가 부르다'는 말은 역설적이지만 말이 된다.

문장의 호응과 관련하여 반어법과 역설법이 문장의 호응이 안 되는 것 같지만 이는 확실한 차이가 있다. 반어법은 본래의 뜻을 강조하거나 표현의 효과를 높이기 위하여 실제 표현하고자 하는 뜻과는 반대되는 말을 쓰는 표현 방법이다. 예를 들면 일을 잘못 처리한 경우를 두고 '잘했군, 잘했어'라고 표현하는 방법과 같다. 역설법은 어떤 이치를 어긋나게 표현하여 또는 모순된 표현을 하여 본래의 뜻을 전하려는 수사법이다. 쉬운 예로 유치환의 "소리 없는 아우성"과 같은 표현법이다. 김영랑의 '찬란한 슬픔의 봄'도 같은 수사법이다. 이런 표현은 의미를 강조하거나 표현의 효과를 높이는 수단이 된다. 우리가 가끔씩 사용하는 '다 아는 비밀'이란 표현을 이해하면 된다.

고시조에서는 임제의 작품이 대표적이다.

북천이 맑다커늘 우장 없이 길을 나니
　　　산에는 눈이 오고 들에는 찬비로다
　　　오늘은 찬비 맞았으니 얼어잘까 하노라
　　　　　　　　　　　　　　　　　　　　-임제-

　종장에 '찬비 맞았으니 얼어잘까 하노라'는 찬비를 맞았으니 얼어 자는 것(춥게 자는 것)은 당연하지만 '여기서 말하는 찬비(한우(寒雨)는 기생 이름을 말한다. 중의적 표현으로 그 속내는 너와 더불어 따듯하게 자고 싶다는 반어법이다. 다음 예문을 보면 반어법임이 확실해진다. 임제의 시조를 듣고 기생 한우가 다음과 같이 답을 한다.

　　　어이 얼어자리 무슨 일 얼어자리
　　　원앙침 비취를 어디 두고 얼어자리
　　　오늘은 찬비 맞았으니 덮혀 잘까 하노라
　　　　　　　　　　　　　　　　　　　　-한우-

　종장에 가서 '찬비 맞았으니 덮혀 잘까 하노라'는 들판에 내리는 차가운 비가 아니라 한우 자신이다. 즉 '나(寒雨: 찬비)를 만났으니 따듯하게 잘 것'이라는 중의(重義)적이며 희언법적(戲言法的) 표현이다.
　'찬비 맞았으니'가 중의적이다. '비를 맞다.'와 '한우를 맞이하다'라는 이중적 표현을 잘 살려낸 기법이다. 찬비를 맞고도 덮게 잔다는 것은 역설적이며 재치가 담긴 표현이다.

　　　따끈한 찻잔 감싸쥐고 지금은 비가 와서
　　　부르르 온기에 떨며 그대 여기 없으니
　　　백매화 저 꽃잎 지듯 바람 불고 날이 차다

***의 「바람불어 그리운 날」

이 작품은 초장 중장의 전구와 후구를 바꾸어야 호응이 되는 문장이다. 즉 '지금은 비가 와서 따끈한 찻잔을 감싸 쥐고/그대 여기 없으니 온기에 부르르 떨며'처럼 해야 어법이 맞는다. 강조나 역설적 표현으로 보기도 어렵다.

13. 체험과 상상력

상상력이란 아직 일어나지 않은 일이나 존재하지 않는 대상을 그려보는 것으로 공상(空想)과는 다르다. 여기서 말하는 상상력은 반드시 경험이나 체험에 근거한 것이지만 공상은 경험하지 않은 것, 즉 현실적이 아니거나 실현될 가망이 없는 것을 마음대로 상상하는 것을 의미한다. 이처럼 과거의 경험(체험)에 바탕을 둔 상상력은 시조의 핵심 중 하나라고 할만하다.

시조의 4대 요소를 열거해 보면 ① 음악적 요소인 운율, ② 회화적 요소인 심상, ③ 의미적 요소인 화자의 결의, ④ 외형적 요소 등이다. 그러나 필자는 5대 요소라 하여 ⑤ 체험을 통한 상상력을 더 추가하고 싶다. 그만큼 상상력은 시조의 맛을 내는 중요한 요소이다.

①
　　내 마음 버혀내어 별 달을 만들고져
　　구만리 장천에 번듯이 걸려 있어
　　고운 님 계신 곳에 가 비추어나 보리라
　　　　　　　　　　　　　　　　　　-정철-

②

동짓달 기나긴 밤을 한 허리를 버혀 내여
　　춘풍 니블 아래 서리서리 너헛다가
　　오론 님 오신 날 밤이여든 구뷔구뷔 펴리라
　　　　　　　　　　　　　-황진이(청구영언 진본)_

　　①, ②는 고시조 중에서 상상력이 뛰어난 작품이다. '내 마음을 베어낸다'든지 '밤 허리를 베어낸다'는 표현은 모두 실체 없는 공상이 아니라 존재하거나 경험해본 근거에서 나온 상상이다.
　　상상력은 시조를 맛나게 만들고 낯설게 만들며 예술성을 높인다.

③
　　가모가와 경찰서 앞을 무겁게 지나노라니
　　문득 철창에 갇힌 윤동주가 뛰어 나와
　　지금은 어떠하냐고 조국 안부 묻는다.
　　　　　　　　　　　　　김해석의「윤동주 생각」

　　화자가 일본 여행 중에 윤동주가 갇혀 있던 가모가와 경찰서 앞을 지나가게 되었는데 안내자의 설명을 듣고, 살아 있는 윤동주가 갇혀 있는 그 감옥에서 뛰쳐나오며 조국의 안부를 물을 것 같다는 상상을 하면서 이 글을 지었다고 했다. 정말 뛰어난 상상력이다. 이런 점이 바로 시조의 맛이 아닐까.
　　윤동주 사건이나 작가가 그 철창에 갇힌 윤동주를 상상한 것도 과거에 일어난 사건이지만 마치 현재 눈앞에서 벌어지는 사건처럼 생동감 있게 현재 시제로 마감하여 시간의 개념을 초월하고 있다.
　　비록 초장이 과음수이긴 하지만(17자) 상상력의 동원 기법은 아주 훌륭하다. 상상력은 이처럼 작품을 맛깔나게 만들며 품격을 높여 주는 역할을 한다.

②
　　평화의 집 지른 빗장 암호 풀고 들어서면
　　솔숲에 묻어 있는 한 무더기 소 울음이
　　숨 멎은 철마를 잡고 민통선을 달리자네
　　　　　　　　　　　　　　신미경의 「판문점」

　이 작품은 남북 정상이 판문점에서 역사적인 만남을 계기로 아픈 과거를 모두 덮어버리고 이 땅에 영원한 평화를 이룩하자는 국민의 염원을 담아 쓴 것이다. 역시 상상력이 매우 뛰어나다. 원관념을 감추고 보조관념만으로 화자의 심정을 잘 표현하고 있다.
　초장에서 '암호'를 푼다는 표현도 '낯설게 하기'이다. 암호를 풀 수가 없어 못 가본 땅이었다. 그 암호는 이념이란 비밀번호를 맞추어야 풀리며 오직 양쪽 최고 권력자만이 풀 수 있는 비밀번호이다.
　중장에서 정주영 회장이 소 떼를 몰고 가던 그 모습을 그려내고 있다. 천여 마리의 소가 낯선 땅에 들어서며 '음매, 음매' 하고 울었을 것이다. 왜냐하면 짐승일망정 목숨을 담보로 문이 열렸기 때문에 자신들의 미래가 향후 어떻게 전개될지 알 수 없어서, 또는 고향으로 되돌아갈 수 없는 자신의 신세를 한탄하면서 펑펑 울었을 것이라는 상상을 해보면, 짐승의 애절한 그 울음소리가 아직도 솔숲에 남아 있는 것 같은 환청에 사로잡히게 된다. 이 역시 상상력이다. '묻어 있다'라는 표현도 신선하다. '소리'는 들리는 것이라는 관념 속에 있었다. 그래서 '들리는 듯하다, 또는 귀에 쟁쟁 울린다.' 같은 표현은 일상화된 언어이지만 '소리가 묻어 있다.' 또는 '소리가 배어 있다.'라는 표현은 같은 의미임에도 불구하고 왠지 낯설게 느껴진다. 이런 표현을 '신선하다'고 하는 것이다.
　그리고 종장에서는 남북이 화해하고 휴전선을 없애자는 희망으로 마감하였다. 아마 화자는 이미 잠자는 열차를 깨워 평화의 땅을 여행 중인지도 모르겠다. 온 민족의 염원이 이루어지기를 간절히 소망하는 화자의 간절한 마음이 엿보이는 대목이다.

14. 메시지

　문학 작품에 있어 메시지란 그 작품에 담겨 있는 의도나 사상을 말한다. 여기서 '의도와 사상'은 화자(작가)의 사상과 철학을 대변하는 것으로 작품 전체를 통하여 독자에게 전하고 싶은 바가(주장하는 내용) 무엇인지 파악하게 된다. 메시지를 담아내는 방법은 작품 속에 등장하는 사물이 의인화된 모습으로 독자를 만나거나, 작품 전체를 통하여 전달하기도 한다. '하여가'는 자연 현상을 빗대어 상대방의 의중을 떠보고 있지만, 세상살이를 모나게 살지 말고 둥글둥글 살라는 메시지를 전하고 있으며, '단심가'는 비유를 통하여 상대방에게 변절을 확실하게 거부하는 자신의 의중을 은연중에 전달하는 방식으로 메시지를 담아내고 있다.
　즉 우리는 종종 '행간을 읽는다.'라는 말을 하는데 이 행간이란 의미가 메시지에 해당한다고 본다. 시조문학에서 자연 현상이나 선경만을 그려내는 것만으로는 메시지를 담아내는 것은 쉬운 일이 아니다.

①
　　검으면 희다 하고 희면 검다 하네
　　검거나 희거나 옳다 함이 전혀 없다.
　　창호로 귀 막고 눈 막아 듣도 보도 말리라
　　　　　　　　　　　　　　　　　　　　　-김수장

②
　　구름이 무심탄 말이 아마도 허랑하다.
　　중천에 떠 있어 임의로 다니면서
　　구태여 광명한 날빗츨 따라가며 덮느니
　　　　　　　　　　　　　　　　-이존오

　①은 당파싸움의 부당함을 지적한 글이다. 문장 어디에도 당파싸움 얘기는 안 나오지만 글 전체를 통하여 주는 메시지는 무엇일까? 위정자들에 대한 질책이다. 언제나 백성을 위한다는 핑계를 대지만 그 속내는 계산된 자기 이익이 깔려 있다, 그러니 온당케 보일 리가 없다. 오죽하면 귀 막고 눈 가려 살고 싶다 했겠는가.
　②는 고려 공민왕 때 간승(奸僧) 신돈의 횡포를 보고 이를 탄핵하다가 좌천되어 낙향한 이존오의 작품이다. 이 작품에서는 비유를 통하여 독자에게 메시지를 전하고 있다. '구름', '무심하다', '허랑하다', '임의로 떠다니다', '광명한 날빗츨' 같은 비유로 글을 엮어 화자의 견해를 행간에 숨겨둔 작품이다. 즉 임금의 눈을 가리는 간신배들을 조심하라는 메시지를 숨겨두었다. 요즘도 우리는 '눈을 가린다.'든지 '콩깍지를 씌운다.' 같은 말을 사용하는데 사욕을 취하기 위해 간신배들은 예나 지금이나 권력자의 눈을 가리는 것은 변할 수 없는 진리인가 보다.

①
　　도심 하구 떼밀려 온 장삼이사 모래알들
　　뉘엿한 해 등에 지고 스크럼을 짜고 있다.
　　발치엔 무저갱(無底坑) 바다 아가리 쩍 벌리고
　　　　　　　　　　　　이순권의 「종묘공원 삼각주」

②
　　모였다 흩어지는 일체 속의 티끌 한 점
　　억겁다생 부대끼다 장엄으로 이룬 절경
　　한 뼘 발 어디로 떼야 제 자리를 찾을까
　　　　　　　　　　　　　　김순자의 「대협곡을 보며」

③
　　여기요! 돼지고기 2인분씩 추가요
　　한 무리 단체손님으로 홀 안은 와자지껄
　　삼겹살 굽는 냄새에 지독히 허기 몰려
　　　　　　　　　　　　　***의 「늦은 식사」, -둘째 수

　　예문①은 퇴직자의 삶을 그려내고 있다. 젊은 시절 한때는 내로라하는 능력과 혈기로 직장에서 패기와 당당함으로 살았지만, 지금은 할 일이 없이 종묘공원에 놀러 나가 하루를 소일하는 퇴직자의 삶을 형상화하여 '장삼이사', '모래알', '뉘엿한 해', '스크럼', '무저갱' 등에 비유를 끌어들임으로써 퇴직 후의 답답한 심정을 전하고 있다.
　　무저갱(無底坑)이란 악마가 벌을 받아 한번 떨어지게 되면 영원히 나오지 못한다는 밑 닿는 데가 없는 구렁텅이를 말한다. 순진한 퇴직자들이 당하는 무저갱 바다인 셈이다. 퇴직자에게 일자리를 제공하지 못하는 사회 구조를 비판하고 있다.
　　예문②는 장엄한 대협곡을 보면서 신의 섭리를 새삼 깨닫고 어떤 삶의 이정표를 세워야 할지 고민하는 화자의 마음이 엿보이는 작품이다. 이 작품에서 화자가 말하고 싶은 메시지는 무엇일까? 유혹이 많은 세상에서 어떻게 살아가는 것이 정의롭고 올바른 길인지, 갈등하는 작품으로 심오한 철학적 의문을 던지게 하는 작품이라 하겠다.

예문 ③은 메시지가 없는 작품이다. 그냥 대화체로 된 일상어를 시조 형식에 맞추었을 뿐이다. 선경(仙境)이나 자연 현상은 아무리 잘 그려냈다고 하더라도 메시지를 담아내기가 어렵고 신선미와 생명력을 약화시키거나 상실케 하는 작품이 되기 쉽다.

지금 내가 왜 이 시조를 짓고 있는지 생각해 보면 무엇인가 독자에게 전하고 싶은 말이 있기 때문일 것이다. 이것이 핵심이다. 이 말(시어)을 다른 현상이나 사물에 빗대어 말하므로 서 자신의 사상과 철학 또는 속내를 은연중에 독자에게 전달해 주거나 아니면 세상을 향해 자기주장을 외치고 싶기 때문일 것이다. 이 전달해 주려는 내용을 숨겨 놓은 것이 메시지이며 이 행간을 찾아내는 것은 독자의 몫이 된다.

④
　　이른 봄 종로거리 꿈 다른 많은 꽃들
　　눈부신 설렘으로 이력서 목에 걸고
　　뿌리도 못 내리고서 이곳저곳 기웃대네.
　　　　　　　　　　　　　　　우수향의 「새내기」

이 작품을 보는 순간 이른 봄에 대학을 졸업하고 사회로 첫발을 내딛는 새내기 초년생이 떠올랐다. 종로 4-5가에 가면 많은 봄꽃들이 길가로 나와 새 주인을 기다리는 풍경을 볼 수 있다. 해마다 쏟아져 나오는 새내기들, 희망의 봄은 왔지만, 그들이 정착하여 꿈을 이룰 자리는 하늘의 별따기 만큼이나 어렵다.

초장 '꿈 다른 많은 꽃'은 여러 종류의 꽃을 표현하긴 했지만 '포부가 다 다른' 새내기를 말하는 것이다. 원관념은 감추고 보조관념만 나타나 있다. 중장은 상상력이 뛰어나다. '눈부신 설렘'은 새내기 졸업생들의 가슴 뛰는 희망을, "이력서 목에 건다."라는 말은 꽃에 걸린 이름표를 보면서 직장을 구하기 위해 이력서를 들고 여기저기 찾아다니는 모습을 그려내고 있다. 종장에 '뿌리를 못 내린다.'는 자리를 잡지 못했다, 즉 직장을 구하지 못했다는 의미로 역시 보조관념만으로 문장을 구성하였다.

    화자는 이러한 비유들을 환유의 공간적 인접성에서 찾아냈다. 그러면 화자가 독자에게 전하는 메시지는 무엇일까? 그들에게 일자리를 만들어 주라는 외침이다. 무수한 사람이 오가는 종로 길거리에서 새 주인을 기다리는 꽃의 모습에서 새내기들의 간절하고 애타는 눈빛을 발견해 낸 작품이다.

15. 시조 창작시 유의 사항

    시조 창작시 시조의 내외적 정체성을 유지하는 일은 필수적 사항이다. 특히 시조는 품격 높은 우리만의 독특한 전통 시로서 정체성을 가지고 있는 시이므로 그 품위를 손상시켜서는 안 되며 독자에게 아픔은 치유되고 절망은 희망으로 승화시키는 글이 되어야 노력해야 한다.

    일반적으로 유의할 점을 열거하면 다음과 같다.

      ① 반드시 시조의 정체성을 유지한다.
      ② 시적 대상을 설명하거나 묘사하지 않는다.
      ③ 명령조, 구호, 훈육, 비하(卑下), 냉조적(冷嘲的) 표현은 피한다.
      ④ 은유법 등 수사법을 적극 활용한다.
      ⑤ 이미 기호화된 말은 피하고 '낯설게 하기'를 시도한다.
      ⑥ 상상력을 동원한다.
      ⑦ 종장 첫 소절에 관형격 조사 '-의'를 사용하지 않는다.
      ⑧ 종장 후구 말미는 반드시 현재형 술어로 마감한다.(도치법인 경우 제외)
      ⑨ 초장, 중장은 순진법으로, 종장 후구는 역진법으로 한다.

⑩ 분리할 수 없는 말을 강제 분할하지 않는다.
⑪ 독자에게 희망을 주는 글이 되도록 한다.
⑫ 예술성을 살려낸다.
⑬ 공감 능력을 살려낸다. (자기만 아는 얘기를 쓰지 않는다.)
⑭ 가능하면 맞춤법을 지킨다.
⑮ 비유의 오용이나 남용을 피한다.
⑯ 반어법이나 역설법이 아니면 논리나 어법에 맞아야 한다.
⑰ 가능하면 순수한 우리말을 사용하나 옛말은 피한다.
⑱ 몇 번의 퇴고를 거친다.

제2절 연시조

연시조에는 두 가지가 있다. '聯時調'와 '連時調'의 구분이다. '聯時調'는 두 수 이상의 평시조가 하나의 주제 아래 두 수 이상의 단시조로 엮어낸 시조 형식을 말하고 '連時調'는 한 제목 하에 두 수 이상의 단시조로 된 시조형식을 말한다. 얼핏 보면 같은 말 같지만 주제는 하나이지만 그 내용에 있어 시적 대상이 하나 이상인가, 아니면 동일한 제목 하에 여러 수를 쓴 것인가에 따라 분류가 달라진다.

(사)한국시조협회에서는 현대시조의 대부분이 같은 제목을 두고 상(象)이 같은 두 수 이상의 작품을 짓기 때문에 '聯詩調'라 하지 않고 <連時調>라는 공식 명칭을 부여하고 있다.

<聯時調>는 각 수(단시조 한편)가 주제는 같지만 내용은 별개의 독립적 구조이다. 「오우가」를 예로 들면 주제는 「오우가」이지만 그 내용은 상(象: 시적 대상의 주체)이 각기 다르다. 즉, 주제는 「오우가」로 하나이지만 그 내용에 있어 시적 대상은 수(水), 석(石), 송(松), 죽(竹), 달(月) 등 5개의 각기 다른 상으로 단시조 지어 이 전체를 <오우가>라 하였다.

첫수: 내 버디 몃치나 하니 수석과 송죽이라/동산에 달 오르니 긔 더욱 반갑고야 / 두어라 이 다섯 밧긔 또 더하여 머엇하리//

둘째 수: 구룸 빗치 조타하나 검기를 자로한다/바람소리 맑다하나 그칠적이 하노매라 /조코도 그츨 뉘 업기난 믈뿐인가 하노라//

셋째 수: 고즌 무스 일로 퓌며서 쉬이 지고 / 플난 어찌하야 프르난 듯 누른나니 / 아마도 변치 않을 손 바회뿐인가 하노라 //

넷째 수: 더우면 곳 픠고 치우면 닙 디가늘 / 솔아 너는 덛디 눈서리를 모르난다 / 구천에 불희 고든 줄을 글로 하야 아노라 //

다섯째 수: 나모도 아닌거시 플도 아닌 거시 / 곳기는 뉘 시켜스며 속은 어이 뷔언는가 / 뎌러고 사시예 프르니 그를 됴하 하노라//

여섯째 수: 쟈근거시 노피떠서 만물을 다 비취니 / 밤듕의 광명이 너만 하니 또 잇느냐 / 보고도 말 아니 하니 내 버디인가 하노라 //

현대시조에서도 제목을 '양재천'이라 하고 소제목으로 '봄, 여름, 가을, 겨울'에 대하여 각각 단시조 한 편을 쓰고 이를 모아 '양재천'이라는 주제를 붙였다고 하면 상(象)이 다른 양재천의 사계를 읊은 시조이므로 聯詩調로 보아야 할 것이다.

봄
봄볕에 눈부신 듯 새싹들이 돋아나며
봄비를 기다리다 옹알옹알 말을 걸면
봄바람 어느새 와서 보슬비를 뿌려준다,

여름
잉어 떼 춤사위에 개구리도 뛰쳐나와
수초의 손을 잡고 밤새워 노래하면
풀꽃 든 화동들마다 둑방 따라 줄을 선다.

가을
유유한 양재천에 가을 엽서 도착하면
청계골 살던 청춘 황의(黃依)를 걸쳐 입고
보름달 하늘에 띄워 뱃놀이를 즐긴다.

겨울
청계산 넘는 구름 겨울 꽃을 안고 오면
환상의 나라인 듯 연인들이 모여들어
미래를 활짝 펴놓고 서사시를 그린다.

김달호의 「양재천의 사계」

따라서 본고에서는 (사)한국시조협회에서 정하고 있는 연시조(連時調)에 대하여 논하고자 한다. 이미 밝힌 바와 같이 연시조(連時調)는 단시조가 같은 제목 하에 두 수 이상 쓰인 작품을 말한다. 제목이 하나이므로 첫수는 물론 마지막 수까지 제목과 상(形象)이 연결되어 있어야 한다.

연시조는 평시조가 지켜야 할 조건을 수마다 지켜야 하는데 이를 독립성이라 말한다. 완결성은 수마다 독립적으로 완결된 상태를 유지해야 한다는 것이고 연관성은 각 수마다 제목과 관련성(關聯性)을 유지하고 있어야 한다.

1. 연시조

1) 각 수의 독립성(완결성)

연시조에서 말하는 독립성이란 수마다 독립적이어야 한다는 말이다. 다시 말해 단시조 한 편처럼 완전한 시조 형태를 유지하고 있어야 한다는 뜻이다. 단시조 한편과 마찬가지로 각 수는 각 장의 독립성, 장과 장, 구와 구의 연결성, 종장의 정체성 등의 요소를 반드시 갖추어야 한다. 이를 무시하면 자유시와 똑같아진다는 점을 유의해야 한다.

성불사(成佛寺) 깊은 밤에 그윽한 풍경 소리

주승(主僧)은 잠이 들고 객(客)이 홀로 듣는구나.
저 손아 마저 잠들어 혼자 울게 하여라.

댕그렁 울릴 제면 더 울릴까 맘 졸이고
끊인 젠 또 들리랴 소리 나기 기다려져
새도록 풍경 소리 데리고 잠 못 이뤄 하노라.
이은상의 「성불사의 밤」

이 예문을 보면 첫수나 둘째 수를 단시조 한편으로 해도 전혀 문제가 없다. 독립적이며 각각 완결된 상태를 유지하고 있다. 그뿐만 아니라 상(象)이 같은 '성불사의 밤'이라는 제목과 첫수나 둘째 수 모두 연관성을 유지하고 있다.

그러나 다음 예문을 보면 제목, 형식 등, 다른 점을 쉽게 발견할 수 있다.

눈발처럼 떠다니는 많고 많은 인파 속에
어쩌면 난 한낱 눈먼 스팸메일 같은 존재
무참히 구겨진 채로 휴지통에 <u>던져질</u>

눈길 한 번 받지 못한 외로 선 골방에서
팽개쳐져 들어 앉아 변명조차 잊었어도
엉켜진 오해의 시간 슬슬 풀 날 <u>기다리는</u>
***의 「스팸메일」

이 작품은 형상화한 화자의 아름다운 그림을 제대로 살려내지 못한 아쉬운 작품이다. 첫수나 둘째 수 모두 종장 마무리를 '던져질', '기다리는'처럼 관형어로 마감하여 다음 수와 연결을 시키고 있는 완전 비독립적이며 미완의 작품이다. 두 수가 같은 제목 하에 자유시 한편으로 짜인 작품으로 읽힌다.

2) 주제(제목)와의 연관성

각 편(수)마다 제목과 관련이 있어야 한다. 주제를 벗어나면 별도의 단시조 한편으로 분류해야 한다.

①
　　속진에 찌든 일상 먼지 털 듯 훌훌 털고
　　골물에 별이 뜨는 숲 속에 터를 잡아
　　오붓한 부엉이 한상 새 둥지를 틀었네

　　까투리 산토끼가 오순도순 더불어 살고
　　상큼한 사과 향에 싸리꽃 발갛게 피면
　　풀벌레 울음소리에 알밤 툭탁 벌어진다.

　　숲이 짜는 산울림은 오붓한 적요를 깨고
　　손수 심은 과목들을 살붙인 양 섬기는 삶
　　느긋한 그 손길 따라 꽃이 피고 새가 운다.
　　　　　　　　　김광수의 「율곡산방초(栗谷山房 抄)」

위 작품은 세 수짜리 연시조이다. 첫수는 은퇴자가 시골에 터를 잡고 사는 여유를, 둘째 수는 자연과 더불어 사는 모습을, 셋째 수는 주인이 과목을 자식처럼 사랑하는 진솔한 삶을 그려내고 있다. 세 수 모두 제목 '율곡산방초'와 연관성을 갖도록 짜진 작품이다.

②
　　해가 뜨면 새파랗고 별이 뜨면 까만 것이
　　날마다 누가 와서 색칠을 한 것처럼

하늘이 변해 있는데 그 사람이 누구일까
　　　　　　　　　　***의 「하늘」, -첫수와 둘째 수

아무리 재주 좋고 솜씨가 뛰어나도
손바닥을 뒤집듯이 뒤집어 논다는 건
세상도 우리 몸처럼 앞과 뒤가 있을 거다

둘째 수는 제목 하늘과는 연관성이 없는 듯 보인다. 둘째 수는 '세상'이 주체적 역할을 하고 있기 때문이다. 따라서 연시조의 조건을 충족시켰다고 볼 수 없다. 주제 '하늘'과는 그 상(象)이 매우 다르다.

우리가 시조를 지으면서 실수하기 쉬운 것이 바로 '것이'라는 시어이다. 이때 사용된 '것'은 쓰임새가 다양하기는 하지만 주로 관형사형 어미 '-는'의 뒤에서 서술격 조사 '이다'와 함께 쓰여, 그 사실을 강조하거나 설명함을 나타내는 말이다. 즉 설명문이 되기 쉬우므로 조심스럽게 사용해야 한다.

(1) 각 수의 비독립적 표현의 예시

연시조는 다음 수(연)로 넘어갈 때 앞 수의 종장 끝을 다음과 같은 연결어미로 마감해서는 안 된다. 단 도치법의 경우는 다르다.
　①둘 이상의 일이나 상태를 같은 자격으로 나타내는 말
　-으며, -하며 -며 등(and의 개념)이나 -면으로 끝내서는 안 된다.

몸 밖에 바람치며 몸 안에 새겨온 꿈
말갛게 퍼져가는 한 줌의 눈물 되어
둥글게 나이테 하나 몸 속 깊이 <u>새기며</u>

어쩌다 너의 무리 대관령 능선에서
푸르게 뿌리내려 바람에 빗장 걸고
하얗게 흔들리면서 세상 안부 묻는가
　　　　　　　　　　***의 「겨울 자작나무」, - 둘째, 셋째 수

첫수 종장 끝이 '맺으며'로 되어 있어 다음 수 초장과 연결되는 형태로 각 수의 독립성이 훼손된다.

한 폭의 수묵화로 내려앉은 사인암
골 안 가득 쌓인 적막 염주 알로 풀어내고
아득한 강물의 시간 문 한 짝을 <u>떼어내면</u>

모질게 뿌리내린 가슴 붉은 시 하나
구릉의 허리에서 잔뿌리를 흔들며
우각 뿔 머리에 달고 외로운 꿈을 간다.
　　　　　　　　　　　　***의 「사인암을 보며」

이 작품 역시 '떼어내면'처럼 연결어미로 마감되어 다음 수와 연결되는 문장 구성이다.

② 어떤 동작이 끝나고 다 음동작으로 넘어감을 나타내는 말
  -웃다가, -가다가, -하다가 같은 말(and의 개념)

엷어진 그 꽃잎이 한잎 두잎 떨어지고
퇴색된 그믐 달빛 빈 가슴을 채울 때쯤
빛바랜 하얀 옥양목 차가움에 <u>눈부시다가</u>

시들어 마른 꽃에 서리꽃이 피는 날에
동강나 재만 남아 불씨조차 꺼져버린
누우런 삼베조각만 빈 가슴에 서걱인다.
　　　　　　　***의「사랑, 피었다 지기까지」-3째수 4째수

3수 종장 '눈부시다가'는 4수와 연결고리가 된다. 연결고리가 없어야 독립성이 유지된다.

③ 앞 내용과 다른 내용을 말할 때 앞뒤 문장을 연결해 주는 말
 -였지만, -하지만처럼 -지만으로 끝나는 말

아직 남을 위한 텃밭이지 못했기에
실로 용맹 없는 척박한 얼굴이라도
왕성한 검은 생명들이 자유롭길 원하지만

검버섯 무늬 속에 여린 밭 터 잡으면
한 때 풀꽃이던 끈질긴 아내의 저항
굴종의 칼날에 잘려나간 가련한 나의 자존
　　　　　　　　　　　　***의「수염의 변」

첫수 종장 끝 '원하지만' 역시 다음 수와 연결하는 형태이다.

④ 앞 절의 내용과 뒤 절의 내용을 대립되도록 이어주는 말
 -며, -도와주었는데, 몰아치는데, -바뀌었는데

하늘하늘 춤추던 아지랑이 숨어버리고

제2장 현대시조 창작법 **209**

장엄한 청산만이 고고히 서 있구나
호수는 청람빛 하늘 품에 안고 <u>조는데</u>

파란 물 떨어질까 숨죽인 맑은 넋이
고즈넉이 아미 들어 우러러 본 천상에
그름이 활갯짓 훨훨 화엄경을 만든다.
***의 「구름」, 첫째 수, 둘째 수

첫 수 종장 끝 '조는데'라는 연결어미로 마감한 형태이다.

⑤둘 이상의 사실을 대등한 자격으로 나열하거나 일이 순차적으로 일어남을 나타내는 말
 -고 로 끝맺음을 하는 말(and의 개념)

깊은 밤 규원가에 문풍지 우는 소리
일찍이 능한 시문 치마 두른 원죄 앞에
부용꽃 서늘한 이마 돌아서서 <u>지우고</u>

난 곁에 다소곳한 버들가지 하얀 송이
가을 날 우뚝 솟은 연꽃 같은 노래마저
진흙 벌 캄캄한 속을 <u>뿌리내리지 못하고</u>

골안개 자오록이 온 몸으로 젖는 날은
뼈끝으로 새긴 곡자(哭子) 삼구홍타 예감하고
불살라 거두었던 시혼 먼 땅에서 빛나고.....
***의 「허난설헌」

첫수 종장은 '지우고'라는 연결어미로, 둘째 수 종장은 '뿌리 내리지 못하고'처럼 연결어미를 사용해서는 안 된다. 셋째 수 종장에서 '...'을 사용한 것은 열린 시조가 된다. 즉 화자의 결의가 없는 마감이 된다. "..."은 사용할 수 없다. 왜냐하면 종장은 화자의 결의나 각오가 있어야 하는데 ...은 화자의 감정이 전혀 들어가 있지 않은 상태가 되기 때문이다. 종장의 정체성을 벗어나는 시작법(詩作法)이다. 이러한 '.......'은 초장, 중장에서도 사용하면 안 된다.

⑥ 초, 중, 종장 어디에도 술어가 없이 명사로 끝내는 말

> 골목길 한 녘에서 지새워 입초(立哨)하며
> 시간을 셈하면서 세상 지키는 외등
> 가슴팍 저미어 오는 못자국의 <u>아픔이</u>
>
> 흑암의 강물 넘치어 흘러도
> 부드러운 속살 드러나는 아침을 맞아
> <u>당신의 피 한 톨로 온 몸 적신 새벽 길</u>
>
>   ***의「새벽기도 가는 길」

첫수 종장은 '아픔이'라는 체언으로, 둘째 수 종장은 '새벽 길'이라는 체언으로 마감하였다. 종장 말미는 현재형 종결어미라 와야 한다. 명사에는 '-다, 이다'와 같은 서술형 조사를 붙여야 한다. 위 예를 든다면 '아픔이'는 '아픔이다'로, '새벽길'은 '새벽길이다.'가 되어야 한다.

'나무'는 '나무다'처럼 3자를 맞추기가 쉽지만 받침이 있는 말 '아픔+이다', '새벽길+이다'처럼 된다.

⑦ 관형어로 마감하는 것

공주의 옷자락이 휘날리는 조랑말에
탐라 사내 뛰어올라 초원을 내달렸다.
성곽은 허물어져도 바람의 말 <u>지키자던</u>

강생이 몽생이도 저들의 말 내려 전해
잘리고 흩어져도 숨길 이은 탯말 조각
박물관 진열장에 들까 숨비소리 <u>떨리는</u>

유배도 항쟁도 아닌 갈 옷 속에 살아온 말
천년 왕국 부활하듯 쟤기쟤기 옵서예
삼성혈 돌하르방은 쉬영감서 목이 쉰다.

　　　　　　　　　　　　　　　***의 「혼저 옵서예」

첫수 종장 관형어 마감은 둘째 수에서 처음 나오는 체언을 수식하게 되어 자유시가 된다.

⑧ 기타 수단을 나타내는 말
  -으로(로)

등 굽은 먹빛 가지 짐짓 딴전 피우다가
연초록 물 머금고 보슬비 껴안더니
얼결에 아주 여신으로 보란 듯이 <u>앙감질로</u>

박새가 우듬지에 풀무질 분주하고
아가야 뒤뚱뒤뚱 걸음마 배울 때 쯤
조것 봐, 불 끝에서 확 일어선 불꽃 하나
　　　　　　　　　　　***의 「봄 아직 살아있다」, 첫수 둘째 수

첫수 어디에도 종결 어미가 없다. 더구나 종장 끝이 '앙감질로'라는 부사어로 연결되어 다음 수와 계속 연결되는 형태의 연시조이다.

⑨ 주제와 연관성이 없는 말

첫 새벽 이슬을 샛별이 먹고요
그 이슬 먹다 남은 건 아침해가 먹고요
참새는 수수대 끝에서 도리질만 먹지요

개는요 암탉 쫓다 헛발질만 먹어도요
쇠비름 콩 이파리는 망아지가 먹고요
염소는 에미 없이도 슬픔까지 잘도 먹지요

매미는 씨롱씨롱 정치밥을 먹고요
들판에 허수아비는 씨나락만 까먹고요
나는요 뜬구름 따라 외상술만 먹지요

***의 「야생일지」

이렇게 앞 수의 종장 끝을 마감하게 되면 이 종장은 다음에 오는 수의 초장과 문장 구성상 연결되는 형태가 되기 때문에 연시조의 각 수 독립성이라는 정체성은 사라지게 된다. 화자는 각 장의 말미에 '하고요'라는 각운을 두려는 조치였겠지만 정체성에서는 벗어난다.

주체가 아홉이나 된다. 일기 내용을 옮겨 적은 모양을 취하고 있다.

제3절 줄바꾸기(행갈이) 하는 법

　단시조의 각 장(행:行)은 소절, 구(句), 또는 이들의 연합으로 구성되며 연시조는 두 수 이상의 단시조 연합으로 구성된 작품으로 행갈이의 주된 목적은 시각적, 청각적 이미지의 강조와 효율적인 운율의 창조를 위한 조치로 그 필요성이 요구되며 화자 또는 독자의 정서적 환기를 위해 필요하다.
　김소월의 「산유화」를 보면 그 행갈이가 어떻게 화자의 감정을 드러내고 있는지 알 수 있다.

　　산에는 꽃 피네
　　꽃이 피네
　　갈 봄 여름 없이
　　꽃이 피네.

　　산에
　　산에
　　피는 꽃은
　　저만치 혼자서 피어 있네.

　　산에서 우는 작은 새여
　　꽃이 좋아
　　산에서
　　사노라네.

　　산에는 꽃 지네

꽃이 지네
　　갈 봄 여름 없이
　　꽃이 지네.
　　산유화'

　자유시는 시어의 강조나 화자의 감정에 따라 임으로 줄 바꾸기를 할 수 있지만 이와 다르게 시조는 장과 장을 중요시하므로 여기서 행갈이를 하는 것이 원칙이다. 개화기 이후 시조는 모두 장(章) 단위의 행갈이를 하였다.
　그러나 화자의 정서적 감정을 환기시키거나 시각적 효과를 거두려는 의도에서 구와 구 사이에서도 줄바꾸기 하는 경우를 종종 본다.

①
　　이 몸이 죽고 죽어 일백 번 고쳐 죽어
　　백골이 진토 되어 넋이라도 있건 없건
　　임 향한 일편단심이야 가실 줄이 있으랴
　　　　　　　　　　　　　　　　-정몽주-

　고시조는 대부분 이런 형태이다. 그러나 현대시조는 개화기에 들어오면서 하나의 장을 구별로 묶는 행갈이의 변화를 시도하였고, 지금까지 하나의 정체성처럼 굳어져 가고 있는 현상이다.
　(사)한국시조협회 <시조 명칭 및 형식통일안>에서도 이를 인정하고 있다. 특히 종장에 가서 예문②처럼 하는 방식이 유행하고 있다. 이 <통일안>에서는 장의 구와 구를 두 줄로 쓰되 장과 장 사이에는 한 줄을 떼도록 권장하고 있다.

②
　　싸리꽃잎 떠 흐르는

지리산 속 맑은 여울

태고한 그 숨결로
열어놓은 하동포구

은어 떼
펄펄 뛰노는
물결마저 은빛이다.

김광수의 「고향서정 9」

예문 ①은 전통적인 행갈이 모습이다. 그러나 이와 다르게 ②는 구(句)에서 행을 바꾸고 종장 전구에서는 소절 단위로 행갈이를 하였다. 이는 화자의 정서적 감정이 '은어 떼'에 최고 방점을 두었기 때문이다.

그러나 행갈이를 너무 많이 하게 되면 화자의 방점이 흐트러지게 되고 운율에 지장을 받으며 시조에서 중요시하는 소절 또는 구에서의 의미의 생성 단위가 깨질 염려가 있다.

③
계곡물
소리는 내 귀를
씻어내고
풀벌레
울음소리 심장을
파고들며
서늘한
바람 한 자락
속세를 잊게 하네

***의 「산사의 풍경」

이 작품은 행갈이를 소절별로 하였다. 화자가 이처럼 행갈이를 한다는 것은 행갈이 한 곳을 한 호흡으로 읽으라는 메시지이다. 호흡 단위 행갈이 법이다. 이런 행갈이는 형식통일안에서 말하는 시조의 구와 장을 모호하게 만들기 때문에 허용하지 않는다.

④
  다
  저문
  강 마을에
  매화
  꽃,
  떨어진다.
  그 꽃을 만들기 위해 이 강물이 달려가고
  다음 질,
  꽃 다칠세라
  저 강물이 달려오고...

***의 「매화」

③과 비슷해 보이지만 다르다. 엄격히 말하면 10줄(行)짜리 자유시다.

특히 '매화꽃'을 강제 분할하여 '매화/꽃'처럼 행을 바꾼 것은 도저히 시조로 보기 어렵다. 종장 말미를 '...'처럼 열어 놓은 것은 더더욱 난감하다.

종장 첫 소절 '다음 질'은 첫 마디 3자로 볼 수 없다. '질'은 그다음에 나오는 '꽃'을 수식하는 말이다. '다음 질'이라는 낱말은 없다.

행갈이의 일반적 효과는 어느 시어를 강조하기 위함인데 어느 말이 앞에 오느냐에 따라 다음과 같이 달라진다.

　행갈이에 따라 강조되는 마을 보면 다음과 같다.

　"그는 산사에 가서 낡은 석탑을 보았다."라는 글을 보기로 한다.

　　가. 그는 산사에 가서
　　　　낡은 석탑을 보았다.------'산사와 석탑'을 강조
　　나. 그는
　　　　산사에 가서
　　　　낡은 석탑을 보았다.--------'그는, 산사, 석탑' 강조
　　다. 그는
　　　　산사에 가서
　　　　낡은
　　　　석탑을 보았다.------------'그는, 산사, 낡은 석탑'을 강조
　　라. 그는 산사에
　　　　가서
　　　　낡은 석탑을
　　　　보았다.--------------------'그는, 가서, 낡은, 보았다'를 강조

　　마. 그는 산사에 가서 낡은
　　　　석탑을 보았다.--------------'그는, 석탑' 강조
　　바. 낡은
　　　　석탑을 보았다. 그는 산사에 가서----'낡은, 석탑'을 강조(도치법 문장)

　이처럼 어느 부분에서 줄바꾸기를 하느냐에 따라 강조하는 부분도 다르게 된다. 그러나 시조는 줄바꾸기에도 일정한 규칙이 있다. (사)한국시조협회에 만든 행갈이(줄 바꾸기)를 보면 3장으로 하거나 각 장을 구 단위로 행갈이를 할 수 있으나 구 단위로 할 때는 장과 장의 구분을 위해 장과 장 사이를 한 줄(行)

을 더 띄도록 권장하고 있다.

다음 예문은 <통일안>에서 허용된 행갈이 법으로 예문을 보면서 이해를 돕기로 한다.

① 장별로 하기(일반적 시행)
①-1
    봄 처녀 제 오시네 새 풀 옷을 입으셨네
    한약 구름 너울 쓰고 진주 이슬 신으셨네
    꽃다발 가슴에 안고 뉘를 찾아오시는고.

    님 찾아 가는 길에 내 집 앞을 지나시나
    이상도 하오시다 행여 내게 오심인가
    미얀코 어리석은 양 나가 물어 볼까나.

                                  이은상의 「봄 처녀」

② 전구 후구를 묶어서 하는 경우
    어깨를 투욱 치며/
    반기는 벗 만난 저녁//

    소주 한 잔 하자는 걸/
    시간 없다 핑계대고//

    싸락눈 내리는 거리를/
    하염없이 걸었다.//

    *(/)표시는 구를, (//)는 장을 나타냄
                                김광수의 「그 사람은」

다음의 예문들은 모두 <통일안>에서 권장하지 않는 행갈이다.

③ 소절별 줄바꾸기
   기계 속으로
   빨려
   들어가는
   저 황금 빛

   시간은
   야금야금
   누가
   갉아 먹는가

   이제는
   색을 비우고
   자서전을
   써야 할 때.
                                               ***의 「논」

④ 혼합형 줄바꾸기

④-1
   가을 산
   다녀와서
   홍시처럼 앓는 여인

   가슬가슬한
   이마 위에

낙엽 타는 냄새가 난다.

단풍만 담으라 했는데

불을 안고
왔
는
지

         ***의「붉은 감기」

④-2

 운다고
 가신 님이 올리야
 있겠냐만
 밤하늘 별빛 속에 첫사랑
 그리울 때
 나 홀로 가슴 조이며 샌 일 알아주

        ***의「님오시거든」, 첫수-

 시행 바꾸기는 여러 가지가 있겠으나 바람직한 방법은 ①②번이다. 시조는 내용(예술성)이 돋보여야지 겉만 화려하게 치장하는 것은 생각에 따라 다를 수는 있겠으나 바람직한 것은 아니라고 본다. ④-1, ④-2는 정체불명의 행갈이다.
 특히 ④-2의 초장에서 "올리야 / 있겠냐만"은 통사적 의미를 강제로 분할하여 행갈이를 한바 이는 어법에도 어긋나 있는 것이다. 종장 후구의 음수가 2.3으로 역시 어긋나 있다. 고시조를 보면 초장 중장 종장이 한 줄 내려쓰기로 되어 있으나 당시는 한글 맞춤법이 없던 시대이고 지금은 띄어쓰기와 문장부호

제2장 현대시조 창작법 **221**

까지 맞춤법을 지켜야 한다.

⑤ 피해야 할 줄 바꾸기
⑤-1
　　　겹
　　　겹
　　　이
쌓아 올린
해묵은 사연들을

　　　말
　　　아
　　　서
훝어 내려
눈물에 헹군 슬픔
　아직도
타다 남은 한! 빨래 줄에 바랜다.
　　　　　　　　　　　　　　***의 「한(恨)」

⑤-2
***의 「님오시거든」

＞
예 오실 때는 나 본 듯이 안아주

위에 나열된 행갈이 방법은 모두 멋 내기 식이다.

⑥ 기타 이상한 표기의 작품들

⑥-1 띄어쓰기를 무시한 작품
　첫차타고눈감으니선들이꿈틀댄다잠덜깬바다속으로물감되어가라앉아저너른새벽어장에먹물풀어편지쓴다.
***의「완도를 가다」, 둘째 수

⑥-2 장과 장이 구분 안 된 작품
　더딘 우리 사랑도 눈물 콧물 닦아주며 한 없이 걷다보면 몇 겁을 건너 와선 저렇게 들꽃으로 환히 다시 피어날 일이네.
***의「화석」

⑥-3 연시조 수와 수가 구분 안 된 작품
　잘려지고 꺾어지는 아픔과 고통 없이
　뻗힌 가지 가운데로 살고 싶은 길을 찾아
　산천을 헤매었어요 선택되기 전까지는
　내 바라던 모습 아닌 그분이 원하는 대로
　구내 원하는 모습 아닌 그분의 방식대로
　순종의 형상을 닮은 작품하나 만듭니다.
***의「분재 습작기」

위 예문은 자유시와 변별력이 없는 작품이다.

⑥-4 그림 그리기
　　　　한
　　　　　쪽
　　　　　　무릎
　　　　　　　세우고
　　　　　　　　새침하게
　　　　　　　　　앉아 있는
　　　　　　　　볼우물이
　　　　　　　　　너무예쁜
　　　　　　　　천상 여자
　　　　　　　여자 같은
　　　　　　　내 누이
　　　　　　　고운 눈썹이
　　　　　　산머리에
　　　　　　걸려
　　　　　　있
　　　　　네

　　　　　　　　　　　　　　　　　***의「초승달」

 시조의 정체성이 완전히 파괴된 기형적 작품이다. <낯설게 하기>란 이처럼 하는 외형적 미화(美化)가 아니다.

⑥-5 돛단배 그리기

　　　　사
　　　　 냥꾼
　　　　의공포
　　　　한발에달
　　　　이지는삼한의
　　　　　하류겨
　　　　　을어귀에
　　　　　나를내리고
　　　　　돌아가는빈배
　　　　　를
　　　　　보
　　　　　며
눈물을 보이지 않지만 그대 거짓은 너무 희다.
　　　　　　　　　　　　***의 「을숙도 삽화(挿畫)」

⑥-9 엇시조 형

냄새 밭 한 구석, 두 손 싹싹 비네.

여기저기 땅속 바다 헤엄치며 다니다가, 갑자기 튀어나오니 봄 햇살이 너무 밝네.

하느님 내려다보니 더욱이나 두렵네.
　　　　　　　　　　　　***의 「땅강아지」 전문

너무도 잔인한 세상 아닌가, 밭고랑 내딛는 걸음, 자꾸만 흔들리네.

떨리는 마음으로 하느님 바라보네.

콩새가 콩인 줄 알고 삼키면 어쩌나, 알겠네, 발바닥까지 비벼대는 마음을!

세 수로 된 연시조인데 엇시조 형으로 행갈이를 하였다. 아무리 내용이 좋아도 이런 식으로 줄바꾸기를 하는 것은 그 의도하는 바가 무엇인지 이해하기 어렵다. 단순히 남과 차별화를 위한 의도이거나 멋을 부리려는 의도라면 이는 지양(止揚)해야 할 행갈이 방법이다.

제4절 시조 품격

시조는 아름다운 우리말로 짓는 것이 제일 좋으나 외래어를 함부로 사용하는 것은 시조의 격을 떨구는 것이다. 부득이 써야 할 경우라도 반드시 부기를 해야 한다.

1. 외래어와 혼용

①

chirping chirping
볼수록 애교 만점
나누며 함께 살자 합창하며 춤을 춘다
놔둬라
야생으로 살아가게 거룩한 하늘 말씀
　　　　　　　　　　***의 「미국보스턴과 아틀랜틱시티」

②

하루 한 송이씩 물감 풀어 놓아 가면
if winter comes
can spring be for behind?
우리들 옛 할아버지께선 겻불도 쬐지 않는댔다.
　　　　　　　　　　***의 「소한도」, 둘째 수

③

탁록(啄鹿)10년 안타전 임란 7년 쑥대밭
'동북공정'"훅" 어허! 어허! '씨족공정 "훅" 어허이!

이어도 "잽", 독도 jap jap
"엎카드 '업카드', 허어이...

*** 의 「부도옹(不倒翁)」

④
타고난 사람 '8자'가 'Zero'라 탓을 말고
평생에 기회를 세 번이나 맞는다니
인생길 '∞' 앞세워서 무단히 도전 하시라

*** 의 「8자 풀이」, 둘째 수

이러한 시조들은 새로운 것이 아니라 시조의 기본 질서를 파괴하는 것이다. 시조는 우리말로, 우리 글로 된 민족의 영혼이다. 시조의 영혼을 지켜내야 한다. 시조는 품격 있는 문학 장르이므로 표현 하나하나에 신중을 기해야 한다. 물론 의도적으로 하는 경우가 없는 것은 아니나 이럴 경우라도 시조의 형식을 벗어나거나 의미를 훼손하는 것, 맞춤법을 무시한 것, 비하하는 것 등 여러 가지를 생각하여야 한다.

2. 시조는 품격이다.

①
작은 눈 납작한 코 지지리도 못난 얼굴
제 발로 고약한 냄새 코 찌르는 꼴불견
다음번 선거에서 상판대기 보자구

*** 의 「아줌마」

②
　조센진 빠가야로 악담하던 쪽바리들
　독도를 제 땅이라 다께시마 이름 하니
　왜인들 도로 보더냐 기타나이 도둑심리
　　　　　　　　　　　　　　　***의 「왜인왜곡」

③
　기미년 함성자리
　꾀죄죄한 노인들

　지갑 속 비상금이 꼬깃한 천원 두장

　하루해 보내는 길에
　여비로 보태 쓴다
　　　　　　　　　　　　　　***의 「파고다공원 단상」

*피해 가야 할 말들
 -욕설, 저속어(놈, 멍청이 같은 말)
 -'서방질', '계집질', '바람둥이' 같은 저속어
 -경상도 문둥이, 서울깍쟁이 같은 비속어
 -그래유, 그랬당게 같은 지방 사투리
 -쪽발이, 떼국놈, 욕
 -까발리다 같은 속어
 -제 까짓게, 꾀죄죄한 같은 무시하는 말
 -늑대 여우 개 같은 말에 비유하여 격을 떨어뜨리는 말
 -애꾸눈, 절뚝발이 같은 신체의 약점을 지칭하는 말
 -입 좀 다물 라, 말귀를 못 알아먹다 같은 막말
 -음담패설 같은 말
 -고어, 속어, 줄임 말 등 등
 -신조어

제5절 기타작품

아래 수록한 작품은 아주 특이한 작품들만 모았다. 많은 사람의 시선을 끄는 것보다 시조의 틀을 파괴하면 안 된다는 것이 필자의 생각이다.

① 생략법을 도입한 작품

　　한달음 사계절을 다 가도 가겠건만
　　…
　　…
　　…
　　뚝 뚝 뚝 떨구어 버린 야속한 이별가
　　　　　　　　　　　　　　***의 「가을의 끝」

-시조에서 생략법이 가능한 것인지 심사숙고할 일이다.
　과연 "…"을 장 하나로 볼 것인지부터 연구해야 할 과제이다. 시조에서 이런 형태의 작품은 자유시로 분류되어야 할 것이다. 장과 장의 독립성과 연결성, 구 단위의 의미는 완전 무시되고 만다.

② 종장 첫마디(밑줄 친 부분)

　　바람 앞에 떠는 가지, 한 세월 휘는 생애
　　만 갈래 잔주름에 하마 붉은 노을 들고
　　<u>그래, 그</u> 맺힌 고 풀고 내가 너를 보낸다.
　　　　　　　　　　　　　　***의 「그래, 그 풀쳐 생각」

"그래,"와 "그"는 분명 다른 말이다. 그런데 "그래, 그"로 종장 첫 소절을 만들 수 있다면 종장 쓰기는 왜 어렵다고 하는지 생각해 봐야 한다. 종장 첫 소절 3자는 반드시 독립적 의미를 지닌 시어가 와야 한다.

'그래'는 감탄사이고 '그'는 이미 앞에서 언급한 것이나 알려진 사물, 혹은 듣는 이가 생각하고 있는 대상을 가리키는 말로 지시대명사이다. '그래,'로서 문장이 하나 생기고 '그'는 뒷말에 붙여 읽어야 한다.

③ 장이 늘어난 경우
　악!
　혀를 깨물었다
　아흐흐 나 죽었네

　도대체
　형법 몇 조 몇 항의 무슨 죄로

　일찍이
　한 여인을 울린
　그 죄밖엔 난 모르오.
　　　　　　　　　　　　　***의「그 죄 밖에」

"악!"은 분명 하나의 문장이다. 초장의 소절 수가 다섯이 되고 장도 하나 더 생겨서 4장 시조가 된다.

④ 명사만으로 된 작품
　안하무인 무소불위 양두구육 인면수심
　설상가상 동문서답 적반하장 마이동풍
　오호라 목불인견에 망연자실하것다.

***의 「사자성어로 읽는 시국」

명사의 나열이다. 구는 하나로 연결되어 하나의 의미를 만들어야 하는데 이 경우는 소절마다 의미가 다르므로 의미 생성 단위가 필요 이상으로 많아지게 된다. 즉 구를 이룰 수 없다.

종장은 세 소절이다. '망연자실하다'는 하나의 낱말이다.

⑤ 숫자 표기법

 평균 수심 751m 2500만년 이상의 비밀을 간직한
 지구의 푸른 눈동자 바이칼호수여
 오늘도 허허 청청청 침묵들이 일렁인다.
            「아! 바이칼 호수」

시조는 숫자 표기도 시조다워야 한다. 시조는 과학이나 정밀을 요하는 수학이 아니다. '평균 수심 칠백오십일미터 이천오백만년 이상의 비밀을 간직한'은 총 음수 26자로 기본 음수 14자보다 무려 배 가까운 음수이다. 사설시조로 쓴 것이라면 문제가 없겠지만, 시조로 보기는 어렵다.

⑥ 명령조나 구호(口號)의 작품

 눈을 뜨자 일어나자
 두 팔 다리 한껏 뻗자

 온 몸을 곧추세워
 하늘 땅도 밀어내자

 우지끈

터진 바위틈
청보랏빛 오랑캐꽃

            ***의「숨결」

명령조의 작품은 피하는 것이 좋다. 종장은 초장 중장과 별 관련이 없어 보인다.

⑦ 수학 공식의 작품
슬픔 반 술, 근심 한 스푼
짠 눈물, 한숨 약간

36.5c+36.5c
단 서서히 익힐 것

톡 쏘는 겨자 양념에
이 아찔한 사는 맛

            ***의「조리법」

시조는 수학적 공식을 요구하지 않는다. 중장 전구는 '삼십육점오도씨 더하기 삼십육점오도씨'처럼 읽어야 한다.

⑧ 경어 사용 작품
자리가 나오시면 앉아도 됩니다.

상품이 들어오시면 교환 가능합니다.

가격은 얼마신가요?

만 원이세요

싸시죠?

***의 「주객전도」

작가가 의도적으로 이런 작품을 지었다는 것은 이해가 되나 대화체이다. 시조 형식에 맞는지 다시 한번 생각해 봐야 한다. 적절한 문장 부호 사용이 필요하다.

⑨ 종장 첫마디의 줄임표 (…)
어느 먼 전설의 고향
별초롱 아직 내걸고 있다
죽음인 듯 고요 속을
빛살 하나 가득 물어 올리는
꼬끼오……….
꿈속처럼 아련하게
첫 닭 홰치는 소리

***의 「석점의 소리」

시조에서 여운은 다른 시어로 표현해야 한다. 더구나 종장 첫 소절 3자를 "…"으로 하는 것은 분명 정형에 어긋난다.

⑩ 가운데 점 사용
좋·아·요·코·리·아
필·리·핀·영·국·사·람
우·리·추·석·지·내·더·니
엄·지·를·치·켜·들·며

코·리·아·최·고·란·다
울·려·라
우·리·징·소·리
열·린·세·상·끝·까·지
　　　　　　　　　***의 「코리아 2세」

가운데 점은 사용 불가하다. 가운데 점은 의미 단위로 묶어나 짝을 이루는 어구에 사용한다.
　예: 경상도·전라도·충청도·강원도
　　　철수·영이, 통권 제1호·제2호·제3호, 사과·배, 토마토·오이

제6절 서술문과 묘사문

1. 서술문(敍述文)

　서술문이란 말하는 이가 자기의 생각이나 느낌을 객관적으로 진술하는 문장으로 특별한 수사적 기법이 요구되지 않는다. 이와 같은 서술문은 일상적 언어로 쓰이므로 독자 간의 소통은 빠르나 시적인 맛은 줄어든다.
　시조에서 함축성, 간결성, 상징성, 리듬, 이미지, 메시지 등을 살리기 위해서는 여러 상황을 염두에 두고 창작을 해야 시조다운 맛을 느끼게 할 수 있다.

①
　　필요 이상 산이 많이 나오는 위산과다는
　　세 가지 증세로 신호를 보내온다.
　　속 쓰림 더부룩한 속, 신트림이 나온다.
　　　　　　　　　　　　　　　　***의 「위산과다」

　위 문장을 보면 위산과다 증세에 대한 설명문이다. 앞서도 말했듯이 시조는 은유로 된 비유와 상징을 요구한다. 그러나 이 작품은 어디에도 비유나 상징이 없다.

②
　　1981년 1월 8일 금요일 하오 네 시
　　시상식 참석바람 중앙일보 문화부

　　지례면 우체국 지붕에

첫 눈이 쌓이던 날
　　　　　　　　　　　　　　　　　　***의 「전보」

　이 작품은 첫눈 오던 날에 시상식에 참석하라는 전보문의 내용이다. 어느 한 곳도 이미지를 만들지 못할 뿐 아니라 안내문 설명이다. 아무리 음수 소절이 잘 맞는다 해도 시조로 보기는 어렵다. 시조는 자기주장이 있어야 한다. 종장에서 화자는 '지례면'√'우체국 지붕에'라고 띄어 썼지만 '지례면우체국'은 고유명사이므로 종장 첫 소절 3자는 6자로 바뀌게 된다.

③
　　　오랜만에 카메라를 꺼내서 사용하려니
　　　작동이 되지 않는다 고장인가 살펴보니
　　　방전이 되고 말았다 쓰지도 않았는데
　　　　　　　　　　　　　　　　　　***의 「시간」

　이 작품 역시 카메라가 작동 안 되는 이유를 설명하고 있는 서술문이다. 전형적인 일상어의 조합들이다.

④
　　　짐을 매어놓고 떠나시려 하는 이 날
　　　어두운 새벽부터 시름없이 내리는 비
　　　내일도 내리 오소서 연일 두고 오소서

　　　부디 머나먼 길 떠나지 마오시라
　　　남이 저물도록 시름없이 내리는 비
　　　적이 말리는 정은 나보다도 더하오

잡았던 그 소매를 뿌리치고 떠나신다.
갑자기 꿈을 깨니 반가운 빗소리라
매어둔 짐을 보고는 눈을 도로 감으오.

이병기의 「비」

예문 ①②③에 비해 이병기의 '비'라는 작품은 외형적인 면은 물론이고 문장의 의미적 구조가 확실히 다르게 나타난다. 상상력이 많이 동원된 작품이기 때문이다.

2. 묘사문(描寫文)

묘사문이란 어떤 대상이나 현상을 마치 사진 찍듯이 있는 그대로 자세히 표현한 글을 말한다. 묘사문은 독자가 이해하기 쉽도록 어떤 사실이나 이치를 객관적이며 논리적으로 설명한 글로서 마치 디지털 카메라로 사진을 찍듯이 대상을 자세히 설명하는 형식으로 자기주장이 들어가 있지 않다.

시조에는 비유를 통하여 함축적 이미지를 드러내야 한다. 풍부한 상상력과 행간에 박힌 의미를 찾아낼 능력을 독자는 모두 지니고 있다. 행간의 의미를 찾아낼 수 있는 능력은 반대로 숨길 수 있다는 능력도 있다는 뜻일 것이다.

①
구청장이 발급한 가족관계증명서엔
두 자녀, 배우자, 빠짐없이 다 있는데
떠나신 아버지 칸만 여백으로 남아 있네.

***의 「관계증명서」

이 작품은 설명문이다. 음수, 소절 수도 맞지 않는다. "가족관계증명서"는 하나의 낱말이다. 분리해서 사용할 수 없는 말이다. 총 음수는 맞더라도 소절 수가 모자라게 된다. 초장은 음수가 4,3,8,0가 된다.

서술문이나 묘사문을 피하여 작품을 쓰려면 좋은 작품을 많이 읽는 방법 외엔 도리가 없다. 다시 한번 강조하지만 시조는 비유가 생명이다

②
바위에 새긴 고전
층층이 쌓였구나

한 권쯤 슬쩍 뽑아
달빛에 읽어보면

구운몽 팔선녀들이
까르르 나오실까.

김옥중의 「채석강 단애」

두 예문 ①②를 비교해 볼 때 어떤 차이가 있는가. 같은 묘사문처럼 보이지만 ①는 비유와 상상력이 전혀 없는 상황 묘사문이고 ②는 상상력이 동원된 작품으로 묘사문이 아니다. 은유가 도입된 좋은 예문이다.

제7절 제목 달기

고시조에서는 제목이 없다. 제목을 달기 시작한 것은 개화기에 접어들면서 나타나기 시작했다. 아마 최초의 제목은 1906년《대한매일신보》에 발표된 혈죽가(대구여사)일 것이다. 1907년 3월 최남선이 발표한《대한유학생 회보》에 국풍 4수가 실렸고 1926년에 발표된 『백팔번뇌/최남선』에 수록된 작품은 모두 제목이 붙어 있다.

함화진(1884-1948)이나 허규일(1867-1937)의 작품은 같은 개화기 시대의 작품이면서도 제목이 없이 고시조의 모양을 취하고 있다.

*참고로 구두점 사용과 띄어쓰기에 대해 알아본다.

김영철의 『한국개화기시가연구』에 따르면 다음과 같이 나타나 있다. 구두점 사용의 시발은 1896년 <친목회 회보>와 <신정심상소화>, 그리고 1897년 1월 이봉운의 <국문정리>에서 나타난 것이 처음이며 띄어쓰기는 1902. 11. 22, <국제신문> 1357호의 『신단사설』이 처음이다.

제목 달기는 특별한 방법이나 제재는 없지만 대체적으로 다음과 같이 하면 무난하리라 본다.
① 본문을 상징하는 함축적 어휘로 한다.
② 신선한 소재를 택한다.
③ 구체적 언어로 한다. 예: 우주→별, 달, 구름 꽃→채송화, 진달래
④ '무제'는 피한다.
⑤ 동일 제목에 1,2,3 등으로 번호 매기기도 피한다.

⑥ 가능하면 외래어는 피한다. 예: 'AI', '프로프라놀롤'

⑦ 기호, 암호, 등도 피한다. 예: 'S#1', '장면 27과 56', '□ 빼고, ○더하고'

⑧ 감탄사 예: '쉿!', '아아!' 같은 제목은 적절치 않다.

⑨ 동사, 형용사도 피한다. 예: '달다', '쓰다', '예쁜', 형용사는 비독립적 언어이다.

⑩ 두 개 이상의 제목은 특별한 의도에만 사용한다.

 예: '꽃, 아다지오', '홍시, 혹은' '겨울, 포구'

 (제목이 하나인지 둘인지 모호하다. 분명하고 구체적일수록 좋다.)

참고: 반점(쉼표) 사용의 예

① 같은 자격의 어구가 사용될 때

 예) 근면, 검소, 협동은 우리의 교훈이다.

② 가운데 점으로 열거된 구가 다시 여러 단위로 나누어질 때

 예) 철수·영이, 영수·순이가 짝이 되어 놀고 있다.

③ 바로 다음에 오는 말을 꾸미지 않을 때

 예) 슬픈 사연을 간직한, 불국사 무영탑

④ 대등하거나 종속적인 절이 이어질 때

 예) 콩 심은 데 콩 나고, 팥 심은 데 팥 난다.

⑤ 부르는 말이나 대답하는 말이 나올 때

 예) 얘야, 이리 와라. 예, 지금 갑니다.

⑥ 제시어 다음에 의성어를 강하게 표현할 때

 예) 빵, 빵이 전부는 아니다. 방울뱀의 꼬리에서 쉿, 하는 소리가 났다.

⑦ 도치된 문장에서 사용한다.

 예) 다시 보자, 한강수야

⑧ 문장 첫머리의 접속시에

　예) 첫째, 건강해야 한다.

　*그러나 접속어(그리고, 그러나, 그런데, 그래서, 혹은 등에서는 쓰지 않는다.

　예) 그러나 너는 이겨야 한다.

⑨ 가벼운 감탄을 나타낼 때

　예) 아, 깜빡 잊었네.

⑩ 열거된 어구

　예) 빨간 사과, 누런 배

⑪ 짝을 지어 구별할 필요가 있을 때

　예) 닭과 지네, 개와 고양이는 상극이다.

⑫ 문맥상 끊어 읽어야 할 때

　예) 그녀는 울면서, 남자를 보내주었다.

⑬ 되풀이되는 말을 피할 때

　예) 여름에는 강에서, 겨울에는 산에서 휴가를 보낸다.

⑭ 숫자를 나열할 때

　예) 1,2,3. 5,6세기 경. 1,000,000

⑮ 인용문 뒤에서

　예) 길에서 백원을 줍는다면 어떻게 하겠는가, 하고 물었다.

⑯ 용언이 연결어미에 '하여'를 수반할 때

　예) 책장에는 헌책을 비롯, 여러 종류의 책이 있다. ('비롯하여'를 줄여 '비롯')

제8절 퇴고 과정

　퇴고는 형상화 못지않게 중요한 부분이다. 시문을 가다듬고 고치는 과정으로 시조에서 퇴고는 공기청정기 같으며 다음과 같은 원칙이 있다. 즉 삭제(deletion), 첨가(addition), 재구성(reconstitution)이다. 삭제는 시조의 간결성을 위해 필요하다. 음수와 소절을 위해서도 필요하지만 일사일언의 적절한 시어가 도입되었는지, 그렇지 못하다면 과감히 삭제하고 다른 시어를 찾아야 한다.

　첨가의 원칙은 말 그대로 필요한 말을 보태는 것이다. 이 역시 음수와 운율, 소절을 맞추는 데 필요하다. 재구성은 문장의 어순을 바꾸거나 구와 구, 장과 장을 바꾸거나 완전히 다른 표현으로 재구성하는 것이다. 즉 형상화를 새롭게 구성하는 행위이다. 재구성은 어색함이나 논리의 모순, 비유의 오용과 남용을 피하는 길이다.

　몇 가지 중요한 사항을 열거해 보면
　-음수와 소절이 맞는지
　-구(句)를 제대로 만들고 있는지
　-통사적 언어를 강제 분할하지는 않았는지
　-종장 첫마디를 잘 사용 했는지
　-종장 후구 마무리를 닫힌 시조로 했는지
　-장과 장은 독립성과 연결성을 유지하고 있는지
　-연시조의 조건을 충족시켰는지
　-비유의 남용과 오용은 없었는지
　-화자의 결의는 나타나고 있는지

-'낯설게 하기'를 하여 신선미를 갖추었는지
-주제를 벗어나지는 않았는지
-독창성은 있는지
-행갈이는 적절한지
-우리말로 순화하였는지
-외래어 표기법을 준수하였는지.
-자기만 아는 얘기를 쓴 것은 아닌지.

　이상과 같은 유의점을 되짚어 보며 퇴고의 단계를 거친다면 반드시 좋은 작품을 생산할 수 있다.

제3장

수사법

수사법에는 크게 비유법, 강조법, 변화법 등으로 분류할 수 있다.

1) 비유법

①직유법: 두 사물을 직접 비유하는 수사법 '~같이, ~같은, ~처럼, ~듯이, ~(인)양' 등의 말로 연결하여 비유하게 된다.

'초봄의 설렘 같은'. '첫날밤의 수줍음 같은'

'우리도 저 촛불 같아야 속 타는 줄 몰라라.' <고시조/ 이개>

②은유법: 원관념과 보조관념을 간접적으로 연결시키는 수사법.

'내 마음은 호수다.'

'청산은 내 뜻이요 녹수는 임의 정이'   <고시조/황진이>

③의인법: 사물을 의인화하는 수사법

'성난 파도, 파초의 꿈'

'청산리 벽계수야 수이 감을 자랑마라'   <고시조/황진이>

④활유법: 생명이 없는 것을 생명이 있는 것처럼 하는 수사법

'기차 꼬리가 터널 안으로 사라진다.'

'내 벗이 몇인가 하니 수석과 송죽이라'   <고시조/윤선도>

⑤풍유법: 원관념은 감추고 보조관념으로 전체를 채우는 수사법

'까마귀 싸우는 골에 백로야 가지 마라 / 성난 까마귀 흰빛을 새오나니 / 청강에 조히 씻은 몸 더럽힐까 하노라// <고시조/정몽주 모친>

⑥대유법(제유법과 환유법):

ㄱ. 제유법: 사물의 한 부분으로 전체를 나타내는 수사법. '빼앗긴 들에도
　　　　봄은 오는가.' '-빼앗긴 들'은 조국을 상징

　　　'빵만으로 살 수 없다.' '-빵'=식량

　　ㄴ. 환유법: 사물이나 사실을 표현하기 위해 그와 가까운 낱말을 사용하는
　　　　수사법 '콩나물시루'는 '빽빽하다', '어사화'는 '출세'

⑦ 의성법: 소리를 나타내는 수사법

　'눈 풀풀 점심홍이요, 술 충충 의부백을' <고시조/미상>

⑧ 의태법: 동작이나 행동을 나타내는 수사법

　'모락모락 김 오르는 다향에 스민 마음'

⑨ 상징법: 보조관념만으로 원관념을 나타내는 수사법

　'거수경례-충성, 면사포-결혼

　'반 천년 왕업이 물소리 뿐이로다' <고시조/정도전>

⑩ 우화법: 인간 사회를 풍자하는 수사법

　'이솝우화' '소머리국밥 먹고 트림하면 소 울음소리 난다.'

⑪ 중의법: 한 단어로 두 가지 의미를 나타내는 수사법

　'청산리 벽계수야 수이 감을 자랑마라/일도창해하면 돌아오기 어려워라/
　　명월이 만공산 하니 쉬어간 들 어떠리//<고시조>

　'벽계수': 맑은 계곡물과 이종숙 (이종숙 호가 碧溪水)

　'명월': 밝은 달과 황진이(황진이 호가 明月)

⑫ 희언법: 같은 말을 다른 의미로 쓰거나 동음이자를 사용하는 수사법.

　　인문주의(人文主義)-인문주의(人文注意)

　'찬비 맞았으니 얼어 잘까 하노라' <고시조/임제>

⑬ 냉조법: 비꼬거나 야유조로 쓰는 수사법

　하하 허허 한들 내 우움이 경 우움가/하 어척 업서셔 늣기다가 그리되게/

벗님네 웃지들 말구려 아귀 찢어지리라// <고시조/미상>

⑭ 풍자법: 사회의 부조리나 인간의 모순을 빗대어 비판하는 수사법.
구름이 무심탄 말이 아마도 허랑하다/중천에 떠 있어 임의로 다니면서/구태여 광명한 낯빛을 따라가며 덮느냐//<고시조/이존오>

2) 강조법

① 과장법: 실제보다 더 크게 늘리거나 줄여서 하는 수사법
 '대붕을 손으로 잡아 구워 먹고/곤륜산 여페 끼고 북해를 건너뛰니/태산이 발 끝에 차이어 왜각데각 하여라// <고시조/미상>

② 영탄법: 감탄사나 의문의 형식을 빌려 표현하는 수사법
 '아마도 세상일이야 다 이런가 하노라.'<고시조/미상>

③ 반복법: 동일한 낱말을 반복하여 사용하는 수사법
 '오르고 또 오르면 못 오를 이 없건마는' <고시조/양사언>

④ 점층법: 점점 강하게 하거나 약하게 하는 수사법
 '수신제가치국평천하'

⑤ 점강법: 점점 작아지게 하는 수사법
 '평천하 치국 제가 수신'

⑥ 연쇄법: 앞 구절의 끝을 다음구절에서 되풀이하는 수사법
 '닭아 닭아 우지마라, 네가 울면 내가 울고'

⑦ 돈강법: 앞에서 의미나 감정의 절정을 만들어 놓고 갑자기 낮게 떨어지거나 냉정해지는 수사법
 '내 오늘 서울에 와 만평 적막을 산다./안개처럼 가랑비처럼 흩고 막 뿌릴까보다/바닥난 호주머니엔 주고 간 명함 한 장//

⑧ 대조법: 대립되는 것을 내세워 인상을 선명히 하는 수사법

'홍안을 어디 두고 백골만 무쳤는다' <고시조/임제>

⑨ 미화법: 실제보다 아름답게 표현하는 수사법

'변소-화장실, 거지-집 없는 천사

⑩ 열거법: 나란히 나열하는 방식의 수사법

'사설시조에서 많이 볼 수 있다'

⑪ 억양법: 처음에 올렸다가 나중에 내리거나 먼저 낮추고 나중에 올리는 수사법 '겉보긴 험상궂어도 속은 착하다.'

⑫ 예증법: 예를 들어 설명하는 수사법

'꽃을 피었다'는 틀린 표현이고 '꽃이 피었다'는 맞는 말이다.

⑬ 비교법: 비교하여 한쪽을 강조하는 수사법

'너의 넋은 수녀보다 예쁘다.'

3) 변화법

① 도치법: 강조하고자 하는 단어를 바꿔 쓴 수사법

'또 한 겹 고름을 푼다,' '꽃등 하나 매달고저.'

'이시랴 하더마는 제 구태어' <고시조/월산대군>

② 대구법: 비슷하거나 상관이 있는 말을 짝지어 절과 절, 구와 구로 표현하는 수사법

'산에는 눈이 오고 들에는 비가 온다.' <고시조/임제>

③ 설의법: 결론 부분에서 의문 형식으로 강조하는 수사법

'임 향한 일편단심이야 가실 줄이 있으랴.' <고시조/정몽주>

'아득한 태고를 산다, 신앙 같은 순결로.

④ 인용법: 속담이나 격언 등을 인용하는 수사법

'오조(烏鳥)도 반포(反哺)를 하니 부모 효도 하여라'<고시조/미상>

⑤ 문답법: 문답형식으로 표현하는 수사법

'동창이 밝았느냐 노고지리 우지진다/소 칠 아이는 상기 아니 일렀느냐/재 너머 사래 긴 밭을 언제 갈려 하느냐//'<고시조/남구만>

⑥ 반어법: 원 뜻과는 반대되는 표현으로 강조하는 수사법

'찬비 맞았으니 얼어 잘까 하노라' <고시조/임제>

'미워서 떡 하나 더 준다.'

⑦ 역설법: 모순되는 말로 표현하여 강조하는 수사법

'무심한 달빛만 싣고 빈 배 저어 오노라.' <고시조/월산대군>

'비어서 오히려 넘치는 무상한 별빛'

⑧ 명령법: 독자에게 시키는 투로 표현하는 수사법

'잘 가노라 닷지 말려 못 가노라 쉬지 마라/브듸 긋지 말고 촌음을 앗겨 쓰라/가다가 중지 곳 하면 아니 감만 못하니라/

<고시조/김천택>

⑨ 경구법(aphorism): '시간은 금이다.'처럼 경구를 인용하는 수사법

'시간은 금이니 촌음을 아껴 쓴다.'

⑩ 생략법: 독자에게 여운을 남기기 위해 표현하는 수사법으로 시조에서는 사용하기 어려움. 시조는 3장 6구 12소절을 요구하기 때문임

⑪ 돈호법: 글 중간에 갑자기 사람이나 사물의 이름을 불러 주의를 환기시키는 수사법

'국화야 무삼 일로 삼월춘풍 다 지내고' <고시조/이정보>

⑫ 현재법: 과거의 사실이나 미래의 가상을 현재 일처럼 표현하는 수사법으로 시조는 현재형이다.

'불꽃이 이리 튀고 돌조각이 저리 튀고/밤을 낮을 삼아 징소리가 요 란터니/불국사 백운교 위에 탑이 솟아오른다//' 다보탑/김상옥

⑬ 거례법: 예를 들어 설명하는 수사법

'낙일은 서산에 져서 동해로 다시 나고'

⑭ 비약법: 시간, 공간을 뛰어넘어 설명하는 수사법

'재 넘어 성권농 집의 술 익단 말 어제 듣고/누운 소 발로/ 박차 언치 놓아 지즐타고/아희야 네 권농 계시냐 정좌수 왔다 사뢰라.' <고시조/정철>

부록

Ⅰ. 시조(時調)의 가치(價値)

1. 개요

시조는 우리 민족의 고유한 시가(詩歌)로서 고려 후기부터 현재에 이르기까지 약 700여 년을 우리 민족의 사상과 감정, 그리고 시대적 애환을 담아낸 정형시문학으로 국민 정서를 순화하고 민족정기를 바로 세워 온 우리 문화의 뿌리이다. 즉 시조에는 우리 민족의 '얼'이 들어 있어 정신적 지주 역할을 해온 주체가 된다. 정형시이면서도 중국의 한시나 일본의 하이쿠와는 전혀 다른 양식의 정체성을 지닌 우리의 독특한 전통 시문학이다.

일반적으로 가치라 함은 공동체를 이루고 있는 사람들이 어떤 대상에 대하여 추구하는 감정 체계라 할 수 있는데 이는 사회적, 정치적, 경제적, 문화적 측면에서 선과 악, 옳고 그름, 아름다움 등을 결정하는 행동 방식이 된다.

이러한 전제하에서 시조의 가치를 살펴보기로 한다.

시조의 가치를 논하기 전에 먼저 '시조'라는 말의 기원에 대한 이해를 돕고자 한다. 우리는 일반적으로 '시조'라는 말이 영조 때 석북 신광수의 〈관서악부 關西樂府: 1774〉에서 말한 "一般時調排長短 來自長安李世春"이라는 언급을 '시조' 명칭을 처음 사용한 것으로 알고 있으나 이는 좀 다른 의미이다. 이미 전해오는 '시조'라는 음악에 '장단長短', 즉 가사에 길고 짧음을 배열하여 창(唱)을 부르게 된 것은 장안의 이세춘으로부터 시작되었다는 의미이다. 즉 시조창(時

調唱)을 처음 시작한 이가 이세춘(李世春)이라는 얘기이다. 조(調)는 '가락'이라는 의미이지만 악곡에서 어떤 한 음이 으뜸이 되고 다른 여러 음(音)이 그 으뜸음에 대하여 종속적 질서를 유지하며 배열되는 원리로 장조와 단조로 나뉜다.

석북 선생의 말처럼 '시조'는 음악용어이지 문학 형태의 글을 지칭하는 말이 아님은 분명하고 더구나 석북 신광수가 이 말을 처음으로 사용했다는 주장은 그 근거와 설득력이 부족하다 하겠다.

문헌상 '시조'라는 말을 찾아보면 다음과 같다.

'시조'라는 말은 다양하게 표현되었다. 예를[8] 들면 다음과 같은 말들은 '시조'라는 말과 동일한 의미로 사용되었다.

新調(신조: 고려사, 고려사절요), 新聲(신성: 고려사절요), 新曲(신곡: 가곡원류), 新飜(신번: 정래교 청구영언 발문), 詩調(시조: 동국통감), 永言(영언: 청구영언),歌謠(가요: 해동가요), 樂章(악장: 해동악장), 風雅(풍아: 이세보 시조집), 端歌(단가: 예종 때), 短歌(단가: 이후원의 송강가사), 歌曲(가곡: 가곡원류), 國風(국풍: 개화기), 土風(토풍: 개화기), 時調詩(시조시: 안자산) 등 다양하다.

이 중에서 필자가 눈여겨보는 대목은 "신조新調(고려사, 고려사절요)"라는 말이다. 고려사절요(1452년)에 실린 글을 (동국통감(1458~1484 성종15)에도 실려 있음) 보면 다음과 같다.

"원상이 '新調'를 지어 태평곡이라 하였다"라는 구절이 있는바 이 시기는 고려 충렬왕22년(병신, 1296년) 때이다.

원문은 아래와 같다.(고려사절요 21권)

---

8) 원용문의 『시조문학원론』(24쪽)

"元祥製新調(원상제신조) : 원상이 새 가사를 지어 부르니
曰大平曲(왈대평곡) : 이를 '태평곡(大平曲)'이라 부른다.
令妓習之(영기습지): 기생으로 하여금 연습토록 하였는데
一日內宴(일일 내연): 어느 날 내연에서
歌其詞(가기사): 그 가사를 노래하니
王妬(왕투): 왕이 질투하듯
變色曰(변색왈): 안색이 바뀌면서
此非能文爲不能(차비능문위불능): 글을 잘하는 자가 아니면 지을 수 없다.
誰爲之耶(수위지야): 누가 지었느냐?
妓對曰(기대왈): 기생이 대답하기를
妾之兄弟元祥(첩지형제원상): 첩의 형제인 원상과
允材所製也(윤재소제야): 윤재가 지은 것입니다.
有才如此(유재여차): 이런 재사가 있다면 쓰지 않을 수 없다고
遂除之(수제지): 마침내 임명하였다.
　　　　　-1968년 민족문화추진위원회 국역 출판에서 인용-

주) 원상은 金元祥을, 윤재는 朴允材를 말함

여기서 중요한 대목이 "'新調'를 지어"라는 것이다. '신조'라는 말이 새로운 '시조'인지는 분명치 않으나 '시조'의 또 다른 이름 중 하나였으며 새로운 형태의 '노래: 調'라는 뜻일 것이다. 즉 지금까지 불러온 고려가요(가사)와 다른 형태라는 뜻일 것이다.

당시에는 우탁, 이조년 등에 의해 시조가 이미 널리 지어지던 때이다. 따라서 여기서 '신조新調'라 함은 '시조'를 지칭하는 말이 분명하다고 생각된다.

'신조新調'라는 말이 '시조'와 같은 의미라면 이미 고려 후기에도 이 말을 사용했다는 근거가 된다. 안확의 주장대로 '시조'라는 말이 접미사에서 분리된

것이라는 그 진위 여부를 떠나 명사로 쓰였다는 점이 중요하다. 즉 접미사가 아니라 후대에 이르러 악보가 생겨나면서 창 또는 가곡을 '시조'라고 불렀다는 얘기가 된다.

"界樂"이니 "羽樂"이니 하는 말들은 음의 높이 순으로 배열하여 음역을 나타내는 방편으로 사용하던 용어였으므로 노래를 의미하는 '시조'라는 말을 합성하여 <계락시조> <우락시조>처럼 사용한 것으로 생각된다.

다시 한번 연대순으로 살펴보면 <관서악부>보다 46년 앞서 발간된 청구영언에 이미 <우락시조(羽樂時調)>, <계락시조(界樂時調)>란 말이 있고, 또 세종실록(박연:1378 우왕4~ 1458 세조4)에 <樂時調>라는 말을 쓴 것은 <석북집>보다 344년 앞선다. (세종실록 47권 세종 12년(1430)

계락시조界樂時調는 계면조로 부르는 노래이고 우락시조羽樂時調는 새털처럼 가볍고 청아하며 기쁘게 부르는 노래이다. 이익(李瀷: 숙종 때)은 「성호사설」, '속악조(俗惡條)에서 "계면(界面)이라는 것은 듣는 자가 눈물을 흘려 그 눈물이 얼굴에 금을 긋기(경계선) 때문에 붙여진 이름이다."라고 하였다.

이상 살펴본 바와 같이 시조(時調)라는 용어는 노래를 의미하는 당시의 음악용어(音樂用語)로 문학 용어는 아니었다. 그러다가 개화기에 이르러 육당 최남선은 1926년《조선문단》5월호에 발표한 「조선국민문학으로의 시조」라는 논문에서 음악 용어로 출발한 시조(時調)라는 말을 처음으로 문학용어에 도입하여 사용하였다.

춘원 이광수는 「백팔번뇌」의 발문에서 다음과 같이 밝히고 있다.

"육당(六堂)은 '유희(遊戱) 이상의 시조(時調)'가 목표라고 밝히고 있다. 시조를 국문학 중에 중요한 것으로 소개한 이가 육당이며 그 형식을 위하여 새 생각을 가지고 시조를 처음 지은이가 육당이다.

육당의 시조집 『백팔번뇌』가 시조집 중에 효시로 세상에 나오게 된 것은 극히 의미가 깊은 일이다. 이런 점을 미루어 볼 때 『백팔번뇌』는 현대시조의 기점이 된다고 하겠다. 이 말을 굳이 하는 것은 우리 시조사에서 최남선의 역할이 그만큼 컸다는 점을 강조하고 싶어서다."

이처럼 이광수는 현대시조의 기점을 『백팔번뇌』로 보고 있으며 시조 작법의 새로운 시도를 한 이가 바로 최남선이라고 했다. 따라서 「현대시조의 날」은 『백팔번뇌』의 발행일자로 하는 것이 타당하다. (『백팔번뇌』 발간일은 1926년 12월 1일이다.)

한편 학자 안확은 『시조시학: 1940』이라는 시조 연구서에서 다음과 같이 말한다.

"시조(時調)란 용어는 3章式의 곡조(曲調)를 이름이다. 가서(歌書)에 낙시조(樂時調)란 것이 있고 우락시조(羽樂時調), 계락시조(界樂時調)란 것이 있는바 이에서 시조를 생략하고 우락, 계락으로 부르기도 했으니 시조란 접미어로 된 형적이 있는바 이 약칭을 보아서는 낙시조(樂時調) 3자에서 분리한 것이다. 박연(朴堧:세종 때 음악 이론가)은 가곡소조(歌曲疏條)에서 이미 낙시조(樂時調)란 말을 이미 쓰고 있다. 이로 보아 시조라는 말은 이미 고려 때부터 쓰여 온 말이다"라고 주장한다.

또 그는 『時調詩學』 제2편 수운(數韻)에서 다음과 같이 말하고 있다.

"음수(音數)는 시조시의 유일한 조건이므로 음수율 위주로 지어야 한다."

이는 시조 창작의 기본이 음수라는 얘기이므로 음수 이론을 주장하는 것이다. 이를 보면 요즘 학자들 간에 대두되는 음수 이론이냐, 음보 이론이냐, 음량 이론이냐 하는 논쟁에 종지부를 찍을 수도 있겠다는 생각을 한다. 그 이유는 시조의 정체성이 고시조로부터 나온 것이므로 당시에 음수 이론을 주장했기 때문에 확실한 근거를 마련한 셈이다.

이런 음악 용어로서의 '시조(時調)'는 이미 『청구영언』 등 가집이 나오기 이전부터 일반적으로 널리 쓰이고 있던 용어임을 확인할 수 있다. 그뿐만 아니라 『세종실록』은 1418년부터 1450년 7월까지 31년 7개월간의 세종 재위기간 중 국정 전반에 걸친 역사기록인데 여기서도 이 용어가 이미 사용되고 있다.

조선 초기 세종 때 박연(朴堧 1378 우왕4~1458 세조4)은 39번의 상소문을 올렸는데 그 상소문 중 하나에서 다음과 같은 글을 발견할 수 있다.

"향악에서 쓰인 악률인 낙시조는 중려 또는 임종 두 가지를 중심음인 궁으로 번갈아 사용한다(但鄕樂所用之律 則樂時調互用仲呂林鐘二律之宮)."

이런 내용은 박연이 남긴 『난계유고(蘭溪遺稿)집』에 수록되어 있다.

여기에도 "樂時調"라는 대목이 나온다. 즉 음악용어로 이미 쓰여 오고 있었다는 말이 된다. 『관서악부』보다 324년 앞선 책이다.

한편 후대에 이르러 '시조'는 '시절가조(時節歌調)'의 준말이라는 근거 없는 학설이 정설이 되다시피 하였다. '시조(時調)'라는 말은 적당히 만든 말이 아니라 분명한 근거가 존재하는 말이라고 필자는 생각한다. 그 이유는 다음과 같다.

이학규 시인이 말한 "時節歌"의 의미에서 그 답을 찾을 수 있다.

지금까지 '時'는 시간을 뜻하는 말로 이해되었으나 필자는 견해를 달리한다. 여기서 時(시)는 시간의 의미보다는 '맞추다.'라는 의미로 봐야 할 것 같다. '절(節)'은 풍류가락을 의미하는 말이다. 따라서 시절가(時節歌)는 풍류가락에 맞추어 부르는 노래 뜻이다. '조(調)' 역시 가락(노랫가락)이라는 의미이다.

'절(節)'보다 의미의 폭이 넓다. 따라서 시조(時調)는 "풍류가락에 맞추어 (함께 어울려) 부르는 노래"란 의미라고 본다. 이학규의 말대로 "시절가(時

節歌)는 '시조'의 별칭으로 보아야 한다. 이미 오래 전부터 '가락에 맞추어 부르는 노래'라는 의미로 사용되어 온 것이다.

계락시조, 우락시조라는 말은 노래할 때 노랫말에 창자(唱者)의 감정을 얹어 부르는 노래라는 의미이다. 또 "절(節)은 우리가 일반적으로 이해하고 있는 시절을 말하는 '때'나 '계절'을 가리키는 말이 아니다. 절(節)에는 '풍류가락'이라는 의미가 있다. 그러므로 "풍류가락"이라는 의미로 쓰인 것이다. 즉「시절가(時節歌)」란 '풍류가락에 맞추어 부르는 노래라는 의미이다. 풍류(風流)란 말은 멋있게 노는 일이란 의미도 있지만, 관악 합주나 소규모로 편성된 관현악으로 피리, 대금 거문고 등을 일컫는 말이기도 하다. 그러므로「시절가」란 "관현악과 함께 어울려 부르는 노래"란 의미이지 "계절에 따라 부르는 노래"라는 의미는 아니라고 본다. '節'자는 기본적으로 세 가지 의미가 있다. 첫째는 악기나 노래와 관련된 것, 즉 단오절이나 광복절과 같이 경축의 의미인 절과, 두 번째는 때(시간)와 관련된 말, 즉 절기(節氣), 계절(季節)처럼 시간의 마디라는 의미로 쓰이는 경우이다. 그리고 세 번째는 예절(禮節), 충절(忠節), 절개(節介)와 같이 사람이 반드시 해야 할 도리를 나타내는 말로 쓰이는 경우이다.

청구영언의 발문을 쓴 정래교 역시 "시를 관악기와 타악기에 올리면 노래가 된다." 라고 하였다. 따라서 '시조'라는 말은 복합적 의미를 지닌 음악 용어에서 나온 말로 보는 것이 타당하다.

'시조'의 진짜 가치는 무엇일까?

첫째는 역사성과 예술성이다. 역사가 오래되었다고 모두 가치가 있는 것은 아니다. 아무리 시조의 역사기 오래되었다 하더라도 우리 삶을 기쁘고 신나게 만들어 주지 못한다면 가치는 없다. 예술이란 우리 살을 풍요롭고 아름답게 만드는 것이 그 역할이라면 시조는 우리의 삶을 얼마나 아름답게 만들어 왔는가를 짚어 보아야 한다.

시조는 언어예술로 사람의 마음(생각)이 밖으로 나와 우리 삶을 기쁘고 신나게 만들고 사유의 폭을 넓혀 간다. 생각은 누구도 볼 수 없지만, 말이라는 수단을 통하여 듣게 만들고 이를 사라지지 않도록 하나의 기호(글자)로 기록하면 문화가 된다. 그래서 문화는 우리의 몸과 마음이 지니고 있는 기호라고 말할 수 있다. 이 기호를 통하여 공동체 구성원들은 익히고 배워 하나의 전통을 만들어가게 된다. 이 역사라는 과정을 통하여 검증을 받고 가치를 인정받는다. 그러나 문자라는 기호가 없던 시절에는 말과 몸짓을 보고 따라 배우는 도리 외엔 없었다.

앞으로 '시조(時調)'에 대하여 좀 더 연구가 필요한 부분이 많다. 오류 또는 근거 없는 논리를 바로 잡아 시조 작가들이 옳게 알도록 반드시 정체성을 찾아 나가야 한다.

'시조'라는 45자 내외의 노랫말을 처음 시작한 이는 누구이고, 이런 노래를 '시조'라고 부른 이는 누구이며, 정체성은 무엇인지, 많은 연구가 필요하다.

두 번째는 공동체를 하나로 결속시키는 '시조'의 통일성이다. 봉건시대인 조선시대에 선비는 권위주의 속에서 자기들만의 상류문화를 형성하였고 하층 사회는 사설시조라는 틀 속에서 인간의 평등사상을 구현하려는 하층 계급의 공동체 문화가 형성되어 있었다.

상류 사회의 공동체가 향유하는 선비집단의 평시조문화와 하층사회 공동체가 이루고 있는 사설시조문화로 양분할 수 있다. 평시조가 고급이라면 사설시조는 통속적(通俗的)이다. 사설시조는 대부분이 일반 대중이 향유하던 문화였다.

이 양분된 시조문화는 개화기로 접어들면서 많은 변화를 가져오게 된다. 즉 계급사회(봉건사회)가 무너지고 인간의 평등사상의 도입과 한글이 일반대중화되면서 통속적인 사설시조는 차츰 사라지고 연시조라는 또 다른 형태의 시조가 유행하기 시작했다.

2. 시조의 역사적 가치(Historic Value of Sijo)

시조의 역사적 가치는 전통문화와 깊은 관계가 있다. 전통문화(傳統文化)는 그 나라에서 발생하여 과거로부터 현재까지 전해 내려오는 그 나라의 고유한 문화를 일컫는다. 즉 역사적인 배경이 밑바탕에 깔려 있다. 역사(歷史)란 인류 사회의 발전과 관련된 의미 있는 과거 사실들에 대한 인식을 말하지만, 과거에 일어난 모든 사실이 역사를 구성하는 것은 아니다. 다시 말해 일정한 관심, 가치 판단에 입각해 선택된 과거의 사실이 역사를 구성한다고 볼 수 있다. 이런 관점에서 보면 '시조'는 대중의 관심과 가치 판단에 의해 선택된 역사적 산물임에 틀림없다.

시조가 그 역사적 가치를 인정 받기 위한 조건은 무엇일까?

먼저 『청구영언』에 대해서 알아야 하고 다음은 고시조가 사회문화적으로 우리의 삶에 어떤 영향을 끼쳤는지 살펴볼 필요가 있다.

『청구영언』은 김천택이 지은 우리나라 최초의 '한글 시조집;이다. 이 '최초' 라는 말에 역사적 가치가 이미 들어가 있는바 『청구영언(1728)』 발문에 그 의미와 성격이 잘 나타나 있다. (『청구영언』 진본에는 시조 580수가 수록되어 있음: '장진주사, 맹상군가, 만횡청류116 포함)

① 흑와(黑窩) 정래교(鄭來僑1681-1757) 발문 중 일부[9]

"남파(南坡) 김백함(金伯涵)은 노래를 잘하는 것으로 이름이 났으며 성율(聲律)에 정통을 겸하여 문예도 닦아 이미 스스로 신번(新飜)을 지어 여항인에게 주어 익히게 하였고 나라의 유명 재상들과 선비들이 지은 작품과 여항의 노래 가운데 운율에 맞는 수백여수를 수집하여 한권으로 엮어 나에게 글을 구하여 서문으로 삼고 널리 퍼뜨릴 생각을 하였으니 그 뜻이 근실하다. 내가 보니 그 가사가 모두 곱고 아름다워 보고 즐길 만 하였다. -중략-

백함은 이미 노래를 잘 불렀고 거문고를 들고 노래를 하면 그 소리가 맑고 깨끗하여 귀신을 감동시키고 화기(和氣)를 일으켰다. -중략-

옛날의 노래는 반드시 시(詩)를 사용했다. 노래를 글 표현하면 시가 되고 시를 관악기와 타악기에 올리면 노래가 된다. 노래와 시는 본디 같다."

무신년(1728) 3월 상순 흑와 씀   *'흑와'는 정래교의 호

② 이정섭(마초 1688-1744)의 후발문 중 일부[10]

"김천택이 하루는 『청구영언』 한 권을 가져와 내게 보여주며 말했다. '이 책에는 국조의 선배인 명공과 위인들의 작품이 많지만 널리 거두어들였기 때문에 여항과 시정의 음란한 이야기와 저속한 말도 자주 나옵니다. 노래는 진실로 하찮은 기예인데 또 이것을 묶어 놓았으니 군자가 이것을 보고 병통이 없다 할 수 있겠습니까? -중략-"

정미년(1727)6월 하순 마약노초 씀   *'마약노초'는 이정섭의 호

③ 김천택의 서문[11]

"무릇 문장과 시율은 세상에 간행되어 영구히 전해지므로 천년을 지나도 오히려 없어지지 않는 것이 있다. 노래로 말할 것 같으면 한 때 입에서 불리고

---

9) 「청구영언」영인본 151쪽   「청구영언」의 문헌특성 권순회(교원대 교수)
10) 「청구영언」영인본 153쪽   「청구영언」의 문헌특성 권순회(교원대 교수)
11) 「청구영언」영인본 주해편 148쪽 및 「청구영언」의 문헌특성 권순회(교원대 교수)

자연히 사라져 후세에 연기처럼 없어짐을 면치 못하게 되니 어찌 슬프고 안타깝지 않겠는가? 고려 말부터 국조에 이르기까지 명공과 석사 및 여항인, 규수의 작품을 일일이 수집하여 잘못된 것을 바로잡고 잘 정서하여 한권의 책을 만들고 이름 하여 「청구영언」이라 하였다. 무릇 지금 세상의 호사가들로 하여금 입으로 외고 마음으로 생각하며 손으로 열고 눈으로 보게 하여 널리 전해지기를 도모하노라."

戊申 夏五月旣望 南波老圃 識
무신년(1728)여름 5월 16일 남파노포 씀

* '남파노포'는 김천택의 호

위와 같은 발문에 나타난 대로 노래책(가집)이다.

다음은 고려대학교 민족문화연구소에서 발간한 『고시조대전』에 수록된 고시조 집을 살펴보면 가집이 153종/44,282수, 문집 155종/2,003수, 고악보18종/146수로 총 316종/46431수가 수록되어 있다.

『청구영언』이나 『고시조대전』에 수록된 가집은 당대인들의 공동 문화적 실체를 말하고 있는 것이다. 당시 '시조'는 노래(唱)이다. 대중과 호흡을 나눈 문화의 한 단면이다.

현재까지 발굴된 가집은 약 190여 개로 이처럼 많은 가집이 존재한다는 사실은 풍류현상이 사회 전반에 걸쳐 전성기를 이루고 있었음을 방증하는 것이다.[12]

『청구영언』뿐 아니라 『해동가요』, 『가곡원류』도 마찬가지이다.

신경숙 교수가 조사한 바에 의하면 『청구영언』에는 기명 작가 작품이 287수 작가 미상의 작품이 193수로 나타나 있다. 당초 '시조'는 사대부들의 전유

---

12) 신경숙 논문 "가집으로 읽는 노랫말의 특성"

물이었는데(사설시조 제외) 당시의 사회적 수준으로 보면 일반 서민 대다수는 글을 읽고 쓸 줄 모르던 때였다. 즉 백성의 대다수가 글을 모르던 때였음에도 작가 미상의 작품이 193수나 전해진다는 것은 '시조'가 그 만큼 대중화되어 있었다는 증거이기도 하다. 즉 문화적 삶을 공통적으로 향유했다고 볼 수 있는 것이다. 작가 미상의 작품들은 대부분 사설시조인데 이 중에서도 '만횡청류'가 116수, 장진주사, 맹상군가 등을 제외한 85수의 평시조가 작가 미상으로 분류 된다. 김천택은 발문에서 "만횡청류는 노랫말이 음탕하고 뜻과 자취가 보잘 것 없어 본보기로 삼기에는 부족하다. 그러나 그 유래가 이미 오래되어 한꺼번에 폐기할 수 없는 까닭에 특별히 아래쪽에 적어둔다."고 했다.

18세기까지는 신분 계급이 뚜렷한 시기로 작가 김천택이 모순된 사회제도나 평등사상에 일찍이 눈을 뜨고 이에 저항하는 의미에서 은밀하게 청구영언 속에 신분이 낮은 하층계급의 작품까지 수록했는지는 모르겠으나 사설시조는 대부분 저급한(속된) 형태의 노랫말이 대부분이다.

반면에 정몽주의 <단심가> 같은 유형의 선비 작품은 임금에 대한 충성, 절개 등을 표현한 사대부의 강직한 성품이 나타나 있다.

글을 모르는 일반 대중의 평시조는 사대부들의 작품과는 다르게 '사랑'이라든지 서민의 삶에 대한 애환을 쓴 작품이 주류이나 대부분 작가 미상이다.

『청구영언』에 나타난 작품 구성은 크게 두 가지로 분류된다. 하나는 선비들의 국가관이나 인간의 도리이고(평시조), 다른 하나는 하층계급이 그려낸 삶에 대한 애환이나 인간적 불평등에서 오는 불만이다(사설시조). 전자가 국가질서를 유지하기 위한 기득권의 사상이나 국가관을 대변하는 기득권 세력이라면 후자는 개인의 자유를 추구하며 기득권에 저항하는 대중세력이라고 할 수 있다.

①
　　백설이 자자진 골에 구름이 머흐레라
　　반가운 매화는 어늬 곳에 픠엿난고
　　석양에 홀로 서 이셔 갈 곳 몰라 하노라
　　　　　　　　　　　　　　　　　　　　-청진, 이 색-

②
　　이 몸이 죽어가셔 무엇이 될꼬하니
　　봉래산 제일봉에 낙락장송 되야이셔
　　백설이 만건곤할 제 독야 청청 하리라
　　　　　　　　　　　　　　　　　　　　-청진. 성삼문-

③
　　사랑 거즛말이 임 날 사랑 거즛말이
　　꿈에 뵌단 말이 그 더욱 거즛말이
　　날 가치 같이 잠 아니 오면 어내 꿈에 뵈이리
　　　　　　　　　　　　　　　　　　　　-청진. 작가 미상-

④
　　비즌 술 다 머그니 먼듸셔 벗이 왓다
　　술집은 제연마난 헌 옷에 언마 주랴
　　아해야 서기지 말고 주는 대로 바다라
　　　　　　　　　　　　　　　　　　　　-청진. 가 미상-

⑤
　　가마귀 검다하고 백로야 웃지마라
　　것치 거믄들 속조차 거믈소냐
　　아마도 것 희고 속 검을 손 너뿐인가 하노라
　　　　　　　　　　　　　　　　　　　　-청진. 작가미상-

⑥
　　김장새 작다하고 대붕아 웃지마라
　　구만리 먼 하늘을 너도 날고 저도 난다
　　두어라 일반 비조이니 네오 긔오 다르랴
　　　　　　　　　　　　　　　-청진. 작가미상-

　①②는 선비의 고뇌가, ③④는 하류 계층의 평범한 사랑을, ⑤⑥은 인간의 평등사상과 권력에 대한 저항을 나타낸 작품으로 위와 같은 작품들은 시대와 계층을 넘어 사회적 공감을 불러일으키는 작품들이다.
　고시조를 살펴보면 공통 어구가 상당히 많다. 예를 들면 이방원 하여가 초장이나, 도산십이곡 첫수 초장은 "이런들 엇떠하며 저런들 어떠하료"처럼 똑같다. 요즘 같으면 표절 시비에 걸릴 것이지만 옛 어른들은 이를 허용하여 일반 대중도 감정의 공감대를 형성하도록 허용해 주었다. 이런 공동어구의 허용은 구성원 간의 문화적 동질감을 주게 되어 일체감, 소속감을 주며 신분의 우월적 지위를 허용하지 않는 수평적 관계를 유지하게 한다. 즉 대중화의 일환으로 볼 수 있다. 요즘의 대중가요처럼 누구나 즐겨 부를 수 있도록 문을 열어둔 문화가 대중문화인 것이다.
　『청구영언』은 2010년 유네스코 인류무형문화유산으로 등재된 <가곡>의 원천자료이기도 하며, 2022년 4월 26일 문화재청은 국가지정문화재 보물로 지정할 만큼 그 가치를 인정받고 있다. '조선 후기 다양한 계층의 언어와 유려한 한글 서체 등, 국어국문학사, 음악사에 있어서 그 의미가 크고 연구할 가치가 있다.'는 것이 보물로 지정한 이유이다. 기록물 『청구영언』이 국가 지정문화재로 지정되었다는 사실은 그 내용인 수록 작품 하나하나가 법적 보호와 더불어 가사를 짓는 방법까지도 법적 보호 아래 놓여야 함을 의미한다고 본다. 만약 시조의 창작 기능이 단절된다면 기록물 하나로 만족할 것이지만 창작 기능이 더욱 연구, 발전, 전승되는 것은 인류 문화유산으로 지정될 일임이 틀림없다. 이 기능이 바로 '시조의 역사적 가치'이다.

또 '시조의 얼굴'은 다양성을 지니고 있다. 인종, 학력, 남녀, 노소를 가리지 않고 다양한 모습으로 발전해 나갈 수 있다. 또 생명력이 무궁하다. 존재하는 것은 거의 생명 또한 유한하지만, 시조는 지금까지 700여 년을 살아오고도 아직도 팔팔하다. 전통예술은 현재를 살고 있는 과거라 할 수 있다. 즉 공연자들이 과거를 재현함으로써 관객으로 하여금 시각적으로 현재를 살게 만든다.

『청구영언』에 수록된 평시조 대부분은 종장 끝맺음이 현재형 시제를 선택했다. 이는 대단한 의미가 있는 시조 특징 중 하나이다. 전통적 공연(행위)예술은 시각을 통하여 과거를 현재화하지만 시조는 글을 통하여 현재를 살게 해야 하므로 종장후구 말미 시제를 현재형으로 선택했다고 본다. 영속성을 유지하기 위한 창작기법이다. 이런 기법이 시조의 수명을 늘여주는 것으로 시조의 가치 중 하나가 된다고 본다. 이제는 그 영토를 확장하여 세계로 뻗어나가고 있다. 이는 우리 선조들의 지혜가 정말 뛰어나다는 것을 입증한다. 시조의 영원한 생명력을 불어넣었으니 말이다. 영원히 사는 가치(價値)보다 더한 것은 존재할 수 없다고 본다.

문화재법을 보면 제2조 1항에 다음과 같이 명시되어 있다.

① 이 법에서 "문화재"란 인위적이거나 자연적으로 형성된 국가적·민족적 또는 세계적 유산으로서 역사적·예술적·학술적 또는 경관적 가치가 큰 다음 각 호의 것을 말한다.

크게 나누면 1.유형문화재. 2.무형문화재. 3.기념물. 4.민속문화재 등으로 세분되어 있으나 본고에서는 <무형문화재>에 대해서만 알아보기로 한다.

이 법에서 문화재 정의는 "국가적, 민족적, 세계적 유산으로서 역사적, 예술적, 학술적 가치"를 말하고 있다. 예술적 가치란 예술의 아름다움을 표현하고 창조하는 일에 목적을 둔 인간 활동과 그 산물을 통틀어 말한다.

'시조' 역시 문화재법상 정의되는 언어예술의 한 분야로 어느 예술분야와도 다르지 않는 가치를 충분히 지니고 있다.

무형문화재의 범주는 다음과 같다.

3. 무형문화재

여러 세대에 걸쳐 전승되어 온 무형의 문화적 유산 중 다음 각 목의 어느 하나에 해당하는 것을 말한다.

가. 전통적 공연·예술
나. 공예, 미술 등에 관한 전통기술
다. 한의약, 농경·어로 등에 관한 전통지식
라. 구전 전통 및 표현한다.
마. 의식주 등 전통적 생활관습
바. 민간신앙 등 사회적 의식(儀式)
사. 전통적 놀이·축제 및 기예·무예

또 "무형문화재보전 및 진흥에 관한 법률(2022. 1. 18 개정)" 제3조에 시조의 지정가치가 잘 나타나 있다.

제3조 (기본원칙)

무형문화재의 보전 및 진흥은 전형 유지를 기본원칙으로 하며, 다음 각 호의 사항이 포함되어야 한다.
1. 민족정체성 함양
2. 전통문화의 계승 및 발전
3. 무형문화재의 가치 구현과 향상

첫째가 민족 정체성 함양이고, 둘째가 전통문화의 계승발전이고, 셋째는 무형문화재의 가치구현과 향상이다. 시조는 법률에서 말하는 '정체성'이 분명하다. 『청구영언』같은 가집들이 이를 입증한다. 고려 말엽부터 현재 미래로 이어질 것이므로 전통문화를 계승하고 있음은 더 말할 나위도 없다.

세 번째 '무형문화재의 가치'는 법에서 요구하는 모든 조건을 충족시키므로 이미 그 가치는 입증되고도 남는다. '시조'는 우리의 풍요로운 삶, 아름다운 삶을 향유시키는데 일익을 담당해 온 것도 분명한 사실이다. 즉, 창(노래)으로서, 문학으로서 가치는 이미 구현되었다.

이처럼 '시조'는 무형문화재법에서 요구하는 기본원칙을 충족시키고 있으므로 향후 정부는 시조의 정책을 재 수정하여 그 가치를 더욱 빛내도록 하여야 함이 마땅하다.

'시조'는 700여 년이라는 세월을 두고 검증을 받아온 언어로 표현한 문학예술이다. 초창기의 선비문화의 존재가 개화기에 때는 역사 속으로 사라질 위험에 처하기도 했고, 해방 이후에도 문학의 호적부에 이름도 못 올리는 천대 속에서 살아왔지만, 지금은 오히려 예술성을 인정받아 외국에서 그 붐이 일어나고 있다. 세계사 속에서도 이처럼 오랜 세월을 두고 싱싱하게 오히려 더 짙푸르게 뻗어가는 예술은 찾아보기 쉬운 일이 아니다.

같은 뿌리에서 자라난 '시조'가 하나는 '가곡'이라는 노랫말과 '가곡집'이라는 책으로 분류되어 '가곡'은 유네스코인류 무형문화재가 되고(2020. 11. 16) 다른 하나인 가곡집(청구영언)은 국가보물로(22. 4. 26) 지정되었으면서도 무형문화제법에서 여러 세대에 걸쳐 전승되어 온 '시조'가 제외되고 있는 것은 아이러니가 아닐 수 없다.
   즉, '시조'는 몸통 또는 머리에 해당되고 '가곡'이나 '청구영언'은 지체라 할 수 있다. 지체는 보물대접을 받는데, 머리는 인정을 받지 못한다는 것은 이해하기 힘들다.
   "가곡"이라는 악보가 만들어지기 전에 "가사"라는 노랫말이 먼저 지어졌다. 이 노랫말이 누구나 맘 내키는 대로 짓는 것이 아니라(사설시조 제외) 가사를 짓는 일정한 형식(내. 외적)을 벗어나면 안 되는 특유의 정체성이 있다. 이 정체성이 바로 전통예술이다. 시조는 언어예술로 된 문학의 범주이지만 그 창작기법에 있어 고래로부터 여러 세대에 걸쳐 전승되어 오는 특유한 정체성이 있음을 이해한다면 반드시 무형문화재법상 인정받도록 하나의 별도 항목으로 설정되어야 한다.

4. '시조'의 문학적 가치

   "문학"이란 사상이나 감정을 상상의 힘을 빌려 언어로 표현한 예술, 또는 작품이다. 시(詩)나 소설, 수필, 아동문학 등과 같이 시조(時調) 역시 문학진흥법에서 말하는 문학의 한 범주 안에 있다.
   '시조'는 태생이 창(唱)과 한 몸이었으므로 문학의 한 갈래가 아니라 그냥 '노래'였다. 그래서 16세기에는 '가곡'이라는 이름으로, 18세기에는 '시조창'

이라는 이름으로 살아오다가 20세기에 이르러 '문학'이라는 이름을 얻게 되었다. 1926년 5월 《조선문단》에 최남선이 「조선국민문학으로서의 시조」라는 논문을 발표함으로써 '음악'이라는 이름과 결별을 하고 '문학'이라는 이름으로 새 출발을 하게 된다.

그러면 음악이 아닌 문학으로서의 '시조'는 어떤 가치를 지니고 있을까? 다음 백과에 따르면 "문학은 가치 지향적이므로 작가가 지향하는 가치, 문학작품 자체에 담겨 있는 가치, 독자가 수용하는 가치 등으로 구분된다. 이 가치를 실현하는 것은 생각, 느낌, 경험, 지식 등을 동원하여 의미를 재구성하는 것이다."라고 한다.

'시조'의 창작 원리는 일반 자유시의 창작법과는 다르다. 외적, 내적 형식에 맞게 창작되어야 그 가치를 인정받는다. 여기에 문장의 짜임새와 특히 종장에서의 기승전결 처리방식과 완결성은 시조 작품의 핵심적인 아름다움(美)이라 하지 않을 수 없다. 말하자면 작가의 사상과 철학이 배어 있어야 한다. 고시조는 대개 충(忠), 절(節), 효(孝), 청빈(淸貧), 윤리(倫理), 도리(道理), 훈육(訓育) 같은 선비사상이 깊숙이 농축되어 있으며 인간애의 기본인 '사랑'이 배어 있는 작품이 대부분이다. 그뿐만 아니라 공동체적 삶에서의 가치관도 잘 나타나 있다. 공동체적 삶이 나타난 예를 들면 다음과 같은 작품이다.

　　　　내게 좋다하고 남 싫은 일 하지 말며
　　　　남이 한다하고 의 아니면 쫓지 마라
　　　　우리는 천성을 지키어 생긴 대로 하리라
　　　　　　　　　　　　　　　　　　-변계량-

　　　　대추 볼 붉은 골에 밤은 어이 뜯드르며
　　　　베 벤 구루에 게는 어이 내리는고

술 익자 체 장수 돌아가니 아니먹고 어이리
　　　　　　　　　　　　　　　　　　　-황희-

　미학적(美學的) 측면으로 보더라도 '시조'는 간결성, 함축성, 상징성 등을 미덕으로 삼지만 작품에 따라 우아미, 숭고미, 비장미, 골계미, 절제미, 균제미, 완결미 등 언어 예술로서의 가치가 반영되어 나타난 결과물이라 할 수 있다.
　우리가 너무나 잘 알고 있는 정몽주의 '단심가'나 이방원의 '하여가' 이외의 작품을 감상해 보며 작가가 추구하는 가치와 독자가 수용하는 가치를 알아보기로 한다.

　　눈 맞아 휘어진 대를 뉘라서 굽다던고
　　굽을 절이면 눈 속에 푸를 소냐
　　아마도 세한고절은 너뿐인가 하노라
　　　　　　　　　　　　　　　　　　　-원천석-

　이 작품은 『청구영언』 진본에서는 "작가미상"으로 되어 있지만 이 작품이 수록된 74종의 책 중에서 『가곡원류』 등 23책에서 원천석의 작품임을 밝히고 있다. 원천석의 이 작품은 숭고미를 나타낸 대표적인 작품이라 할만하다. 선비의 숭고한 기상이 돋보인다. 원천석이 불의와 타협하지 않겠다는 고결한 심정(정신세계)을 잘 표현했다고 본다. 이때 독자의 수용 가치는 인간의 도리나 선비다운 기개로 평가될 것이다.

　　반중조홍감이 좋아도 보이나다
　　유자 아니라도 품음직 하다마는
　　품어가 반길 이 없으니 그를 설워 하노라
　　　　　　　　　　　　　　　　　　　-박인로-

유교사상의 도입으로 선비의 덕목 중 하나가 효(孝)이다. 이 효를 떠나서 자아는 존재할 수 없다. 인간이 살아가면서 마땅히 해야 할 효는 공동체를 결속시키며 문화를 아름답게 만드는 사회규범의 근본이며 덕목이 된다. 작가나 독자나 효를 말하는 가치는 동일할 것이다.

동짓달 기나긴 밤 한 허리를 버혀내어
춘풍 니불아래 서리서리 넣었다가
어른님 오시날 밤이어든 굽이굽이 펴리라
-황진이-

이 작품은 예술성이 매우 뛰어나다. 당시의 작가로서는 상상하기 어려운 낯선 표현으로 작가의 가치관, 독자의 가치관을 우아하게 만들었다. 이 작품은 작품 그 자체로서 고상한 예술품이다. 인간은 사랑의 가치를 매우 중요시한다. 사랑은 우리의 삶을 아름답게 승화시키는 우아한 매개체이다.

냇가에 해오랍아 무슨 일 서 있는다
무심한 저 고기를 여어 무삼 하려는다
아마도 한물에 있거니 잊어신들 어떠리
-신 흠-

이 작품은 골계미(滑稽美)가 돋보인다. 당시의 정치적 상황을 풍자적으로 비유한 뼈가 있는 작품이다. 고시조는 불의에 저항할 때 이처럼 감정을 다스려가며 고품격으로 사회나 불의에 대항한다. 성삼문의 '수양산 바라보며 이제를 한하노라' 같은 작품 역시 골계미가 돋보이는 작품이다.

백설이 잦아진 골에 구름이 머흘레라
　　반가운 매화는 어느 곳에 피었는고
　　석양에 홀로 서 있어 갈 곳 몰라 하노라
　　　　　　　　　　　　　　　　　-이색

　이 작품은 절제미가 뛰어나다. 선비로서, 정치지도자로서, 신하로서, 불의를 심판하는 학자로서 하고픈 말이 얼마나 많겠는가? 하지만 자기감정을 최대한 절제하는 노 선비의 고뇌하는 면모가 여실히 드러나 있다. 이러한 비유야말로 시조의 가치를 더욱 높이는 예술성을 지니게 된다.

　　이 몸이 죽어가서 무엇이 될꼬하니
　　봉래산 제일봉에 낙락장송 되었다가
　　백설이 만건곤할 제 독야 청청 하리라
　　　　　　　　　　　　　　　　　-성삼문-

　불의에 항거하는 비장한 각오가 나타난 작품이다. 단 하나의 목숨, 단 한 번 살다 가는 인생인데 불의에 굴하지 않는 선비의 강직함이 묻어 있어 그 비장함까지 느끼게 된다.

　　간밤에 우던 여흘 슬피 울어 지내여다
　　이제야 생각하니 임이 울어 보내도다
　　저 물아 거슬러 흐르고져 나도 울어 예리라
　　　　　　　　　　　　　　　　　-원호-

　이 작품은 '절의가'로 알려진 어린 단종의 죽음을 생각하며 지은 작품으로 전해온다.

가집 56책 가운데 8책에서만 작가가 원효로 나와 있고 나머지 책(48책)에서는 작가가 미상으로 나와 있다. 일정한 음수의 배열(3.4.4.4, 3.4.4.4, 3.7.4.3)로 아름다운 운율을 만들어내고 있다.

균형이 잡힌 가지런함에서 풍기는 아름다움, 즉 균제미(均齊美)가 있다.

    이고 진 저 늙은 이 짐 풀어 나를 주오
    나는 젊었거니 돌이라 무거울까
    늙기도 설워라커든 짐을 조차 지실까
                                  -정철-

인간이 살아가면서 지켜야 할 도리(禮)를 읊고 있는 작품이다. 이는 공동체 삶에서 어떻게 조화를 이뤄 아름답게 살아가야 할지 가르치는 작품이라 할 수 있다.

이상 고시조 몇 편을 골라 '시조'의 문학적 미(美)를 알아보았다.

어느 문학이건 간에 고유한 아름다움을 지니고 있다. 즉 자체로서 가치가 충분하다. '시조'는 오랜 기간 음악으로 살아왔고 사회공동체 속에 미적추구를 지속해 왔다. 하지만 문학으로 갈라진 이후에도 미학적 가치를 그대로 지니고 있는지 알아볼 필요가 있다.

'시조'는 45자 내외의 3장 6구 12소절이라는 틀 속에서 이처럼 문학으로서의 아름다움과 그 가치를 충분히 지니고 있다. 짧은 글 속에서 희로애락은 물론이고 자기 철학과 공동체적인 삶을 공유할 수 있는 유일한 문학이다. 그래서 그 가치가 더욱 빛난다.

우리나라에서 노벨문학상의 주인공은 아직까지 나오지 않았다. 이제 그 주인공은 시조시인일 거라고 예상한다면 지나친 판단일까. 인류가 만들어 낸 문학 장르 중에서 이보다 더 훌륭한 문학은 앞으로도 나올 수 없다고 감히 말하고 싶다.
<u>시조가 문학적으로</u> 가치 있는 예술로 인정받으려면 정체성 확립이 매우 중요하다.
김봉군 교수는 시조의 정체성에 대해 다음과 같이 말한다.

"사랑은 인류의 보편적 가치이다. 시조가 계승해야 할 미학적 측면은 우아미, 골계미, 숭고미, 강건미 등이다. 한편 시조는 초월의 미학이기도 하다.

물아래 그림자 지니 다리위에 중이 간다
저 중아 게 서거라 네 가는데 물어보자
손으로 백운을 가르치고 말 아니코 가더라.
　　　　　　　　　　　　　　　　-작자 미상-

이 시조는 수평적 관계와 수직적 관계를 모두 나타내고 있다. 수평적 관계는 경계선으로 이쪽은 차안, 수직적 관계로 아래쪽은 속계, 위쪽은 비속계이다. 조선시대에 초월적 사유를 품은 시조가 쓰였다는 점은 매우 경이롭다."

요즘 범용적으로 쓰이는 말은 메타(meta-)라는 말이다. '메타'라는 말은 우월적 또는 초월적 지위를 의미하는 접두사이다. 이 말을 시조에 붙이면 메타시조(meta-sijo)가 된다.
메타인지는 상상력과 창의력이 발달한 사람이 갖고 있는 능력이며 언어의 감수성이 발달한 사람일수록 언어를 고도화시킬 수 있다고 한다. 우리는 누구나 감정(느낌)을 갖고 있지만 다 같은 감정은 아니다. 느낌 속의 느낌을 찾아내기란 말처럼 쉽지 않은 과정이다. 따라서 메타인지가 발달한 사람일수록 메타적 감각은 뛰어나다고 볼 수 있다.

이런 측면을 고려하면 이미 시조에서는 수백 년 전부터, 비록 당시에는 메타라는 말이 없었지만, 이 초월적 사유의 세계관을 가지고 작품을 생산했다고 볼 수 있다. 따라서 메타라는 개념을 처음 도입한 것은 시조시인인 우리의 조상들이 아닐까 하는 생각을 해본다. 고시조에서 이런 메타시조 형식의 글을 발견하기는 어렵지 않다. 황진이의 작품이 대표적이다.

동짓달 기니긴 밤을 한 허리를 버혀내어
춘풍 니블아래 서리서리 너헛다가
어른님 오신 날 밤이여든 굽이굽이 펴리라

현대시조는 어떤가?

고독마저 황홀하게 사르는 석양빛을
늘 시린 가슴에다 모닥불로 지펴놓고
무상을 휘감고 앉아 그 아픔을 삭인다.

김광수의 「바위」

이 작품 역시 메타적 성격이 짙은 시조이다. 깊은 사유가 필요하다. 외적 조건인 장, 구, 소절은 물론이고 내적 조건인 각 장의 독립성, 연결성, 완결성과 특히 종장 처리는 초월적(超越的)인 표현이다. 간결하고 함축적이며 언어의 미적 감각이 뛰어나 언어예술로서의 가치를 충분히 발휘하고 있는 시조 작품이라 생각된다.

"문학"은 작품에 드러난 예술적 특성을 가질 때, 독자에게 즐거움을 줄 때, 의미를 부여할 때 그 가치를 인정받는다. 이이(李珥)도 '사람이 내는 소리로 뜻을 가지고, 글로 적히고, 쾌감을 주고, 도리에 합당한 것을 문학이라 한다.'고

규정한 바 있다.

지금까지 '시조'의 문학성을 살펴보았는데 다른 어떤 문학과 비교해 봐도 그 가치가 절대로 뒤지지 않는 언어 예술적 가치를 가지고 있다.

시조의 역사적, 문학적 가치는 시공의 개념을 초월한다. 그만큼 우리의 삶을 풍요롭고 아름답게 만들기 때문이다. 이러한 가치가 없는 대상이라면 역사 속에서 살아남을 수가 없었고 이를 보존하고 계승할 욕구도 없어졌을 것이다.

개정된 "문학진흥법"에서 '시조'를 문학의 범주에 포함한 것은 시조 역시 언어예술의 한 분야로 인정하고 미래로 전승할 가치가 있기 때문이다. 따라서 기본 정신을 살려 시조를 인류의 공동 자산으로 보전하고 보급하고 발전시키기 위해서는 보다 적극적인 법적 보호가 절대적으로 필요하다.

5. 문화유산적 가치: Cultural Inheritance Value

문화(文化)라 함은 자연 상태에서 벗어나 우리의 삶을 풍요롭게, 편리하게, 아름답게 만들어 가려는 그 사회 구성원에 의해 습득, 공유, 전달하는 행동 양식이고 그 결과물로 나타난 축적물이 문화재(文化財)가 되며 그 가치를 인정받을 수 있다.

문화는 공유성, 학습성, 축적성, 변동성, 총체성 등의 속성을 지니고 있다.

유산(遺産)은 선조가 남긴 가치 있는 물질적, 정신적인 전통 자산이다. 그렇기 때문에 문화적 유산은 후대에 전승되고 상속되어야 할 소중한 가치가 있는 전통문화가 된다. 국가에서도 법률을 만들어 전통문화를 보호하는 것도 그 가치가 매우 소중하기 때문이다. 먼저 전통문화가 문화유산적 가치를 인정받으려면 어떤 조건을 갖추어야 하는가.

"무형문화재 보전 및 진흥에 관한 법률(시행: 2022. 7. 19.)을 살펴본다.

제1조(목적):
이 법은 무형문화재의 보전과 진흥을 통하여 <u>전통문화</u>를 창조적으로 계승하고, 이를 활용할 수 있도록 함으로써 국민의 문화적 향상을 도모하고 인류문화의 발전에 이바지하는 것을 목적으로 한다.

제2조(정의)
이 법에서 사용하는 용어의 뜻은 다음과 같다. <개정 2016.12.20, 2018.12.24, 2020.6.9, 2022.1.18>
1. "<u>무형문화재</u>"란 「<u>문화재보호법</u>」 <u>제2조제1항 제2호에 해당하는 것</u>을 말한다.
2. "전형(전형)"이란 해당 무형문화재의 가치를 구성하는 본질적인 특징으로서 대통령령으로 정하는 것을 말한다.
3. "보유자"란 제17조제1항 또는 제32조제2항에 따라 인정되어 무형문화재의 기능, 예능 등을 대통령령으로 정하는 바에 따라 전형대로 체득·실현할 수 있는 사람을 말한다.
4. "보유단체"란 제17조제1항 또는 제32조제2항에 따라 인정되어 무형문화재의 기능, 예능 등을 대통령령으로 정하는 바에 따라 전형대로 체득·실현할 수 있는 단체를 말한다.
5. "전승교육사"란 제19조제1항에 따라 인정되어 전수교육을 실시하는 사람을 말한다.
6. "이수자"란 제26조제1항에 따라 전수교육 이수증을 받은 사람을 말한다.
7. "전승자"란 제3호부터 제6호까지의 어느 하나에 해당하는 사람 또는 단체를 말한다.
8. "명예보유자"란 국가무형문화재의 보유자 중에서 제18조제1항에 따라 인정된 사람 및 전승교육사 중에서 제18조제2항에 따라 인정된 사람을 말한다.

9. "전수교육"이란 제25조 또는 제30조에 따라 보유자 및 보유단체, 전승교육사, 전수교육학교가 실시하는 교육을 말한다.

10. "전승공예품"이란 무형문화재 중 전통기술 분야의 전승자가 해당 기능을 사용하여 제작한 것을 말한다.

11. "인간문화재"란 제17조 또는 제18조에 따라 인정된 보유자 및 명예보유자를 통칭하여 말한다.

12. "전승공동체"란 제17조제1항 단서에 따라 보유자, 보유단체를 인정하기 어려운 경우로서 무형문화재를 지역적 또는 역사적으로 공유하며 일정한 유대감 및 정체성을 가지고 자발적으로 무형문화재를 실현·향유함으로써 전승하고 있는 공동체를 말한다.

법제 2조 ①항에서 말하는 무형문화재의 범주는 다음과 같다.

<문화재법> 제2조2항: 무형문화재는 다음 범위에 해당하는 것을 의미한다.
① 무형문화유산의 전달체로서 언어를 포함한 구전, 전통 및 표현
② 공연예술 ③사회적 실행, 의식, 축제 ④자연과 우주에 대한 지식 및 관습 ⑤전통적 공연

"무형문화재 보전 및 진흥에 관한 법률" 제3조와 4조는 다음과 같다.

제3조(기본원칙)
무형문화재의 보전 및 진흥은 전형 유지를 기본원칙으로 하며, 다음 각 호의 사항이 포함되어야 한다.
1. 민족정체성 함양
2. 전통문화의 계승 및 발전
3. 무형문화재의 가치 구현과 향상

제4조(국가와 지방자치단체의 책무)

① 국가는 무형문화재의 보전 및 진흥을 위한 종합적인 시책을 수립하고 시행하여야 한다.
② 지방자치단체는 국가의 시책과 지역적 특색을 고려하여 무형문화재의 보전 및 진흥을 위한 시책을 수립·추진하여야 한다.
③ 국가와 지방자치단체는 제1항 및 제2항에 따른 책무를 다하기 위하여 이에 수반하는 예산을 확보하여야 한다.

우선 "무형문화재 보전 및 진흥에 관한 법률" 제1조에서 말하는 전통문화란 무엇인지부터 이해를 하여야 한다. 전통문화(傳統文化)란 한마디로 "그 나라에서 발생하여 과거로부터 현재까지 전해 내려오는 그 나라의 고유한 문화"라고 말할 수 있다. 즉 그 민족의 흥겨운 몸짓이며 노래이다. 그러면 전통문화가 될 수 있는 조건을 무엇일까.

첫째는 오랜 기간 이어져 내려와 우리 민족의 고유한 가치로 인정받아야 한다.(獨創性)

둘째 민족을 하나로 연결하는 연결고리 역할을 하여야 한다.(統一性)

셋째 미래의 문화발전을 위하여 후대에 물려줄 만한 미적가치가 있어야 한다.(藝術性)

이와 같은 전통문화를 계승하려는 이유는 무엇일까? 한 국가, 또는 그 사회 집단(민족)의 이미지를 제고하고 이를 바탕으로 새로운 문화콘텐츠를 만들어 경제적 이득을 취하려는 데 있다고 볼 수 있다.

이상 법률에서 말하는 대로 '시조'는 우리 민족의 독창적인 전통문화로서 우리의 삶을 윤택하게 해주는 "문화유산의 가치"를 충분히 지니고 있다. '무형문화재 보전 및 진흥에 관한 법률'에서 요구하는 독창성, 통일성, 예술성을 모두 지니고 있는 전통 문학예술이기 때문이다.

무형문화재 조정 및 진흥에 관한 법률 제13조와 제17조를 보면 소멸할 위험에 있는 무형문화재는 국가가 긴급 보호를 하도록 되어있다.

> 제13조(국가 긴급보호무형문화재의 지정) ① 문화재청장은 무형문화재 중에서 위원회의 심의를 거쳐 특히 소멸할 위험에 처한 무형문화재를 긴급히 보전하기 위하여 국가긴급보호무형문화재를 지정할 수 있다.
> 제17조(보유자 등의 인정) ① 문화재청장은 국가무형문화재를 지정하는 경우 해당 국가무형문화재의 보유자, 보유단체를 인정하여야 한다. 다만, 대통령령으로 정하는 바에 따라 해당 국가무형문화재의 특성상 보유자, 보유단체를 인정하기 어려운 경우에는 그러하지 아니하다.

'시조'는 국가의 보호에서 벗어나 있던, 소멸할 위험에 처해 있던 전통문학이었다. 법의 기본 취지가 이러한 위험에서 긴급 보전할 필요에 의해 만들어진 것이라면 시조는 당연히 긴급보호를 받아야 한다. 즉 '긴급보호무형문화재로' 지정되어야 마땅하다.

2019년 4월 문화재청에서 '숨은 무형문화재 찾기'를 한 적이 있었다. (사)한국시조협회에서는 드디어 기회가 왔구나 하는 생각으로 전문가와 상의 끝에 확신을 가지고 신청서를 제출했으나 이해집단의 논리로 탈락한 바 있다. 전통문화는 집단의 이해관계를 떠나 문화적 유산의 가치를 냉정하게 따져야 할 국익의 문제이지 권력의 입김, 로비, 또는 신청 목록이나 종목 수를 미리 정해놓고 형식적으로 심사하는 것은 바람직하지 못하다. 모든 결정은 국익이 우선되어야 하고 그 과정이 순수해야 하기 때문이다.

"무형문화재 보전 및 진흥에 관한 법률" 제2조 제 12항에서 보이듯이 "전승공동체"에 대하여 예외적 인정을 하고 있으나, 유네스코 협약에서는 "무형문화의 전승은 공동체, 집단, 개인에 의해 이루어진다."고 정의하고 있다

"무형문화재 보전 및 진흥에 관한 법률" 제2조 제12항

12. '전승공동체'란 제17조제1항 단서에 따라 보유자, 보유단체를 인정하기 어려운 경우로서 무형문화재를 지역적 또는 역사적으로 공유하며 일정한 유대감 및 정체성을 가지고 자발적으로 무형문화재를 실현 향유함으로써 전승하고 있는 공동체를 말한다.

제17조(보유자 등의 인정)
① 문화재청장은 국가무형문화재를 지정하는 경우 해당 국가무형문화재의 보유자, 보유단체를 인정하여야 한다. 다만, 대통령령으로 정하는 바에 따라 해당 국가무형문화재의 특성상 보유자, 보유단체를 인정하기 어려운 경우에는 그러하지 아니하다.
② 제1항에 따라 인정하는 보유단체는 「민법」 제32조에 따라 문화재청장의 허가를 받아 설립된 비영리법인으로 한다.

법률조항을 살펴본 바에 따르면 '시조'는 법률에서 인정하고 있는 전통문화로 법적 보호를 받아야 한다. 그러나 현실은 그렇지 아니하다. 그러면 유네스코협약과는 어떻게 다른지 조사해 볼 필요가 있다. '시조'는 "무형문화재 보전 및 진흥에 관한 법률" 제2조 12항의 단서조항에 해당하는 내용과 유네스코협약을 비교해 보면 다음과 같다.

유네스코협약 제2조 1항
'무형문화유산'이란 공동체, 집단, 및 개인들이 그들의 문화유산 일부분으로 인식하는 실행, 표출, 표현하는 지식 및 기술뿐 아니라 이와 관련된 전달 도구, 사물 유물 및 문화 공간 모두를 의미한다.

'시조'가 유네스코 협약의 범주에 들어간다고 꼭 '인류무형문화유산'이 되

는 것은 아니다. 그 선행조건으로 국가로부터 '무형문화재'로 인정을 받아야 하고 법적인 보호 장치가 마련되어 있어야 한다. 유네스코 무형문화재가 되는 전제조건은 ① 문화의 다양성과 창의성 ② 유산보호대책 ③ 대중성 등이 있어야 한다.

'시조'가 무형문화재로서 법률적 보호를 받을 수 있는 충분조건을 가지고 있는데도 '문학진흥법'은 2020년까지 '시조 문학'을 문학의 한 갈래로 인정조차 하지 않은 것도 사실이다.

지금까지 시조는 이 땅에서 태어나 흙과 바람과 물소리를 먹고 살아 왔지만 마치 이방인처럼 자유시에 눌려 존재감이 별로 없었다. 무관심과 홀대 속에 인동초 같은 삶을 살아왔음을 인정하지 않을 수 없다. 그러다가 7백여 년을 유랑민으로 떠돌다가 지난 2021년 4월에 드디어 문학이라는 호적부("문학진흥법"13))에 이름을 올리게 되었는데 이는 늦었지만 정말 다행이다. 이것은 사단법인 한국시조협회의 노력으로 일궈낸 성과이다.

이제야 우리 민족의 영혼이 담긴 전통 시조가 서양에서 들어온 자유시와는 확연히 차별화된다는 점을 정부로부터 공식적으로 인정받은 것이다. 즉 정부가 시조의 정체성을 인정한 것이다. 이는 시조인 모두의 기쁨이며 그 선두에 독립투사처럼 사단법인 한국시조협회가 앞장을 섰으니 더 큰 보람이 아닐 수

---

13) 문학진흥법
제2조(정의)
[개정 2021.5.18] [[시행일 2021.11.19]]
1. "문학"이란 사상이나 감정 등을 언어로 표현한 예술작품으로서 시, 시조, 소설, 희곡, 수필, 아동문학, 평론 등을 말한다.
2. "문학인"이란 문학 창작과 관련된 활동을 하는 사람을 말한다.
3. "문학단체"란 문학인들이 문학 활동을 하기 위하여 조직·운영하는 단체를 말한다.
4. "문학관 자료"란 문학 및 문학인 관련 자료로서 대통령령으로 정하는 기준에 부합하는 자료를 말한다.
5. "문학관"이란 문학관 자료를 수집·관리·보존·조사·연구·전시·홍보·교육하는 시설로서 제21조제1항에 따른 문학관 자료, 인력 및 시설 등 등록 요건을 갖춘 시설을 말한다.

없다.

이제부터는 국가로부터 '무형문화재'로서 인정을 받도록 하는 일이 남았다. 무형문화재로 인정받으려면 문화재청에서 선임한 심의기구에서 인정을 받아야 하는 데 그 심의기구에 단 한 명의 시조 학자도 없어 늘 관심 밖으로 밀려난다. 시조의 진정한 문화유산적 가치는 시조인의 참여하에 재조명되어야 한다. 따라서 문화재청에서는 이런 점을 참작하여 심의기구 위원을 구성해야 마땅하다고 본다. 이에 시조의 태동기부터 현재까지 굽이굽이 흘러온 애환(哀歡)이 서린 역사를 다시 한번 살펴봄으로써 '시조'의 미래를 재설정해야 한다.

(1) 초창기의 모습

여러 학자들의 연구에 따른 일반적 통설을 보면 시조가 이 땅에 태어난 것은 14세기 초쯤으로 추정만 할 뿐 근거는 제시하지 못하고 있다. 이 무렵 서구에서는 이탈리아를 중심으로 소네트가 유행하던 시기이다. 그로부터 7백여 년이란 세월이 흘렀다. 조선시대에는 사대적(事大的) 사상에 젖어 있어 한글이 창제되어 반포되었는데도 우리의 시문학(詩文學)은 한시가 상류사회를 지배하고 있었다. 한편 시조는 선비들의 전유물이 되어 일반 백성은 감히 접근하기 어려운 시로 여겨져 오다가 1728년 6월(음 5. 16)에 가객 김춘택에 의해 『청구영언: 시조 580』이 만들어지면서 보편화되기 시작했다고 본다.

이 무렵은 이미 한글이 아녀자 등 여러 계층의 백성에게 보편화되었을 것이므로 선비들의 작품을 모방한 작품들이 시중에 유행했을 것이라는 추측도 해볼 수 있다. 『청구영언』에 수록된 작품을 보면 공통 어구가 사용된 작자미상의 작품도 많이 실려 있는데 이는 이런 모방 작품이 하층인 일반 대중에게도 유행하고 있었음을 보여주는 증거이다.

『청구영언』 발간을 기점으로 하여 신분 계급에 눌려 말 못하고 살던 서민들이 한글이라는 글자를 매개로 자신의 처지나 비천한 삶을 한탄하거나 사회적 불평등에 반항하는 글을 씀으로써 하류 공동체 간에도 소통하는 문화가 생기기 시작했으나 이들은 자신의 이름을 감히 밝히지 못한 채 작품을 짓거나 노래, 특히 사설시조로 지어 울분을 토해내는 문화가 보편화되었을 것이라고 본다. 이런 시중의 떠도는 노래들을 가객들이 중심이 되어 여항(閭巷) 각지에서 수집하여 엮은 책이 『청구영언』이다. 선비 문학 중심에서 벗어나 신분이 낮은 일반인에게로 대중화되는 계기가 되었을 것이다.

(2) 개화기 모습

앞서 살펴본 바와 같이 '시조'는 개화기 전까지는 음악이었다. 즉 가사(노랫말)보다는 악보가 중심이 되어 창을 중요시하는 장르였음은 분명하다. '시조'가 문학으로서 인정받기 시작한 것은 개화기 이후부터이다.

김영철은 『개화기시가 연구』에서 "창곡적 시조시형이 아닌 문학적 시조시형으로 바뀌게 된 것은 《청춘》지 이후인 1920년대로 보아야 할 것이다."라고 말 한다. 그러므로 개화기는 창이나 가곡 등 노랫말에서 읽기문학으로 전환된 시기이기도 하다. 그러면 음악 용어인 시조를 언제부터 누가 문학용어로 사용하였는가? 육당 최남선이다. 최남선은 1926년 《조선문단》 5월호에 발표한 「조선국민문학으로의 시조」라는 논문에서 음악 용어에서 출발한 시조(時調)라는 용어를 처음으로 문학용어에 도입하여 사용하였다.

춘원 이광수는 『백팔번뇌』의 발문에서 다음과 같이 밝히고 있다.

"六堂은 '유희(遊戱) 이상의 時調'가 목표라고 밝히고 있다. 시조를 국문학 중에 중요한 것으로 소개한 이가 육당이며 그 형식을 위하여 새 생각을 가지고 시조를 처음 지은이가 육당이다.

육당의 시조집 『백팔번뇌』가 시조집 중에 효시로 세상에 나오게 된 것은 극히 의미가 깊은 일이다. 이런 점을 미루어 볼 때 『백팔번뇌』는 현대시조의 기점이 된다고 하겠다. 이 말을 굳이 하는 것은 우리 '시조 역사'에서 최남선의 역할을 강조하고 싶어서이다.

이처럼 시조의 근대사에서 육당의 역할은 정말 대단했고 '시조'라는 문학 용어를 사용함으로써 제1차 시조 장르의 독립선언을 한 셈이다. 한 몸이었던 시조가 노래(창)와 문학으로 분리되는 우화의 과정을 거친 것은 개화기 때이다. 역시 개화기의 학자 안확은 《文章》 2권1호 1940. 1.1 발행된 「時調詩와 西洋詩」라는 글에서 다음과 같이 6구 3장에 대하여 밝히고 있다.

"시조시의 제일 조건은 六句三章이라. 이 6구 3장으로 조직된 것은 절대 불변의 형식이니 이것이 시조시의 결정적 구성 형식의 특성이라, 고로 詩된 本性의 율동律動 선율旋律 화해和諧 등 3법은 이 6구 3장 내에 排列하여 있는 것이다."

또 「시조시학」에서는 다음과 같이 말한다.

"시조 형식에 있어서도 1편을 3단으로 나누고 1단을 2행으로 나누어 전편(全編)이 6행으로 된 것이니 제1행에서 2행까지를 초장, 3행에서 4행까지를 중장, 5행에서 6행까지를 종장이라 한다."라고 밝히고 있다."

이처럼 안확은 《문장》지에서 시조의 외형적 짜임새에 대해서, 「시조시학」에서 시조의 외적 형식은 자수율(음수율)이 기본이므로 음수가 시조의 유일 조건임을 밝히고 있다. "시조는 음수율로 만들어진 정형시"임을 분명히 밝히고 있는 셈이다. 또 장과 구의 명칭에 대한 개념 정립도 분명히 하고 있다.

이때부터 "시조의 정체성"에 대한 연구가 시작되었고 시조의 내외적 정체성을 보존하려는 움직임이 본격적으로 일어났다고 볼 수 있다. 자유시가 들어오기 전까지 우리나라에 존재해 온 순수한 우리의 시는 '시조' 하나였다. 이 토양에서 태어나 자란 민족시의 적자임에도 불구하고 서자 취급을 받으며 무시를 당하고 살게 된 것은 서양문화사조 때문에 더욱 심화되었다고 볼 수 있다. 개화기에 이르러 서양 문물이 밀물처럼 들어오면서 새로운 것에 대한 열망으로 시조는 뒷전으로 밀려나며 무시를 넘어 멸시를 받게 되고 결국은 자유시가 주인행세를 하게 된다. 일부 몰지각한 학자들은 시조를 "없어져야 할 산물"로 여기며 아예 문단에서 퇴출시켜야 한다고 주장하기도 했다. 이 무렵에 문화 전반에 걸쳐 우리 것을 무시하는 경향이 나타나게 되었는데, 이는 아마도 일본의 문화말살정책에 그 뿌리를 두고 있다고 보아야 할 것이다, 일제 강점기에도 양심 있는 학자와 독립운동가들은 우리 것의 소중함을 지켜내려 노력했지만 사이비 학자, 권력에 빌붙은 출세지향주의자들은 우리 것은 무조건 얕잡아보며 무시하는 경향이 팽배했던 탓에 시조는 설 자리가 더욱 좁았는지도 모른다. 그나마 다행인 것은 일본의 문화말살정책이 극에 달했음에도 불구하고 시조를 시(詩)로 부르는 창씨개명은 하지 않았다는 점이다.

필자가 어릴 때만 하더라도 시조는 초, 중, 고 교과서에 실려 기초적인 정서와 교육의 일부를 담당해 왔으나 요즘은 다른 세상이 되었다. 경제 논리와 사이버 문화가 정책적 기조를 이루고 있는 현실에서 시조는 모든 지위를 내려놓게 되었다.

2014년에 유네스코 인류무형문화재로 선정된 농악을 보면 그 선정 이유가 첫째 농악은 살아있는 공동체 문화이다. 둘째 인류문화의 다양성과 창조성에 기여하고 있다. 셋째 정부와 농악 단체가 농악을 보호한다. 등등. 그러면 고도의 산업화 사회로 들어가면 농업 인구 역시 시조 인구처럼 줄어들 터인데 이를 이유로 농악을 전통문화의 목록에서 제외시킬 수 있겠는가? 전통문화는 공동체 안에서 참여하는 인구 숫자와는 무관하다.

'시조'는 이와 어떻게 다른가? 필자는 똑같다고 생각한다. 농악 등 다른 무형문화재가 과거의 형식을 파괴하지 않고 그대로 재현하는 것처럼 시조 역시 그 창작 법에 있어 과거의 형식과 동일한 방식으로 그 정체성을 유지하고 있다. 다만 옛날 말이 아니라 현대어로 재현할 뿐이다. 다시 말하면 "다른 무형문화재의 시현 방식에 해당하는 '행위' 부분이 시조에서는 '형식'이라는 틀"에 해당한다고 본다. 다만 정부로부터 법적 보호를 받지 못한 점만 다르다. 요즘 시조 문학은 불길처럼 외국으로 번져 나가고 있다. 미국의 예(例)가 이를 방증한다.

'시조'는 외형적 틀과 내면적 문장의 짜임새가 독창성과 역사성 대중성이 있는 문학이다. 여기서 대단히 중요한 사실은 이 형식을 파괴할 때 이 문화유산적 조건은 사라져서 그 가치를 상실하게 된다는 점이다.

전통적으로 지속된 시조가 형식을 잃는 것은 전승을 잃게 되는 것이고 머잖은 미래에 '시조'라는 문학 장르는 사라지게 될 것임을 암시하는 지표가 될 수도 있다. 따라서 향후는 국가로부터 적극적인 보호를 받을 필요가 있으며 고리타분한 문학이 아니라 길이 보존 전승되어 할 소중한 전통문학자산이라는 새로운 인식의 대전환이 필요하다.

시조는 법적 보호에서 쫓겨난 신세로 살아오며 지금까지 동호회나 연구단체를 중심으로 그 명맥이 간신히 유지되어 왔다. 이제 정부에서는 소극적 태도에서 벗어나 적극적으로 문화유산으로 지정하여 보호하고 발전시킬 필요가 있음을 밝힌다.

여기서 일본의 단가(와카)에 대해서 손순옥 교수의 논문을 인용해 본다.[14]

---

14) 8)시조의 문화유산적 가치에 대한 논문/손순옥

'시조'와 단가는 양국을 대표하는 전통적 문학 형태로서 시조가 조선조 사대부들에 의해 유교적 이념을 토대로 한 정연한 세계관과 현실 위주의 사유를 서정적으로 노래하며 향유된 문화형태였다면 단가 역시 와카(和歌)라는 이름으로 우미한 서정성을 추구해 오며 주로 궁정귀족들에 의해 향유되어 왔다. 상류층 문학으로 양국의 시가사(詩歌史)에서 차지하는 비중이 비슷하다. - 중략 -

단가의 경우 근대문학으로 이식되는 과정에서 그 명칭이 와카→신파와카→단가로 바뀌었다. 시조 역시 고시조→근대시조→현대시조로 바뀌었다.

우리는 지금 초중고 교과서에서 '시조' 작품을 거의 다루지 않고 있지만 미국이나 서구의 일부 국가에서는 하이쿠를 초중고부터 정규 과목으로 편성하여 가르치고 있다. 근자에 와서 '시조'의 우수성을 인지하고 '시조' 쓰기를 가르치자는 움직임이 감지되고 있음을 직시할 필요가 있다. 우리나라에서 무시당하는 시조가 외국에서는 존중받으며 인류의 보물 대접을 받고 있는 것은 아이러니가 아닐 수 없다.

"가람 이병기(1891-1968)는 1926년부터 시조의 이해를 촉구하는 논설을 거듭 펼쳐오다가 「시조는 혁신하자」(동아일보 1932. 1.23-2.4)를 연재하여 근대시로서의 전통 확립과 창작의 지침을 마련하고자 했다.

일본의 시카는 가인의 편협한 사고와 어휘의 중복 사용 향유층의 한정, 기교 등을 단가 부패의 원인이라고 하면서 사생기법 도입, 새로운 취향과 융통성 있는 사고, 용어 구역의 확대, 내용에 따른 가락의 변화 등을 주장했다."

인용문에서 보듯이 가람 이병기나 시카의 주장은 비슷하지만 시조는 변하지 못했고 시카는 변화함으로써 서구 사회에 깊숙이 배어들어 독자들이 이를 즐기고 있는 실정이라고 한다. 시조도 변화된 측면이 있긴 하다. 새로 만들어낸 음보 이론이다. 이 음보 이론은 『시조시학』에서 안확이 주장한 음수이론(전통시조)과는 개념이 다른 이론이다. 전통은 변하지 않는 것이다. 그러므로 정부의 관심과 정책적 배려가 절실히 요구되는 전통문학이라 하지 않을 수 없다.

2001년 1월 미국의 피터슨 교수, 루시박 교수와 우리협회 이사장을 비롯한 몇 명이 웨비나를 개최한 적이 있다. 당시 대화 내용을 소개한다.

"그 자리에서 피터슨 하바드 대 명예교수는 한국의 중고 교과 과정에 시조 커리큘럼이 들어 있느냐고 물으면서 미국서 시조백일장을 여는데 미 전역의 8천여 개 중고교에서 참가를 한다고 했다. 또 미국의 초중등 교과 과정에는 일본의 하이쿠가 정규 과정으로 편성되어 있다는 소식을 듣고 놀랍기도 하고 부럽기도 하고 우리 현실이 부끄럽기도 하였다. 그러면서 그는 이런 말을 덧붙였다. "시조는 하이쿠와 비교할 수 없는 훌륭한 문학이다. 미국의 학생들도 이렇게 재미있는 시를 보지 못했다며 대단한 관심을 표명한다."고 했다.

참고로 미국에서 시행되는 시조백일장 응모 요강을 싣는다.

2021 Sejong International
Sijo Competition
Submission Deadline, Sep 30, 2021

Eligibility:
age: all age
nationality: any nationality

Requirement:
Sijo must be written in English.

Only one entry per applicant is permitted.

Previously published sijo or awarded is not accepted.

Sijo :

The sijo is a traditional three-line Korean poetic form organized technically and thematically by line and syllable count. Using the sijo form, write one poem in English on a topic of your choice. Learn how to write sijo by visiting our website.

Read about sijo and sijo reference

Sijo examples

YouTube Channel Sejong cultural society (sijo lectures and classes)

Prize:

Winner: $500

Runners-up: $250

Honorable Mentions: $100

Submit your sijo using our online form.

Submission deadline Sep 30, 2021, 11:59pm CDT.

More information can be found on our website.

For questions, please call 312.497.3007 or email us at sejong@sejongculturalsociety.org.

결론적으로 이상에서 살펴 본 바와 같이 '시조'는 문화와 문화재, 역사, 전통, 예술, 국내 법, 유네스코 협약 까지 어느 한 조항에도 벗어나지 않는 순수 예술이다. 더구나 '시조'는 일본의 와카나 하이쿠와는 비교가 어려울 만큼 뛰어난 문학성을 지니고 있지만 세계화가 아직도 제자리걸음인 것은 정책당국의 관심 부족에서 비롯된 것이라고 말할 수 있다. 이제부터라도 다른 문화예술이 그 가치를 인정받아 정부로부터 보호를 받는 것과 같이 '시조' 또한 살아 있는, 선조들로부터 물려받은 문화유산으로서 가치가 입증된바 다른 문화재와 대등한 자격을 부여받고 보호받아야 되고 정책적 지원이 반드시 있어야 한다고 생각한다.

6. 대중문화예술(popular culture)로서의 가치

대중은 그 사회를 구성하고 있는 대다수의 사람을 지칭하는 말이다. 또 문화란 자연 상태에서 벗어나 우리의 삶을 좀 더 풍요롭게, 편리하게, 아름답게 만들어가려는 구성원에 의해 습득되고 공유되고 전달되어온 수단이라 할 수 있다. 대중문화는 일반대중을 대상으로 생산되고 소비되는 문화로 일반 대중예술(大衆藝術)이 이에 속한다고 보면 된다. 즉 대중음악, 대중극, 대중무용, 미술, 전시, 조각, 연극에 이르기까지 매우 다양한 모습으로 나타난다.

대중문화는 상류문화에 대응하는 표현으로 특정 계층 또는 특정 집단의 구성원들만 향유하는 문화가 아니라 보통사람들로 구성된 집단이 같은 생활공간에서 호흡을 맞추고 서로의 체온을 느끼며 즐기는 문화이다. 이러한 대중문화의 소비 주체는 일반 대중이다. 문화예술이란 문학, 영상, 음악·미술·공연·전시, 전통놀이 따위의 문화적 활동과 관계된 예술을 가리키는 말로 인간의 새로움(변화)을 추구하는 '욕망'에서 발전을 지속하게 된다. 따라서 '시조'라는 하나의 문학예술이 대중 속에서 어떤 역할을 공유할 수 있는지 또 공동영역 안에서 예술적 가치를 어떻게 창출해내고 있는지 알아보고자 한다.

김창남 교수는 『대중문화의 이해』에서 대중문화를 mass culture와 popular culture로 구분하고 있다. 여기서는 일반적 개념인 popular culture만을 중점적으로 살펴보기로 한다.

문화를 세분한다면 고급문화, 서민문화, 민속문화, 궁중문화, 민중문화, 민족문화, 전통문화 등 문화의 주체에 따라 또는 독특한 전통이나 관습에 따라 나눌 수도 있겠으나 '시조'는 우리 민족의 고유한 전통문학예술이므로 이 시조가 우리의 일상적 삶을 어떻게 향상시키고 행동 양식에 어떤 변화를 주게 되었는지에 대해, 즉 생활 속 대중문화로서의 역할과 정체성 표현공간에서의 대중성[15])에 대하여 살펴본다. 먼저 생활 속의 대중문화는 대중의 감수성, 취향, 행동양식 등에 영향을 미친다. TV나 음악 방송을 예로 들 수 있다.

다음은 정체성 표현공간으로서의 대중문화는 세대 간, 계층 간, 성별, 인종, 지역 등에 따라 다르게 나타난다. '시조'는 이 두 가지와 밀접한 관련이 있다. '시조'는 탄생 배경이 노래에서 시작되어 사대부들이 즐기며 향유하던 문화예술이다. 한글 탄생과 더불어 조선 후기에 들어와서 사설시조의 출현으로 일반대중 속으로 파고들어 가기 시작했고 우리의 삶에 큰 영향을 끼쳤다. 우매(愚昧)한 백성이 글이라는 매체를 통하여 눈을 뜨게 됨으로써 세상과 자아를 바라보는 시각이 달라졌으며 인간의 존엄성, 평등, 자유 내지는 개인이나 사회 집단의 사상, 행동 따위를 이끄는 관념이나 신념의 체계에 이르기까지 새로운 욕구가 생기는 계기가 되었다. 7백 년이라는 역사 속에서 '시조'는 정체성을

---

15) "한국민족문화 대백과 사전"에서 인용

확립하였고 현재는 세계인이 즐기는 시문학으로까지 발전하였다.

사단법인 한국시조협회의 창립 목표 중 하나가 "시조 정체성의 확립"과 "시조의 국민 시화(詩化)"이다. 이 정신은 일반 대중 속으로 파고들어 누구나 시조를 쓸 수 있도록 장려하고 그들의 문화 속에서 생활의 접목과 동화(호흡을 함께함)를 하겠다는 의미가 강하게 나타나 있다. 인종, 나이, 성별의 구분 없이 시조를 창작하도록 하겠다는 큰 뜻이 숨어 있다. (사)세계전통시조협회에서는 일상생활에서 시조예술을 즐기자는 의미로 《생활 시조》라는 잡지를 만들어 보급중이다. '시조'라는 문학적 측면에서 말하는 대중문화는 일반 대중문화와는 성격이 좀 다른, 문학 또는 언어예술로서의 문화로 한정된다. 시조의 생산자와 생산된 '시조'를 소비하는 소비자가 각자의 취향에 맞도록 각색할 수 있다. 생산자와 소비자의 구분을 필요로 하지 않는다. 사회 풍자극, 코미디, 버스킹(busking: 길거리 연주) 등등. 이런 대중예술은 대사와 음악과 연출이 필요하다. 시조는 여러 역할 중에서 뼈대가 되는 대사(작품)를 중시하지만 이런 여러 분야와 공동으로 공연을 펼침으로써 그 효과를 극대화시킬 수 있다. 악(樂)은 태초부터 시조와 한 몸으로 태어났기에 잘 어울리고, 서(書)는 시조 작품을 품격 높은 서체(書體)로 써서 그 아름다움을 더 할 수 있고, 화(畵)는 시조를 붙여 더욱 그 색조를 화려하게 만들며 의미를 부여하고, 무(舞)는 시조창과 더불어 흥을 일으켜 어깨춤을 추게 하는 인간 본능을 자극한다. '시조'는 이런 모든 예술 분야에 대중의 희로애락을 품을 수 있는 신비한 언어예술이다.

영·정조 시대에는 청구영언, 해동가요 등 많은 가집(歌集)이 만들어졌으며 이를 토대로 해학적 수사를 겸한 사회 풍자가 유행했다고 볼 수 있는데 그 대표적인 것이 사설시조이다. 초기에는 양반계급의 전유물처럼 여겨지던 '시조'가 한글의 보급으로 서민 계급을 눈뜨게 하였으며 그동안 억눌린 감정을 사설 형태로 표출하였다. 결과적으로 이러한 사회적 문화적 현상은 봉건제도를 타파하는 씨앗을 잉태하고 있었는지도 모른다. 봉건제도를 타파하고 평등사상을 도입하는 계기를 만든 것이 바로 시조문학이 아닐까 하는 생각도 해본다.

물론 이 시기에 '시조'만 번창했던 것은 아니다. 그림(정선, 김홍도 신윤복)이나 글씨, 음악 등에서도 눈부신 융성시대를 맞이한 것은 사실이다. 하지만 같은 음악이지만 조선의 궁중음악은 대중 속으로 들어오기 힘든 영역이었다.

현존 궁중음악은 조선에서 전승된 것이므로 궁중음악의 내용은 조선시대가 중심이 된다. 조선은 유학을 국시(國是)로 천명하고, 예(禮)와 악(樂)에 의한 덕치(德治)를 이상향으로 삼았으므로, 성종대(1469~1494)에 법전인 『경국대전(經國大典)』뿐 아니라 예서(禮書)인 『국조오례의(國朝五禮儀)』를 편찬하여 조선왕조를 이끌어가는 커다란 중심축으로 삼았다. 인간관계에서 일어나는 일을 다섯으로 분류하여 인간으로서의 바른 도리를 실현시키고자 만든 것이 오례(五禮)이다. 『국조오례의』는 길례(吉禮) · 가례(嘉禮) · 빈례(賓禮) · 군례(軍禮) · 흉례(凶禮)로 구성되었으며, 각 의례(儀禮)는 거의 모두 악(樂)이 수반되어 있다. 궁중음악은 의례와 밀접하게 연관되어 있으므로, 의례와 함께 설명해야만 궁중음악의 본질이 드러난다.16)」

『종묘제례악』은 1975. 6. 3. 중요무형문화재 제56호로 지정되었고 2001. 5. 18 유네스코에서 '인류구전 및 무형유산 걸작'으로 선정되어 "세계무형유산"으로 등재된 바 있다. 인류문화유산임에도 『종묘제례악』은 그 활동 대상이 극히 제한적이다. 말하자면 즐김은 있으나 누구나 그 행위를 할 수 있는 것은 아니므로 대중성을 띤 대중음악이라 보기는 어렵다. 이에 비해 '시조'는 온 세계 인류가 누구나 주체가 되어 작품을 지을 수 있고 다른 예술과 함께 또는 약간의 변용을 통하여 활동하는 데 전혀 어려움이 없다. 약방의 감초처럼 그만큼

---

16) 한민족대백과사전

활동 범위(대중성)가 넓다는 말이 된다. 어느 예술과 만나도 거부당하지도 거부하지도 않는 장르이다.

'시조'는 off-line뿐만 아니라 on-line 상에서도 얼마든지 활동할 수 있고 어떤 장애도 받지 않는다. 요즘 같은 코로나 팬데믹(pandemic) 시대에도 지장을 받지 않는다는 장점이 있다. 시조는 장구한 세월을 두고 일반 대중과 한 공간에서 호흡을 함께 해온 문학으로 대중의 삶에 활력을 불어넣어 준다. 다시 말해 구성원 공동의 문학자산이며 전통 예술로 공감대를 형성하고 있다. '시조'는 공동체, 집단, 개인에 의해 전승된 문화유산으로 우리의 얼을 함양시켜 왔다. '시조'는 당초 노래(창)와 함께 태어난 대중예술로 음악과는 불가분의 관계에 놓여 있어 대중문화예술로서의 가치는 한층 높아진다고 볼 수 있다. 그러나 인터넷 문화의 발전 속도가 너무 빨라 '시조' 문학은 대중문화 속에서 상당한 위기를 맞고 있다. 과거에는 문화의 생산자와 소비자가 같은 영역 안에서 공존해 왔지만, 인터넷 시대에는 그 주체가 다르게 나타난다. 자본이라는 경제논리가 지배하는 공간속으로 들어와 있다. 언제나 세대가 주체로서 대중문화의 중요한 요소가 되어 왔지만 지금은 그 양상이 너무나 다르게 나타난다. 젊은 세대가 소비의 주체이기 때문이다. 이 말은 '시조' 문화가 그들과 호흡을 맞추지 못한다면 이네들로부터 외면 받게 될 수도 있다는 얘기이다. 디지털 문화는 아날로그 시대와는 너무나 큰 변화를 가져왔다. MZ 세대는 생산과 소비뿐 아니라 정보를 수집하고 조합하여 자기가 원하는 대로 새로운 모습의 문화를 창출해 내는 세대이다. 이런 변화에 둔감하다면 분명 '시조'는 대중 속에서 잊힌 운명으로 존재하게 될 것이다. 즉 디지털 세대가 노는 곳은 넓은 운동장이 아니라 경계선이 무한대인 사이버(cyber)공간이다. 이 작은 공간에 전 우주와 세계역사 문화 등 온갖 것을 다 집어넣고 살아가는 세대이다. 기성세대는 이 사이버공간에서 입구도 출구도 찾기도 어렵다. 요즘의 대중문화를 공동체적 문화라는 측면에서 바라보면 과거와 달리 그 영역이 삶을 영위하는 공간적 개념보다 시간적 공간의 개념이 강하다. 사이버(온라인)문화가 사이버 공동체를 형성한다. 사이버 공동체는 지정학적 개념을 떠나 시간적 공동체를 강화시킨다. 한편, 디지털(사이버) 시대는 문학, 예술, 사회과학, 인문학의 경계를 넘어 통섭(統攝: consilience)을 시도하는 시대적 요구도 받는다. 따라서 시조 문화 역시 아날로그적 사고를 벗어나 자기 고집을 하지 말고 사이버 문화에 호흡을 맞출 줄 알아야 한다.

시조는 언어의 미를 살려내는 문학예술로 그 가치를 충분히 인정받기 이전에 먼저 해야 할 일은 스스로 운명을 개척해내야 할 시련의 시기가 다가오고 있음을 감지하고 이에 대비하여야 한다. 상당한 연구와 대책이 시급한 때이다.

7. 시조의 종합예술적 가치: Composite Art Value of Sijo

종합예술이란 분야를 달리하는 모든 예술적 요소를 모아 이루어지는 예술로 여러 분야의 예술을 혼합하여 창조한 산물이다. 영화나 뮤지컬이 좋은 예이다. 뮤지컬은 노래, 연기, 춤이 결합된 종합 예술이다.

동국대 김세종 교수는 논문 「'시조'의 종합 예술적 가치」를 첫째 문학성, 둘째 민중성, 셋째 예술성에서 찾고 있다.

첫째 문학적 측면에서 '시(詩)는 마음이라' 하여 인간이 지켜야 할 도리와 인류의 보편적 가치인 자유, 평등, 박애 정신에 근거를 두고 예술적 가치를 인정하였다.

둘째는 시조의 민중성, 즉 서민 예술이란 점을 들고 있다. 시조는 출생이 사대부의 피를 물려받은 문학이지만 조선 후기에 들어와 사설시조의 출현으로 일반대중화된 것은 사실이다. 사설시조는 봉건사회의 몰락을 앞당기는 계기가 되었을 수도 있다. 계급사회를 타파하고 자유와 평등 기회의 균등을 외치는 민중의 목소리를 대변한 것이라 봐도 큰 무리는 없을 것 같다. 청구영언 해동가요 가곡원류 등에 수록된 많은 작품들이 이를 대변하고 있다.

셋째 예술성은 -음악에서 예(시조창)를 들면- '청, 박자, 장단, 정음, 시김새 등과 같은 것들을 예로 들 수 있다.

첫 번째 문학적 측면에서 본 가치와 세 번째 예술성에 대한 가치는 이미 논한 바 있으므로 여기서는 두 번째 가치에 대해서만 논하기로 한다.

두 번째 가치인 민중문화로서의 가치로서 "봉건사회의 몰락을 앞당기고 기회균등 외치는 민중의 목소리를 대변했다"라는 점에 대해서 우리는 귀를 기울여야 한다. 사설시조 대부분이 사랑 또는 애정에 관한 얘기이고 사회를 비판하거나 국록을 먹는 선비들의 비행이나 권위주의를 노골적으로 비판한 작품이 극소수에 불과한 것은 사실이다. 사회 변혁은 하루아침에 이루어지는 것이 아니라 서서히 이루진다.

숨 막힐 듯 답답한 사회구조 속에서 하류 계층의 백성은 사설시조를 통하여 사회적 모순에 대항하는 탈 계급화의 수단으로 사용했을 것이다. 탈 계급화의 수단은 급진적이거나 과격하거나 노골적이 되어서는 안 될 것이다. 의관을 정제한 선비를 연상케 하는 틀에 박힌 3장 6구 12소절의 정형시조는 가객들에게 또 다른 계급을 상징하는 문화였다. 당시의 시문화(詩文化)로서 정형 '시조'는 당연시되던 가치였고 이를 파괴한다는 생각을 감히 한다는 것은 상상하기 어려운 사회구조였다.

대장부 되어나서 공맹안증 못할진대/차라리 다 떨치고 태공병서 외워내어 말만한 대장인을 허리 아래 비껴 차고 금단에 높이 앉아 만마 천병을 지휘 간에 넣어두고 좌작진퇴함이 그 아니 쾌할쏘냐/우리는 심장적구하는 썩은 선비는 부뤄 아니 하노라. -작자 미상

*심장적구(尋章摘句): 옛사람의 글귀를 여기저기서 뽑아 시문을 지음

정형시조의 해체를 봉건사회의 몰락을 가져온 근거로 봐도 무리는 아니다. 사설시조는 정형시의 해체라 볼 수 있다. 17-8세기(영 정조 시대) 이후에 사설시조가 유행하기 시작했다고 하면 이 이전까지 틀에 박힌 정형시조는 하류 계층 사람들의 눈으로 보면 양반 냄새가 진동하는 또 다른 세상의 배부른 이야기이기 때문에 이를 벗어나고 싶은 욕망과 숨 막힐 듯한 위압을 벗어나 가슴에 맺힌 한풀이를 마음껏 털어놓고 싶은 욕구가 치솟았을 것이라는 생각이 든다. 즉 신분에 대한 불평등의 사회구조에 늘 불만을 느끼고 있었을 것이다. 그래서 나온 예술 장르가 사설시조라고 김세종 교수는 주장한다. 자유시는 1990년대에 접어들면서 시의 해체운동이 일어났으나 시조는 2-3백 년 전에 이미 이런 운동을 시도했다고 본다. 그러면 영·정조 이전에 하층 사회에서 불리어 온 '만횡청류'는 어떻게 보아야 할 것인가 하는 문제가 대두된다. 즉 봉건사회에 대항하는 시기를 왜 영·정조 이후에 찾으려 하는가 하는 점이다. 김천택의 말을 빌리면 '이런 류의 음탕하고 외설적인 노래들은 오래전부터 불리어 왔다. 단번에 버리기가 아깝다.'라는 표현에서 이미 오래전부터 음지에서 불리어 온 노래들인데 이를 김천택 등이 당시의 노랫말에 맞게 편집했을 것이라는 설이 있다. 하층민들이 그냥 알게 모르게 자기들만의 세상에서 부르며 웃고 즐기던 노래로 일정한 악곡이 존재하지 않았을 것이다. 즉 양반들의 정형시인 '시조'는 사회적으로나 문화적으로 인정을 받았지만 하층민들의 애환 어린 노래는 음지에서 알게 모르게 존재해 왔을 것이라는 추측을 할 수 있다. 사설시조(辭說

時調)는 본래 편시조(編時調)·엮음시조(--時調)라고 이르던 것인데, 현대에 들어와서 변형된 시조 명칭으로 이미 굳어졌다고 본다. 사설이라는 말 자체가 길게 늘어놓는 잔소리나 푸념조라는 의미이다. 따라서 이런 푸념조의 노래는 인간사회에서 그 기원을 알 수 없을 정도록 오래되었다고 본다. 하여간 이 같은 사설시조는 엄격한 신분을 요구하는 사회제도 속에서 대중성을 지니고 있지 못했기 때문에 사회 변혁을 가져오는 계기를 만들지 못했을 것이라는 추측이 가능하다. 반대로 대중성을 지녔다 하더라도 엄격한 사회신분제도 하에서 사회 변혁을 가져오기란 불가능한 일이었을 것이다.

그러나 『청구영언』 이후부터 여러 가집이 나오면서 본격적으로 널리 퍼지게 되고 잠자는 하층 민심에 불을 지피는 계기가 되었을 것이다. '만횡청류' 중 두 수를 소개한다.

    대장부가 이 세상에 할 일이 전혀 없다. 글을 하자하니 인생이 글자를 알면서 우환이 시작되고 칼을 쓰자하니 병사(兵事)를 아는 것은 흉기와 같도다. 차라리 기생집 술집을 오락가락 하리라.
                                                    작가 미상

    오늘도 저물었도다 저물며는 새리로다 새면 이 임 가리로다 가면 못 보려니 못 보면 그리려니 그리면 병들리니 병이 들면 못 살리로다 병들어 못 살줄 알면 자고 간들 어떠랴
                                                     작가 미상

'만행청류'가 하층계급의 목소리였다면 이와 다르게 상류층(지식인층)은 유유자적하며 사회적 책임을 다하려는 선비정신도 엿보인다. 여하간 백성을 대변하는 두 목소리가 존재한 것은 분명하다. 사설시조는 정철(1536-1593)의

장진주사가 『청구영언』에 수록된 작품 중에서는 제일 빠르다. 대부분의 작품이 미상이지만 『고시조대전』을 살펴보면 10여 수의 작품만 작가가 나오고 나머지는 모두 미상이다. 그러나 이는 단순히 『청구영언』 편집상(編輯上)에 나타난 수록 순서일 뿐 김천택의 말처럼 여말부터 불리어 오던 노래도 많았을 것이므로 별 의미는 없다고 본다.

정철의 작품을 소개하면 다음과 같다.

한잔 먹세그려 또 한잔 먹세그려 꽃 꺾어 산 놓고 무진상 먹세그려 이 몸 죽은 후면 지게위에 거적 덮어 줄이어 매어가나 유소보장에 만인이 울어예나 어욱새 속새 떡갈나무 백양 숲에 가기 곧 가면 누른해 흰달 가는 비 굵은 눈 소슬히 바람불제 뉘 한잔 먹자 할꼬/하물며 무덤위에 잔나비 파람불제 뉘 우친들 어쩌리

정철의 작품은 사설시조의 효시라고 볼 수 있다. 사설시조의 효시라는 말이 정확한 표현은 아니다. 작가미상 작품 중에도 이보다 먼저 작품을 쓴 이가 있을 수 있으나 근거가 될 만한 사료가 발견되지 못하고 있으므로 추가로 새로운 자료가 발견되기까지는 어쩔 수 없는 일이다. 정철의 작품 세계는 임금에 대한 충성과 애민 사상을 기저에 깔고 인간미 넘치는 자연의 아름다움을 노래한 작품이 많다. 이와는 반대로 하층 계급은 사랑의 갈증을 핑계로 사설을 함으로써 사회 부조리나 불합리를 외친 것이 많다. 하나의 사조(思潮)가 나타나기 시작한 것은 『청구영언』이라는 가집을 통하여 보편화되면서부터이다. 사회 변화는 하루아침에 바뀌는 것이 아니라 서서히 바뀌어 간다. 여성들의 작품도 있겠지만 작자의 이름이 없어 구분이 불가능한 것은 매우 안타까운 일이다.

『청구영언』의 편집 체계를 보면 '만횡청류'(116수)는 가집의 후미에 별도로 편집되어 있다. 그러므로 일반 평시조(선비문화)와 사설시조(하층민)문화

를 구분하여 평가해 보아야 할 것이다.

먼저 평시조를 보면 기녀의 작품이 5편이 있으나 이는 선비를 상대로 한 노래이다. 따라서 평시조는 선비들이 향유하던 고급문화이다. 이러한 고급문화는 사회 전반에 어떤 영향을 끼쳤을까.

첫째 국가에 대한 충성심, 선비의 지절, 인간의 도리, 부모에 대한 효성 등을 고취시켰다. 즉 국가관과 공동체 생활에 필요한 도덕적 규범을 강조했다.

둘째 이러한 활동을 통해 우리의 얼(정신세계)을 선양시켰다.

셋째 우리가 누려야 할 품위 있는 여가를 만들어 주었다.

단시조(평시조)만 보면 여성들의 작품이 더욱 서정적이고 섬세하여 예술적 가치는 더 높다고 볼 수 있다. 대표적인 황진이와 작자 미상의 작품을 비교해 본다.

> 청산리 벽계수야 수이감을 자랑마라
> 일도창해하면 돌아오기 어려왜라
> 명월이 만공산 하니 쉬어 간들 어떠리
> 　　　　　　　　　　　　　　　　-황진이

> 사랑이 어떻더냐 둥그더냐 모나더냐
> 기더냐 자르더냐 밟고 남아 자일러냐
> 하 그리 긴 줄은 몰라도 끝간데를 몰라라
> 　　　　　　　　　　　　　　　　-미상

다음으로 사설시조가 사회에 미친 영향은 살펴보기로 한다.

첫째 인간의 평등을 강조한 문학이다.

둘째는 사회변혁의 기틀이 되었다는 점이다.

셋째는 탈권위주의를 표방하였다.

사설시조가 '시조'의 전체를 대변하는 것은 아니다. 오히려 단시조(평시조)나 연작시조가 지금까지 그 시조의 정체성을 이어 받고 있으며 시조의 현주소를 보더라도 사설시조를 쓰는 시인은 아주 적다. 소수 일부만 계승할 뿐이다. 이런 관점에서 시조하면 단시조나 연시조를 떠올리게 되고 서구사회에서 유행하는 시조도 단시조뿐이다.

개화기 이후 급격한 사회 변화와 더불어 자유시가 들어오면서 시조 역시 변하지 않을 수 없었다. 즉 대중매체(신문, 잡지)를 통하여 자기의 글을 전파하는 계기가 만들어짐에 따라 짧은 평시조에 어떤 사상과 철학적 표현 또는 서정적 감정의 함축적 표현이 어려워지므로 연시조에 눈을 돌리게 된다. 사설시조는 음탕하여 뒷골목 문화로 숨어들고 이를 대신할 만한 연시조가 유행하기 시작했다고 본다. 연시조가 이처럼 세를 확장하기 시작하여 현재까지 진행되는 과정 중에 있다.

사설시조라 하여 일정한 형식이 없는 것은 아니나 이는 시조의 변형으로 나타난 형태로 할 말은 많은데 간결성과 함축, 상징을 표현하기 어려운 하층계급의 한계가 아니었을까? 사설시조를 미학적 측면만 고려하면 어느 정도의 골계미(滑稽美)를 부정하기는 힘들지만 우아미(優雅美)라든지 숭고미(崇高美), 절제미(節制美), 균제미(均齊美)는 찾아보기 어렵다. 따라서 필자는 사설시조는 평시조와 성격이 구분되어야 한다고 본다. 지금 현대인들이 짓고 있는 시조의 대부분은 평시조로서 여기서 시조의 정체성을 찾아내야 한다고 본다.

시조는 현재 "무형문화재 보전 및 진흥에 관한 법률" 제13조에 해당[17] 되어

---

17) 제13조(국가 긴급보호무형문화재의 지정) 소멸할 위험에 처한 무형문화재를 긴급히 보전하기 위해서 국가긴급보호무형문화재를 지정할 수 있다.
　제17조(보유자 등의 인정) 국가무형문화재 특성상 보유자, 보유단체를 인정하기 어려운 경우에는 그러하지 아니하다.
　제9조(무형문화재 위원회 구성)
　제10조(위원회의 심의사항 등)

보호를 받을 수 있다고 생각할 수도 있지만 제 17조에 의해 보호단체 또는 기능 보유자로서 인정받지 못하면 '시조'라는 장르 자체가 보호받을 수 있는 근거가 없어진다. 아이러니다. 문화재보호법[18]의 여러 조건을 갖추었음에도 불구하고 문화재로서는 법적 보호를 받으려면 "무형문화재 심의 위원회"를 통과해야 한다.

"씨름" 등 몇 개 종목에서는 '시조'와 동일한 조건이면서도 보호를 하고 있는 것은 차별화된 정책이며 법조항이라 볼 수 있다. 이런 맥락에서 보면 분명한 정체성을 유지하고 있는 것은 역시 단시조(평시조)뿐이다. 따라서 단시조만이 우선은 세계화의 첩경(捷徑)이 될 것이지만 연시조 역시 세계화의 미래는 밝다고 본다.

다음 백과에 따르면 "원시 시대의 종합예술은 주술을 목적으로 시, 음악, 무

---

① 위원회는 무형문화재의 보전 및 진흥에 관한 다음 각 호의 사항을 심의한다. [개정 2020.6.9] [[시행일 2020.12.10.]]

1. 기본계획에 관한 사항
2. 국가무형문화재의 지정과 그 해제에 관한 사항
3. 국가무형문화재의 보유자, 보유단체, 명예보유자 또는 전승교육사의 인정과 그 해제에 관한 사항
4. 국가긴급보호무형문화재의 지정과 그 해제에 관한 사항

18) 제2조 1항: ① 이 법에서 "문화재"란 <u>인위적이거나 자연적으로 형성된</u> 국가적·민족적 또는 세계적 유산으로서 역사적·예술적·학술적 또는 경관적 가치가 큰 다음 각 호의 것을 말한다. [개정 2015.3.27., 2020.12.22]
  ①-1. 유형문화재
  ①-2. 무형문화재: 여러 세대에 걸쳐 전승되어 온 무형의 문화적 유산 중 다음 각 목의 어느 하나에 해당하는 것을 말한다.
  가. 전통적 공연·예술
  나. 공예, 미술 등에 관한 전통기술
  다. 한의약, 농경·어로 등에 관한 전통지식
  라. <u>구전 전통 및 표현</u>
  마. 의식주 등 전통적 생활관습
  바. 민간신앙 등 사회적 의식(儀式)
  사. 전통적 놀이·축제 및 기예·무예

용이 분화되지 않은 형태였으나 오늘날에는 문학, 음악, 무용으로 세분화된 예술로 발전하였다. 원시 종합 예술은 사회적인 통합을 기하려는 정치적 기능, 초자연적인 힘에 의지하여 재앙을 면하려는 종교적 기능, 생산 활동을 고무하여 식생활의 안정을 누리려는 경제적 기능을 아울러 수행하는 축제의 형식으로 발생했다."라고 말한다.

시나 시조는 언어예술이다. 언어의 교합으로 만들어 낸 예술성을 벗어날 수는 없다. 시는 일정한 형식이 없는 언어예술이고 시조는 형식이 정해진 언어예술이다.

"시인은 언어의 창조자"라 부르기도 하지만 언어의 창조라기보다는 시인이 언어(말)에 오색 물감을 들여 짜낸 고운 피륙(천)이 시조라고 생각한다.

어느 예술을 불문하고 감정이 개입되지 않는 예술은 없다. 이 희로애락의 감정은 개인에 따라 다양성을 갖는다. 예술은 모두 인간의 오감을 자극하여 그 본색을 드러내게 되고 이러한 예술은 모두 인간 감정의 표현이며 즐김이 목적이다.

시조 역시 인간 내면의 감정을 겉으로 표출하는 문학이긴 해도 난삽(難澁)하지 않은 절제로 품격 있는 예술을 지향하면서도 일반 어느 예술과도 호흡을 허용하는 종합예술이다. 문학성과 역사성, 대중성, 예술성을 갖고 있는 장르로서 어느 예술 분야와도 어울림이 가능하다. 시서화(詩書畵)는 물론이고 연극, 영화, 창(시조창, 대중가요, 팝, 랩) 또는 신파극(新派劇)까지 모든 예술 분야와 결합될 수 있는 대중성과 유연성을 가지고 있다. 한 마디로 '약방의 감초'격이다. 실제 현장에서 벌어지고 있는 사례를 들어 그 현상을 짚어 현장성을 알아본다.

지금까지 '시조'는 '낭송문화' 또는 고전적인 '시조창'에 국한되다시피 하여 그 활동 영역이 매우 제한적이었다. 그러나 음악의 장르만 하더라도 매우 다양하다. 특히 요즘 젊은 세대들은 '랩'이라는 시조와 접목하기에는 불가능할 정도의 음악 장르가 대세를 이루고 있다. '시조' 가사를 대중가요로 만들기도 어렵지만 '랩'으로 작곡하여 가능성 여부를 타진해 보려 한 적이 있었다.

(사)한국시조협회에서 2019년에 『우리시조 아름다운 노래』라는 가집을 창(唱), 가곡, 대중가요, 랩 등 네 가지 유형으로 만들고 이를 실제 악보에 맞춰 노래로 부르도록 했다. 모두가 잘 어울렸지만 이 중에 특히 인기를 끈 것은 '랩'이었는데 정말 신선한 느낌으로 다가왔다. 불가능할 것이라는 예상을 깨고 성공적으로 마칠 수 있었다는 점이 경이로웠다. 그래서 '시조'는 어느 장르에도 잘 어울릴 수 있다는 자신감을 얻는 계기가 되었다. 사설시조는 '랩'에 접목하기에 아주 적합한 장르라고 생각된다.

<소단샘> 연극 공연을 본 적이 있다. '시조'의 정체성을 흔들지 않으면서 연극에 접목해본 첫 시도였다. 배우들이 연극을 소화해내는 모습은 아주 자연스럽고 신선하여 또 하나의 새로운 예술 장르를 보는 것이나 다름없었다.

<소단샘>은 일 년에 두 번 공연 갖는다. <월하 문화재단>에서는 정기적으로 <정가> 공연을 연다.

'시조, 가곡' 등을 중심으로 한 전국 규모의 경창대회를 개최하고 있다. 여기에 나오는 분들은 대부분 '무형문화재' 보유자 들이다. 이 밖에도 「대한시조협회」는 주로 시조창을 하고, 「한국정가협회」는 가곡과 가사가 중심이다. 또 지역에 따라 경제, 원제, 내포제, 완제 등의 단체가 있어 약간의 차이는 있다. 이러한 전통 공연은 보유자, 이수자, 전수자들이 그 맥을 유지하고 있으나 좀 더 큰 틀에서 세계화를 지향해야 할 필요가 있다고 본다. 더구나 요즘은 대중가요나 방탄소년단 같은 '아이돌' 그룹이 대세를 이룬다. 그러므로 '시조' 역시 새로운 변용을 시도함으로써 세계화의 바람을 타고 가야지, 우물쭈물하다가 절호의 기회를 놓치는 우는 범하지 말아야 한다. 시조가 새로운 우화를 시

도하지 않는다면 영원히 도태될 운명에 처할지도 모른다.

미국의 예를 하나 보기로 한다. 미국 시카고에서 '세종문화회'를 이끌고 있는 루시 박 교수는 '시조'를 재즈나 힙합 등 어떤 형태의 음악과도 접목이 가능한지 ER 팀과 함께 시험해 본 적이 있고 가능하다는 결론을 얻은 바 있다. 특히 연시조의 경우는 하등 문제 될 것이 없어 미래가 밝다고 말한다. 연시조의 경우 한 사람이 완성을 시켜도 되고 아니면 몇 사람이 하나의 주제를 두고 이어 쓰는 방식도 가능하다고 말한다.

보령시는 해마다 세계적인 '머드축제'를 여는데 거기서도 '시조창과 낭송대회'을 열어 '시조'를 타 장르에 접목해 성공한 사례 중 하나로 꼽힌다. 이 머드축제는 세계적인 행사로 시조와 잘 결합하면 세계화된 또 하나의 새로운 종합예술로 탄생할 수도 있다. 또 보령시에는 대규모의 시비(詩碑)공원이 두 군데 있다. 이곳은 관광산업과 연관을 짓고 있다. 시(詩)·시조 낭송 대회는 전국의 소규모 단위로 매우 활발히 열리고 있다. 다만 코로나로 인하여 일시적 중단을 하고 있는데 이는 시조의 종합예술로의 발전에 일시적이나마 장애가 되고 있어 매우 안타깝다.

(사)한국시조협회에서도 "시조창, 대중가요, 팝송, 가곡"을 동시에 시조로 노래하는 경창대회를 개최하고 시조가 대중과 어떻게 호흡을 맞춰가야 하는지 시험대에 올릴 예정이다.

2019년 10월에 (사)한국시조협회에서 미국의 맥캔 교수팀과 공동 주최한 《황진이를 찾아서》라는 다큐멘터리를 찍고 국제 영화제 올려 그 성공 여부를 시험해볼 기회가 있었다. 코로나19로 인하여 결과물을 아직 받지는 못하였으나 코로나 종료 시점이 되면 좋은 소식이 있을 것이라는 기대를 하고 있다.

근자에 이르러 한국 영화가 세계무대에서 새로운 각광을 받기 시작하면서 아카데미상 오스카상을 받는 일이 일상화로 접어들었고 한국의 감독들도 많은 상을 받는 시대이다. 이에 착안하면 '시조'의 새로운 세계가 우리를 기다리고 있는지도 모른다.

쉬운 예를 하나 들면 합죽선을 들 수 있다. 부채의 한 종류인 합죽선(合竹扇)을 보면, 장인의 손에 의해 부채가 만들어지고 화가가 그림을 그려넣고(매화 등), 시인이 시조를 짓고 서예가가 아름다운 필체로 글씨를 써넣고, 이런 다양한 종류의 부채 전시회를 열면 이것은 종합예술이 된다. 장인, 화가, 서예가, 공예가, 시인 등이 공동 제작한 종합예술이라 볼 수 있다.

요즘 세계는 국경 없는 영역이다. 특히 문화에 있어서는 더 그렇다. 국제적인 광대역 통신망으로 어느 나라 문화에도 접근이 용이하다. 마치 활자의 발명으로 구술문화에 의존하던 문명을 획기적으로 변화 발전시킨 계기가 되었듯이 요즘 정보화 기술은 우리의 삶은 물론 의식구조까지 변화시켜 새로운 공동체의 문화를 만들어가는 중이다. 인터넷과 스마트폰은 온 세상이 다 들어 있는 도깨비방망이이다. 전화에서부터 우체국, 경찰서, 방송국, 병원, 심지어 방산물자까지 두드리면 나온다. 이런 기기의 발전은 시간과 공간의 제약도 받지 않는 무한대의 우주와 같은 세상이다. 이런 시기에 '시조'는 살아남을 수 있을까?

전 세계로 불고 있는 한류의 바람을 타고 비상할 것인지 아니면 날개가 부러져 추락할 것인지 하는 문제는 전적으로 시조인의 손끝에 달려있다. 앞으로 '시조'는 종합예술로서의 가치 충분히 지니고 있으므로 더 넓은 세계로 나갈 것이며 개인이나 단체가 스스로 세계화를 구현하기 위해서 부단한 노력을 기울여야 할 것으로 믿는다. 노력하고 구하는 자만이 성공의 열쇠를 손에 쥘 수 있다. 실사구시(實事求是) 학문을 실현시키려 했던 정약용 선생이 생각하는 오늘이다.

8. 인류무형문화재로서의 가치: an intangible cultural asset value of Sijo

지금까지 시조예술의 다양성에 대하여 알아보았다. 살펴본 바와 같이 시조의 재능은 무한하다. 이제 시조는 과연 인류무형문화재로서의 가치가 있는지, 등재 가능성은 1%라도 있는 것인지 생각해 보기로 한다.

먼저 인류의 무형문화재가 되기까지의 과정을 보면 어느 전통 문화이건 간에 국가 또는 지방문화재가 되어야 한다. 이 앞 단계에 정통문화의 가치를 심의하는 심구기구의 심사를 통과하는 일이다.

유네스코는 유산의 정의를 다음과 같이 내리고 있다.

①과거로부터 물려받을 것. ②현재 우리가 더불어 살아가고 미래 세대에게 물려줄 가치가 있을 것 ③과거에서 온 모든 것이 아니라 현재 우리가 가치를 증진시켜 후손에게 물려주어야 할 것 등이다.

"Heritage is our Legacy from the past, what we live with today, and what we pass on the future generation"

무형문화 유산은 ①세대와 세대를 거쳐 전승될 것 ②인간과 주변 환경, 자연의 교류 및 역사 변천 과정에서 공동체 및 집단을 통해 끊임없이 재창조될 것 ③공동체 및 집단에 의해 정체성이 지속될 것 ④문화의 다양성과 인류의 이익을 위해 창조성을 증진시킬 것 ⑤공동체 상호 존중과 지속적 발전에 부합할 것 등의 조건에 맞아야 한다.(유네스코 협약 제2조 참조)

우리가 눈여겨볼 대목은 ③번 항목이다. 공동체 또는 집단에 의해 정체성이 유지되어야 한다는 내용인데 과연 시조는 정체성은 있으며, 시조의 어떤 부분을 정체성이라 하면 무엇을 말하는 것일까? 한마디로 3장 6구 12소절 이라는 외형적 틀과 문장의 구조, 즉 각장의 독립성과 연결성, 완결성 그리고 종장의 처리방식 등 문장의 짜임새가 시조의 정체성이 된다. 여말부터 현재까지 이 정체성은 계승되어 왔고 이를 거부하면 자유시가 된다.

시조의 이와 같은 정체성은 미래에도 지켜질 것이며 세계화가 이루어진다 해도 이는 바뀔 수 없는 정체성이 된다. '가곡'은 음악의 특징으로 세계인류무형문화재가 되었는바 이 가곡의 원천이 되는 시조 작법 역시 인류무형문화유산으로 등재되어야 함은 너무나 당연하다.

안확이 《문장文章》지(1940. 1. 1)에서 3장6구는 절대불변이라 하며 사육신 중의 한 분인 이개(李塏)의 작품을 예로 들었다.

초장: 窓안에 혓는 燭불...... .7
　　　눌과 離別 하였관대....8

중장: 겻트로 눈물지고 7
　　　속타는줄 모르는고....8

종장: 저 燭불 날과같은줄 8
　　　어느누가 알세라......... 7

여기서 주의 깊게 볼 일은 음수 이론을 적용했다는 사실이다. 초장, 중장의 전구는 7자, 후구는 8자로 하되 종장은 그 반대로 전구가 8자, 후구가 7자가 되는 역진을 인정했다는 사실이 매우 중요하다.

안확은 시조는 글자 수(數)의 가감이 불가하다고 한 것으로 미루어보아 음보가 아닌 음수를 기초로 시조를 짓도록 하고 있다.

「시조시(時調詩)와 서양시(西洋詩)」(문장 2권 1호. 1940년 1월 1일 발행)를 평하면서 율조에 관하여 다음과 같이 말하고 있다.

> 시조시의 34,35 등 순서로 된 것도 상당한 이유가 있는 것이다. 함부로 못하고 전환하든지 수를 가감하든지 하면 불가하다.

이러한 역사적 사실을 무시하면 전통이 되지 못한다. 그러나 요즘 지상에 발표되는 작품을 보면 정체불명의 작품들이 난무한다. 음수 또는 음보만으로 정체성이 유지되지 않는다.

시조의 무형자산은 반드시 유네스코에 등재되어 온 인류가 그 즐거움과 행복을 함께 나누어야 한다. 그러므로 유네스코의 등재조건은 어떤 것인지, '시조'는 이 협약의 조건을 충족시킬 수 있는지 살펴보기로 한다.

먼저 유네스코 협약을 본다.

유네스코무형문화유산은 전통문화인 동시에 살아 있는 유산으로 1997년 제2차 총회에서 "인류무형문화유산 보호협약"을 채택하고 2001년, 2003년, 2005년 등 3차에 걸쳐 70개국에서 90건을 채택 지정하였다. 이는 무형문화유산의 가치를 새롭게 인식하고 국제적인 공인을 얻음으로써 가능하게 되었다.

박상미 교수(유네스코무형문화재 심의 의장)에 따르면 유네스코의 인류무형유산 제도적 특징은 보편적 가치의 실현과 공동체의 역할을 중시하며 문화의 변화가능성을 적극 수용한다는 점을 강조한다.

유네스코에서 정하는 목록 선정은 기준은 ①공동체 문화의 정체성, ②인류의 창의성과 다양성, ③유네스코 무형문화사업의 철학을 구현하는 것 등이다.

유네스코협약에서 말하는 무형문화유산의 '정의'와 '범주'는 다음과 같다.

유스코협약

제2조 1항
'무형문화유산'이란 공동체, 집단, 및 개인들이 그들의 문화유산 일부분으로 인식하는 실행, 표출, 표현하는 지식 및 기술뿐 아니라 이와 관련된 전달 도구, 사물 유물 및 문화공간 모두를 의미한다.

제2조2항: 무형문화재는 다음 범위에 해당하는 것을 의미한다.
① 무형문화유산의 전달체로서 언어를 포함한 구전, 전통 및 표현
② 공연예술 ③ 사회적 실행, 의식, 축제 ④ 자연과 우주에 대한 지식 및 관습 ⑤ 전통 기술

협약에서 밝힌 바와 같이 유네스코 무형문화재가 되는 전제조건은 ① 전통의 표현, ② 문화의 독창성과 창의성, ③ 유산보호대책, ④ 대중성, ⑤ 국가 무형문화유산으로 지정되어 있을 것 등이다. ⑤번째 조건이 매우 중요하다. "국가 무형문화유산의 지정"은 시조 시인들이 우선적으로 해결해야 선결과제이다. '시조'가 유네스코무형문화재가 되는 전제조건인 국가무형문화유산으로 지정받아야 하는 조건을 해결해야 한다. 이 조건을 충족시키려면 "무형문화재 심의 위원회"를 통과해야 하는데 여기에 문제가 있다. 심의 위원들이 어떤 생각을 가지고 있느냐가 절대적이다.

'시조'는 위 조건 중 ①, ②, ③, ④는 확보하고 있으면서도 ⑤라는 벽에 늘 부딪친다. 다행히 시조의 원천자료인 『청구영언』 진본이 2022. 4. 26.부로 국가 보물로 지정된 바 ⑤를 취득하는 조건은 훨씬 쉬워졌다고 볼 수 있다.

유네스코에서 요구하는 이러한 여러 조건은 문화의 고유한 가치와 다양성을 인정하는 인류의 보편적 가치를 추구하려는 것이다. 보편적 가치는 사물이 가지고 있는 중요성으로 인간의 삶과 밀접한 관련이 있다. 시조인들은 작품 쓰

기에 만족할 것이 아니라 시조의 보편적 가치에 대해서도 꾸준히 연구하여 더욱 발전시킬 책무가 있다.

우리나라는 2022년 4월 현재 '종묘제례악' 등 20개의 무형문화재가 유네스코 인류무형문화재로 등재되어 있다. 이 중에서 유네스코 무형문화재로 등재된 '김장김치'와 '씨름'을 '시조'와 비교해 보며 공통점과 차이점을 알아본다. 이 두 문화재는 '시조'와 아주 유사한 성격을 지니고 있기 때문이다. 역사적으로 보면 모두 삼국대가 그 기원이다. 이것은 역사성으로 전통을 만들어 낸다.

법에서 말하는 기능보유자(전수자)는 모두가 불특정 다수이다. 즉, 집단, 단체 또는 개인에 의해 전수 되었지만 어떤 기능을 인정받아 전수한 능력보유자는 없고 모두가 그저 평범한 일반 대중이다. 자연스럽게 집단이나 개인이 전통적으로 전수해 왔을 뿐이다. 외형적 형식을 보면 김장문화의 경우 배추→절임→양념→숙성의 과정이 일반적이고 씨름은 모래판과 샅바 그리고 경기규칙이 있다. '시조' 역시 형식과 운율이라는 규칙을 가지고 있다. 김장김치에서 양념은 개인의 취향과 지역에 따라 변형이 가능하다. 하지만 김장 고유의 맛은 변하지 않는다. 시조 역시 형식이라는 틀은 가지고 있으면서 언어의 교합으로 이루어지는 다양성과 신선함(낯설게 하기)은 개인의 능력과 취향에 따라 다를 수 있지만 시조라는 틀은 벗어나지 않는다.

다음으로 창의성, 역사성, 대중성, 다양성 등을 살펴보면 세 개의 문화유산이 모두 유네스코 협약의 조건들을 충족시킨다. 오랜 역사를 통하여 그 맥이 끊이지 않고 이어져 내려온 전통을 지니고 있으며 다른 나라에선 찾아보기 어려운 독창성을 가지고 있다. 그뿐만 아니라 구성원 간의 공감대를 형성하므로서 우리는 하나라는 일체감과 단결을 강조한다. 기술의 전승에 있어서도 자발적 전승이라는 특징이 있다. 또 우리 민족의 정체성이 확연히 들어 있다.

'윷놀이' 역시 우리 민족의 전통 문화유산으로 지금 유네스코의 무형문화유산으로 등재시키기 위해 공청회를 여는 등 움직임이 활발하다.

요즘은 K-pop처럼 대중문화에 'K-'를 붙여 외국으로 수출하는 시대가 되었다. 그만큼 우리의 문화가 우수하다는 의미도 되지만 세계인이 우리 민족의 독창적인 전통문화에 매료되어 찬사를 보내고 있다는 증거이기도 하다.

앞에서도 언급 한 바 있지만 2019년 10월 미국의 맥캔 교수 팀이 《황진이를 찾아서》라는 '시조' 다큐멘터리를 진주 남강에서 (사)한국시조협회와 공동으로 촬영한 적이 있다. 이는 '시조'가 그만큼 우수하다는 의미도 있지만 영화산업과도 접목이 가능하다는 외국인의 시선을 주목할 필요가 있다. 즉, '시조'는 세계인이 함께 즐길 매력 있는 문학 장르라는 점이다. 따라서 우리는 '시조'예술의 외형적 특색을 지닌 시조의 틀을 유네스코 '무형문화재'로 등재하여 전 세계인이 즐길 수 있도록 하여야 하는데 이를 개인이나 단체의 능력에 맡기는 것은 한계가 있으므로 국가가 적극 참여하여야 한다. 어느 무형문화재라 하더라도 일정한 격식(格式)을 갖추고 있다. 격식이 깨지면 이미 전통문화가 아니다. 새로운 문화다.

참고로 한국의 유네스코 지정 인류무형문화재는 2022년 4월 현재 종묘제례악 등 21개 종목이다. 이 종목들은 모두 어떤 격식을 갖고 있다. 이 격식의 특징이 무형문화유산의 자격요건이 된다면 시조 역시 일정한 격식과 그 정체성이 뚜렷하므로 인류무형문화재가 되어야 한다고 필자는 생각한다.

시조는 과연 인류무형문화유산으로 그 가치를 인정받을 수 있을까? 어디에 방점을 찍고 추진해야 할 것인가? 지금까지 등재된 무형문화재 목록을 보면 '몸짓'을 위주로 선정되어 있다. 그러나 모든 '몸짓'은 정신에서 나온 산물이다. 이어령 박사는 "문화는 그 민족의 몸짓"이라고 하였다. '시조' 역시 몸짓이다. 그 사람의 철학과 사고, 사유의 세계가 일정한 격식을 갖춰 밖으로 표출된 문학일 뿐이다.

인류무형문화유산으로 내세울 만한 독창적 우수성을 진단해 본다. '시조'는 3장 6구 12소절이라는 '외적 형식'과, 내적으로는 문장의 '짜임새'라는 격식을 갖춘 정체성을 부각시켜야 한다. 일반 자유시에서는 찾아볼 수 없는 창작방법에 주안점을 맞추어야 된다. 이러한 이유로 시조 창작은 반드시 정격(정형)시조여만 한다고 필자는 주장한다.

외적 형식인 3장 6구 12소절과 내적 요소인 각 장의 독립성, 연결성, 완결성을 벗어나면 시조의 가치가 소멸된다. 초장, 중장, 종장을 만드는 원리가 있고, 특히 종장의 정체성을 부각시켜야 되다고 본다. 간단한 창작법 안에 인간의 정신세계와 풍요롭고 여유가 있는 삶과 노래하고 춤추는 멋과 흥이 공존하는 문학예술로 깊은 사유의 세계와 철학이 들어있는 독창적인 시 창작 기술은 보호받아야 하고 인류가 향유할 아름다운 가치가 내재된 문학예술이다. 역사성뿐 아니라 문화적으로도 인류의 보편적 가치를 가지고 있다.

각 장과 구, 소절은 모두 다른 장과 구 소절에 연결고리를 유지해야 하는 원리는 공동체적 삶 또는 민족의 일체감을 의미하는 철학이 들어가 있다. 특히 종장에서는 작가의 사상과 철학이 들어 있어야 하며 종장 말미를 현재 시제로 마감하는 것은 심오한 철학적 사고를 지니고 있다(민족의 정신세계, 국가관). 이러한 기승전결의 창작 원리는 놀라워 감탄하지 않을 수 없다. 세계 어느 시(詩)와도 창작법이 구별되는 독창성과 고유성을 지니고 있다. 고유한 독창성을 지니고 있으면서도 타 장르와 잘 어울리는 융합성, 문화의 다양성, 인종, 종교, 신분계급, 지역을 구분하지 않는 유연성과 포용성이 있다. 따라서 시조의 이와 같은 여러 특징이나 사회성은 인류의 공동체 문화에도 지대한 영향을 미칠 것이므로 인류의 문화유산으로 지정하여 보호받고 아름다움을 다 같이 나누어야 할 것이다.

다행히 『청구영언』은 2022. 4. 26. 문화재청에서는 국가 보물로 지정한바 이제는 유네스코 기록유산으로 등재되어야 마땅하다. 문화재청에서 『청구영언』을 국가보물로 지정한 이유를 보면 다음과 같다.

"우리나라 최초의 가집이자, 2010년 유네스코세계인류무형문화재로 등재된 '가곡(歌曲)'의 원천이 된 자료로서 내용의 중요성 뿐 아니라 조선 후기까지 다양한 계층에서 사용한 언어와 유려한 한글서체 등 국어국문학사와 음악사, 한글 서예사, 무형유산 등 여러 분야에서 의미가 지대하다."

청구영언 국가보물 지정 이유에서 밝혔듯이 그만한 가치를 정책당국에서 인정했다면 이제는 '유네스코 인류기록문화유산'으로 등재되어야 마땅하다. 이 기록 유산은 세계기록유산은 영향력, 시간, 장소, 인물, 주제, 형태, 사회적 가치, 보존상태, 희귀성 등을 기준으로 한다. 일국 문화의 경계를 넘어 세계의 역사에 중요한 영향력을 끼쳐 세계적인 중요성이 있거나 인류 역사의 특정한 시점에서 세계를 이해할 수 있도록 두드러지게 이바지한 때도 선정된다. 다음과 같은 관점에서 『청구영언』은 유네스코 기록유산으로 당위성이 있다 할 것이다.

첫째 『청구영언』은 2010년 유네스코 무형문화 유산으로 등재된 '가곡'의 원천자료인 점.

둘째 발간 연도와 발간 근거가 확실한 점. 1728년 5월 16일(음력) 지은이: 김천택

셋째 한글로 쓴 최초의 가집으로 손으로 직접 써서 편집한 점

넷째 문학사와 음악사의 귀중한 자료인 점

다섯째 선비에서 기녀에 이르기까지 작품을 모아 기록했다는 점

여섯째 남성 위주의 봉건사회에서 여성의 참여를 허락했다는 점

일곱째 사설시조를 통하여 봉건사회를 붕괴시키는 계기가 되었다는 점

여덟째 작가의 신분이나 지위보다도 노랫말에 가치를 두고 편찬 한 점

아홉째 『청구영언』 발간 이후 많은 가집이 나오게 된 분수령이 된다는 점

열 번째 7백여 년의 역사 속에서 소멸되지 않고 지금 전 세계에서 시조 붐을 일으키고 있는 점을 들어 국가 보물로 지정하였다.

그러므로 정부에서는 조속히 이를 세계기록유산으로 등재되도록 추진할 것을 촉구한다. 이에 덧붙인다면 2010년 가곡(정가)이 인류무형문화유산으로 지정된 원천자료가 『청구영언』이고 금년에 국가보물로 지정된 유산 역시 『청구영언』이라면 평시조의 가사 작성 원리(외형적 음수 배열과 이로 생기는 운율) 역시 매우 중요한 자산이다. 이 외적 형식과 내재적 짜임새를 바탕으로 지금까지 정체성이 전승되어 왔으며 미래에도 이 전체성은 변함이 없을 것이다. 말하자면 이 형식의 바탕 아래 운율이 만들어지고 곡을 붙여 창으로 불리게 된 것이다. 이런 근본 바탕이 인류 무형문화유산으로 등재되지 않는다는 것은 알맹이(core)가 빠진 것 같은 느낌이다.

이제 '시조(時調)'의 '외적 형식과 내적 의미 구조'가 그 가치를 인정받아 인류의 무형 문화재로 등재되고 이를 계기로 온 인류가 '시조'를 짓고 노래하는 세계화를 이룰 시점이 되었다.

9. 결언(conclusion)

지금까지 역사, 문화, 예술, 대중문화, 인류문화유산으로서의 시조가치에 대하여 검토해본 바와 같이 '시조'가 다른 예술 문야와 잘 어울린다는 사실은 국가, 인종, 종교들을 달리하는 영역에서도 현재를 살아가는 이라면 누구나 호흡을 함께할 수 있는 얘기가 되어 보편적 인류의 가치를 지향하는 유네스코

의 입법 취지에도 잘 맞는다고 생각한다.

이어령 박사는 "문화란 몸과 마음이 지니고 있는 기호다,"라고 말한다. 즉 우리의 민족의 흥겨운 몸짓이며 모음(母音)이 되는 것이다. '시조'가 세계화되는 현상은 대중예술의 하나로 문학에만 국한되는 것이 아니라 그 어느 예술 분야와도 호흡을 맞출 수 있다는 유연성 때문이다. (연극, 음악, 춤, 영화 등등) 시조문학의 현주소가 대한민국인데도 우리보다 미국이나 서구에서 그 가치를 인정받아 붐을 일으키고 있음을 상기해 볼 필요가 있다. 정책 당국에서는 우리 민족의 독창적인 시조 작법을 세계에 퍼뜨려 그 우수성을 알려야 한다.

현재 전 세계로 나가 있는 교육부 산하의 수많은 한인학교와 문체부 소속의 세종학당 82개국 234개소에서 시조를 가르치는 교육 정책 수립이 시급하다. 지금 세계는 한 지붕 아래 사는 가족과 같은 존재이다. 이 역시 국력의 일부분이 아닌가. 문화의 다양성을 고려할 때 국가적 차원의 적극적인 참여와 보호, 전략이 필요하다. 그러므로 시조는 어려서부터 일상적으로 생활화하여야 한다. 초.중.고 교과 과정은 물론이고 온 인류가 즐길 수 있도록 국가적인 장려책이 시급하게 대두되고 있다.

요즘 세상은 정보화 시대이고 가상공간 속으로 들어와 AI의 지배를 받을지도 모른다는 공포감마저 드는 세상이다. 위기는 기회이다. 이 절호의 기회를 놓쳐서는 안 된다. 국내 백일장대회나 공연보다도 세계인을 대상으로 한 콘테스트(contest)를 개최할 필요성이 대두되었다. 온라인세상임을 자각해야 한다.

참고로 지난해(2021년) 10월에 김해 인제대학에서 (사)한국시조협회와 공동으로 외국인만을 대상으로 하여 시조백일장을 사상 최초로 개최한 적이 있는데 터키에 있는 학생(세종학당에서 한글을 배우는 중)이 최우수상을 받았다. 시조를 세계화시키는 좋은 방안이라 생각된다.

하바드 대 명예교수인 마크 피터슨(Mark Peterson)에 의하면 미국 소재 '세종문화회'에서는 전 세계인을 상대로 온라인 시조백일장 대회를 열고 있으며 매우 뜨거운 지지를 받고 있다고 한다. 시조의 본산인 우리나라에서는 크게 환영받지 못하는 시조가 미국이라는 세계에서 각광받는 이유는 무엇일까 한번 생각해 볼 일이다.

인류는 지금 '땅'이라는 지리적 영역이 아니라 '가상공간'이라는 상상력만으로 만든 공간에서 살아가고 있다. 즉 메타버스(meta-verse) 시대로 진입중이다. 이 가상공간 속에서 '시조'는 어떻게 살아남을 것인지 생각하지 않을 수 없다. 우리는 이 가상공간 속에서 '생존 방식'을 모색해야 할 때가 되었다.

이제 우리는 피터슨 교수가 주장하는 '우물 안의 개구리'가 아니라 '우물 밖의 개구리'가 되어야 한다.[19] 그러나 아무리 가상의 공간에서 활동한다 하더라도 우리는 한 가지 꼭 기억할 것이 있다. 그것은 바로 '전통문화'라는 점이다. 아무리 사회가 바뀌고 인터넷이 발전하더라도 전통문화는 바뀔 수 없는데 전통문화는 변하는 것이 아니라 지켜져야 하는 것이다. 즉 아무리 세월이 흘러도 "정체성"은 바뀔 수 없다. 이 정체성이 바로 전통문화의 가치가 되기 때문이다.

지금까지 여러 측면에서 '시조'의 가치를 살펴본 것은 '전통문화'의 정체성을 계승하여 우리의 삶을 좀 더 아름답고 풍요롭게 만들 수 있는지, 인류문화유산으로 지정할 가치가 존재하는 예술인지 그 본성을 제대로 알아보자는 데 목적이 있었다. 어느 예술을 불문하고 전통예술의 진정한 가치는 그 "정체성"을 완벽하게 보존하는 데서 찾아야 하며 지역이라는 공간 개념을 벗어난 시대에 살고 있는 우리는 이제 시공(時空)을 초월한 범인류적 개념에서 이를 공유하여야 한다.

---

19) 피터슨 교수의 시조 작품집 이름임

II. 시조 세계화 방안

　2012년 12월 28일 발간된 《시조사랑》 창간호에서 필자는 "시조의 세계화 방안"에 대해 발표한 바 있다. 당시만 해도, 지금도 마찬가지지만, 시조의 세계화는 곧 가장 훌륭한 번역이라 생각했다. 그러나 시조나 시는 감정과 운율이 함께 드러나야 흥이 살아나는 장르이다. 특히 시조는 운율에 방점이 찍힐 정도이므로 번역은 더욱 어려울 것이지만 언어와 글자가 다른 나라의 언어구조나 글자체계와는 완전히 다르므로 아무리 완벽한 번역을 한다 해도 시조의 맛을 제대로 살리기가 쉽지 않다. 이런 어려운 점을 극복하는 길은 외국인이 우리말과 글을 배우면 제일 좋겠지만 우리의 한글로 된 단시조 한 편을 외우는 길이 가장 좋은 길이다. 요즘 외국인이 '태권도'의 구령이나 '방탄소년단' 노래를 우리말로 따라 하면서 무슨 말인지 이해하는 과정과 같다고 보면 된다.
　전 세계에 나가 있는 한글학교나 세종학당에서 가르치고 있는 시스템을 이용하는 것이 가장 효율적이다. 어차피 문학이란 좋아하는 사람만 관심을 두게 마련이다. 한글을 배우고자 하는 이국인들에게 한글 시조를 가르치면서 자연스럽게 한글을 깨우치고 말을 배우게 하자는 것이다.
　이렇게 되면 어느 나라가 되었건 우리 시조를 읽는 순간 자기 나라 말로 이해하게 될 것이다. 이것이 가장 빠른 시조의 세계화 지름길이라 생각한다. 물론 영어가 세계 언어의 중심에 있는 만큼 영어로 번역하거나 해설을 덧붙여 감상토록 하는 것도 나쁘지는 않지만, 우리말로 외워 이해하는 것보다는 못할 것이라는 생각이 든다.
　물론 번역비 등, 비용이 발생하기는 하지만 세계화를 위해 이 정도는 당연히 부담해야 할 것이다.

하나의 예를 들어 보겠다. 정몽주의 「단심가」를 번역한 글을 본다.

이 몸이 죽고 죽어(3.4) 일백 번 고쳐 죽어(3.4)
백골이 진토 되어(3.4) 넋이라도 있건 없건(4.4)
임 향한 일편 단심야 가실 줄이 있으랴.(3.5.4.3)
정몽주의 「단심가」

Should I die and die again
Should I die hundred death,

my skeleton turns to dust,
my soul exist or no,

What could change the unswerving loyalty
of this heart toward my lord?
(Translated by Kevin O`Rourke)

참고로 피터슨 교수가 번역한 것은 다음과 같다.
같은 미국인이면서도 번역에 이런 차이가 있다.

<u>Though I die, and die again,</u>

<u>Though I die one hundred deaths,</u>

<u>After my bones have turned to dust,</u>

<u>Loyalty embodied in the one heart,</u>

<u>Will never fade away</u>

(Translated by Mark Peterson)

고려 말엽 역성혁명으로 이성계를 왕으로 추대하려는 움직임을 파악한 정몽주는 끝까지 고려 왕조를 지켜야 한다는 신념을 가지고 있었다.

이성계가 사냥을 하다가 말에서 떨어져 다쳤다는 소식을 듣고 정몽주는 상황을 파악하고자 직접 이성계 병문안을 간다. 정몽주의 아들 이방원은 감사하다는 뜻으로 술대접을 하면서 정몽주의 속마음을 떠보려고 「하여가」를 지어 부르고 정몽주는 「단심가」를 지어 뜻을 같이할 수 없음을 알린다.

「단심가」는 역성혁명을 꿈꾸는 이방원이 절개 곧은 충신 정몽주를 불러놓고 혁명에 가담할 것인지, 그 의중을 떠보는 「하여가」에 대한 심정을 표현한 시조임은 누구나 잘 아는 사실이다. 여기서 아무리 영어 번역을 완벽하게 한다 하더라도 우리 시조의 특성인 초.중.종 3장 6구 12소절의 엄격한 형식을 지켜 운율을 살려내는 일은 거의 불가능에 가깝다.

게다가 정몽주라는 덕망 높은 훌륭한 학자가 왜 일백 번씩 고쳐 죽어야 하는지 이 시조 하나만 달랑 놓고 본다면 외국인으로서는 이해하기 어렵다. 우리는 이와 같은 역사적 배경을 역사 속에서 배워 알기 때문에 명시조라 부르고 있지만 외국인은 왜 이 시조가 명시조인지 그 이유를 모를 것이다. 따라서 외국인에게 역사적 배경이나 철학, 시대적 상황까지 자세히 설명을 해주어야 이해가 될 것임은 너무도 뻔한 이치다.

더구나 요즘은 정보통신의 발달, 즉 컴퓨터나 IT산업의 발전으로 전 세계가 하나의 생활권에 들어와 있는 시대이다. 우리 말 중에도 외래어가 차지하는 비율이 높음은 의문의 여지가 없다.

우리도 젊은 학창시절엔 외국 팝송 하나쯤은 원어로 외워서 노래했다. 발음이 맞는지 틀리는지, 무슨 뜻인지는 주요하지 않았다. 이렇게 하다 보면 자연히 그 노랫말에 익숙해지고 무슨 의미인지 차차 알게 된다.

위에서 예로든 번역 영시를 가지고 초장, 중장, 종장으로 명확히 구분하고 (3.4.3.4) (3.4, 3.4) (3.5.4.3)라는 시조의 틀 속에 끼울 방도는 전혀 없다. "임 향한 일편단심이야 가실 줄이 있으랴"를 읽을 때의 느낌과 "What could change the unswerving loyalty/ of this heart toward my lord?"를 읽을 때 뜻은 이해가 되지만 그 느낌은 전혀 다르다. 맛이 없다. 멋이 없다. 어디서 끊어 읽어야 그 맛과 멋을 느낄 수 있는지 알기가 어렵다. "임 향한 일편단심이야"는 3음수와 5음수로 되어 있으나 "What could change the unswerving loyalty"은 음수가 다르므로 시조의 고유한 운율을 살려내기는 매우 어렵다. 물론 번역된 영어의 음절수가 넷이 된다 하더라도 음수에 익숙한 우리 눈에는 어색할 뿐이다.

물론 위의 시조는 고시조라 그렇다고 말한다면, 현대시조라고 해서 달라지는 게 있겠는가? 지금 한류 문화의 열풍이 전 세계를 휩쓸고 있다. 이처럼 절호의 찬스를 놓쳐서는 안 된다. 지금이 기회다. 우리는 정부부터 설득해야 한다. 우리가 우리 것을 소중히 생각하지 않는데 누가 우리 보고 소중한 문화유산을 가졌다고 말해 주겠는가? 우리의 시조 발음 그대로, 운율 그대로 그들이 읽게 해야 한다. 다만 그들의 이해를 돕기 위해 번역하고 해설을 덧붙이는 작업은 필요하다.

위에서 예로 든 번역 시조

Should I die and die again
Should I die hundred death,

my skeleton turns to dust,

my soul exist or no,

What could change the unswerving loyalty

of this heart toward my lord?

　이것을 보고 이것이 시조냐 자유시냐 하고 묻는다면 과연 무엇이라고 답을 할 것인가? 자유시와 시조의 구분이 된다고 보는가? 시조의 고유한 특성이 살아 있다고 느끼는가? 줄 바꾸기만 했다고 시조가 되는 것은 아니다. 구(句)와 소절(小節)은 어떻게 살려낼 것인지 이것이 가장 큰 번역상 문제이다.

　위에서 예로든 하여가와 단심가를 아래와 같이 표현한다면 이를 본 외국인은 어떻게 이해할까 생각해 보자. 달랑 번역만 해 놓는 시조에 비해서 많은 이해와 더불어 시조의 특성을 이해하게 될 것이다.

　다음에 예시된 바와 같이 로마자표기법에 따라 외국인이 한글을 소리 나는 대로 읽을 수 있도록 로마자로 표기해주고, 의미를 상세히 설명해 준다면 최선의 방법일 것이다.

korean aipahbet: 단심가

pronunciation: dan sim ga

phonetic symbol: [dan sim ga]

　　　　정 몽 주

　　　jeong mong ju

이 몸이 죽고 죽어 일백 번 고쳐 죽어(3.4,3.4)

i momi jukgo jugeo ilbaek beon gochyeo jugeo

백골이 진토되어 넋이라도 있건 없건 (3.4, 4.4)

baekgori jintodoeeo neoksirado itgeon eopgeon

임 향한 일편 단심이야 가실줄이 있으랴.(3.6.4.3)

im hyanghan ilpyeon dansimiya gasil juri isseurya

(Translated by Kevin O`Rourke)

>Should I die and die again
>Should Idie hundred death,

>my skeleton turns to dust,
>my soul exist or no,

>What could change the unswerving loyalty
>of this heart toward my lord?

**understanding and appreciation.

Toward the close of Koryo Dynasty, Jeong Mong-Joo, who set up the image of Lee Sung-Gae`s King had continual belief in protecting Koryo Dynasty. Jeong Mong-Joo visited the injured Lee Sung-Gae, as soon as he was aware that he had fallen during a shooting. Lee Bang-Won, son of Lee Sung-Gae gave him hospitality as a mark of his appreciation. Lee also composed the peom "ha yeo ga" to find out his real intention, Jeong Mong-Joo composed "Dan Sim Ga" as the meaning of disarray. Lee Bang-Won realized that he couldn`t change

Jeong`s mind, he attacked Jeong at Seon Juk Gyo and murdered him.

다른 예문을 하나 더 보면,

When though life conspire to cheat you
Do not sorrow or complain.
Lie still on the day of pain
and the day of joy will greet you.

-푸시킨-

삶이 그대를 속인다 할지라도
슬퍼도 말 것이며 탓하지도 말 것이다.
가만히 누워 견디면 즐거운 날 오리니.

위의 시 원문은 분명하게 시조가 아니다. 그런데 원문을 시조 형식으로 번역을 했다고 해서 시조가 되는 것은 아니다. 푸시킨이 시조를 썼을 리 만무하다는 것은 너무나도 명확하기 때문이나. 역으로 생각하면 우리 시조를 번역해 놓은 것을 보고 외국인이 한국의 전통시조라고 생각할 리도 없다. 따라서 우리 시조를 세계 각국으로 수출하는 일은 'Made in Korea'의 오리지널 제품을 파는 것이다.

여기서 언어의 발음을 영어 알파벳으로 표기하는 것도 문제가 된다. 같은 영어 알파벳이라 하더라도 경우에 따라 읽은 방법이 다르기 때문이다. 따라서 <발음기호>로 표시해 주는 것이 가장 무난하리라 본다. 영어 발음 기호는 세계 공통이기 때문이다.

변희리의 잡록부에 수록된 한문 하여가를 인용해 본다.

此身死了死了 一白番更死了

白骨爲塵土 魂魄有無也

向主一片丹心 寧有改理也歟 (歟여: 어조사)

「단심가」

　　물론 이는 한역 시이기는 하지만 중국 글로 쓴다고 해도 큰 차이는 없으리라 본다. 이처럼 외국말로 번역하여 시조의 아름다운 운율과 형식을 전달한다는 것은 어떤 한계가 있다. 다시 말해 시조의 정체성을 살릴 수 없다는 얘기가 된다. 그러므로 노랫말처럼 시조 원문 자체를 수출해야 한다. 이렇게 되면 한글도 자연스럽게 수출된다.

　　한글은 세계 인류가 창조한 문자 중에 가장 과학적이고 발음에도 가장 가깝게 표현할 수 있는 최고의 글자임은 누구나 인정하는 사실 아닌가? 그리고 그 나라 말로 번역을 하여 이해하도록 한다면 가장 완벽한 시조의 세계화가 이루어지는 것이다. 우리가 학교에서 영시(英詩)를 배울 때 한국어로 번역하여 배우지 않고 원문 자체로 배우는 이치와 똑같다. 그 첫발은 각국에 나가 있는 한인 학교나 세종학당을 통해 교육의 통로를 마련하는 것이라 본다.

　　물론 이 같은 일이 하루아침에 되는 일은 아니지만 시조시인은 말할 것도 없고 정부 차원에서도 적극적인 지원이 있어야 하리라 본다. 그러나 지금까지 주장한 대로 모든 게 해결되는 것은 아니다. 더욱 쉽고 간편한 방법이 무엇일까를 찾아내는 것이 우리 시조시인의 책무일 것이다. 학자와 시인과 정부가 하나가 되어 세계화를 추진할 때 우리 민족만이 가지고 있는 개성 있는 시의 전통성을 인정받음은 물론 우리 선조들이 일궈 낸 문학의 한 장르로서 각광을 받게 되고 유네스코 세계 문화유산으로 등재될 날은 그만큼 가까워진다고 할 수 있겠다.

우리나라에서 처음으로 세계시조대회가 열린 것은 2021. 11월에 인제대학에 실시한 외국인 대상 시조 대회이다. 물론 우리 협회에서 협찬을 하였다.

시조의 세계화는 말만 가지고 되는 일이 아니다. 구성원과 정부가 그 가치를 공유하고 함께 노력할 때 현실화되리라 믿는다.

Ⅲ.영어로 시조 짓는 방법(How to write Sijo)

미국에서 영어 시조 백일장을 해마다 열고 있다. 미국 시카고에서 한국문화를 전파하기 위해 활동하는 '세종문화'(이사장 김호범)에서 가르치는 영어시조 창작법을 수록한다.

How to Write Sijo/Mark Peterson

The beauty of sijo is its simplicity. Because is it short and simple, it is fairly easy to write. Three lines, with a regular meter. There is no sentence-ending rhyme, but all kinds of internal rhyming and resonance can be applied.

First, a sijo has to have a message. Above the meter and the structure, there must be a message. A poem without meaning may look like a poem, but if it doesn't mean anything, if it doesn't convey an emotion, then it may as well not be written. First is the message. The poem has to relate a feeling, an experience, an emotion, and it can be serious or humorous or even quirky, whatever that might mean. Maybe irony is a better word. The sijo has to be clever to be a good poem.

Second is the structure. The first element of the structure is the three lines. The first two lines are connected in a natural way, setting up the "story", the message. The third line provides the "punch", the turn, the twist, the resolution.

Next, within the structure in the meter. Four segments to a line. The meter is basically four beats to four segments, but there is, and should are some variation and flexibility. For example, every "four" can be a "three". The beginning line first segment, is quite often a three, but it can be a four. And the third line must begin with a three. And then it must NOT be a three or four, in the second segment, but must be a five beat or six beat or seven beat or eight beat — here is the "punch". Then third and fourth segment of the third line returns to three or four.

The key is to plant a few classic sijo in your brain by memorizing some of the better, more meaningful sijo. My favorite is the Song of Loyalty, by Jeong Mongju, who, in reality, gave up his life for the sake of the loyalty he was writing about. This is a good poem to internalize, not only for learning the structure, but for learning the value of loyalty.

Though I die, and die again: though I die one hundred deaths,
After my bones have turned to dust: whether my should lives on or not,
For my lord, my singularly loyal red heart will never fade away.

This translation is a good and as bad as any other — no translation, by definition, can ever be perfect, but this one is close. The meter is threes and fours, with the clear three at the start of the third line, then "more-than-five", here it is nine!

The sijo was sung originally. Singing, of course, helps with the meter, counting the meter to match properly. What we need, to compose a sijo in English is a song that "works". One suggestion is the Christmas song, "Silent Night".

Si-ilent night, ho-oly night. All is calm, all is bright.
Round yon virgin, mother and child, holy infant, s'tender and mild.
Slee-eep in, heavenly peace-ece, slee-eep in heavenly peace.

Yes, you need to count the meters in the music — and lengthen the vowel of some of the English words. So, yes, I had to cheat a little, but I hope you get the message. You can test the meter of your sijo by singing "Silent Night" to see if your meter is close to matching.

Let's go back to the big picture again. We need a message. It should be something clever, and of importance at some level. Then we set up the story in the first line and build on that for the second line. Then we offer something different, a twist, a resolution in the third line. So, to write a good sijo, first think of the big picture with three major components, and maybe four or five sub-components. Think of the set-up, and then think of the resolution.

Let's write a sijo about running a marathon or two, and how hard it is to train and train, and then the sad ending is I've blown my knees, knee surgery, and no more marathons. That's the big picture — makes you want to cry that I can't run any more, right?

Marathon. What a goal. To run and run, train and train.
All to reach the unreachable — the goal of running twenty six point two miles
Knee surgery! Now that impossible goal is just a glowing memory.

Should we refine it a little? The second line is too long. The first line has perfect meter. The second line, would be better with "All to reach the unreachable, the running of twenty six point two miles. — Ugh. The last segment has five beats. Maybe, "the goal of twenty six point two miles.

The third line has the three beat start-up, "marathon" — a little dramatic. Then a seven beat summary -"now that impossible goal" — then "is just a glowing" = five beats, and "memory" —three beats. Close enough!

I think the key is the ability to zoom in and out from the big picture, the message, in close to looking at the meter, then back out to look at the overall message, then going in again to fine tune the meter.

And most of all, it should be a joy. If you're not happy playing with the message and the meter, working and reworking it, then you shouldn't do it. But don't give up. Look for the joy. And enjoy the creativity of the game. Enjoy!

Ⅳ. 시조 명칭과 형식 통일안

2016년 12월 15일 제정 국회도서관에서 한국시조협회가 공표한 <시조 명칭과 형식 통일안>을 수록한다. 6개 시조단체가 6개월에 걸쳐 심도 있는 토론과 사실적 근거를 토대로 마련한 이 안(案)은 시조시인이면 누구나 가슴에 새겨 실천해야 한다. 시조의 정체성이다.

<시조 명칭과 형식 통일안>

명칭
이 장르의 명칭을 시조(時調)라 한다.

종류
시조는 단시조(單時調: 평시조)와 연시조(連時調)로 분류된다.
단, 예외적으로 장시조를 변격시조로 인정한다.

3. 각 단위의 명칭
1) 수(首)와 편(篇)
① 단시조, 장시조의 단위 명칭은 수 또는 편이라고 한다.
② 연시조의 형태는 두 수 이상의 단시조 형태가 모여서 이루어진 것이므로 그 각각을 수라 칭하고 연시조 전체는 편으로 불러서 수와 구분한다.

2) 장(章)

시조는 고시조에 행의 구분이 없이 줄글로 기록되어 있는데 근대화 과정을 거치면서 3행으로 나누어 쓰는 것이 관행으로 되어 왔다.

이 3행을 각각 장이라 하며 1행을 초장(初章), 2행을 중장(中章), 3행을 종장(終章)이라 한다. 그리고 장(章)을 행(行)이라 부르지 않는다.

3) 구(句)

각 장의 하위 단위로서 각 장을 2개의 의미단위로 나눈 것을 구라 하는데, 시조가 초장, 중장, 종장의 3장으로 되어 있으므로 6구가 된다. 각 장의 앞에 것을 전구(내구) 뒤에 것을 후구(외구)라 한다.

4) 소절

구(句)를 다시 나누면 두 개의 소절이 된다. 따라서 초장이 2구 4소절, 중장이 2구 4소절, 종장이 2구 4소절이며 이를 종합하면 시조는 3장 6구 12소절이 된다.

4. 형식

1) 운율

시조는 각 장 3 또는 4음절로 된 소절을 4번 반복하는 리듬(소절 율)이다.

2) 구성

시조는 초장, 중장, 종장의 3장으로 되어 있으며 각 장은 다시 내구와 외구로 되어 6구를 이룬다. 각 구는 각각 2개의 소절로 되어 있다. 장별로 보면 1장 2구4소절이며 전체로 보면 3장 6구 12소절로 이루어진다.

3) 글자 수(음절 수)

① 초장 3,4.4.4, 중장 3.4.4.4, 종장 3.5.4.3 총 45자를 기본형으로 한다.

② 종장 첫 소절은 3자 고정, 둘째 소절은 5-7자로 한다.

③ 나머지는 소절 당 2-5자까지 허용한다. 총 음수는 기본형에 2-3자의 가감을 허용한다.

5. 작품의 배행

시조는 3장 6구 12소절로 이루어졌으므로 이에 따라 그 배열 행태는 다양하게 전개할 수 있다. 그러나 너무 많은 배열 행태는 정형성을 파괴하여 바람직하지 않으므로 3장 6구 12소절 위주로 구성하되 소절을 다시 나누어 전개하는 것은 피한다.

통일안을 만드는 데 기여한 토론자를 참고 자료로 싣는다.

이사장: 이석규, 사무총장: 채현병

토론자: 원용우 교수: 시조 명칭과 형식

    김봉군 교수: 시조명칭과 형식에 관한 쟁점 과제(음수율 음보율)

    이석규 교수: 토론 진행

    유만근 교수: 시와 시조의 운율 생성과정 특강

    이정자 교수: 형식 정립을 위한 과제

    신웅순 교수: 시조 분류론

    이광녕 교수: 현대시조의 위기론

    김윤승 박사: 시조 형식에 대한 연구

    김흥열 부이사장: 고시조 분석과 형식

참고문헌

[참고 자료]

-『청구영언』 김천택

-『시조시학』 안확

-『백팔번뇌』 최남선

-『청구영언의 문헌 특성』 권순회 논문

-『고시조대전』 고려대 민족문화연구소

-『민족문화대백과 사전』

-『한국개화기시가연구』 김영철 저

-『대중문화의 이해』 김창남 저

-『현대시조연구』 김흥열

-『사이버 문화, 하이퍼텍스트 문학』 김종회 편

-『시조 정체성』 김흥열

-『SIJO』 Edited by Lucy Park and Elizabeth Jorgensen

[논문]

2019년 11월 9일 <시조 학술대회 자료집>. 주최 및 발행: (사)한국시조협회.

손순옥「시조의 문학 예술적 가치」

신경숙「시조의 역사적 가치」

함한희「무형문화재 정책」

김세종 「시조의 종합예술적 가치」
최재헌 〈유네스코 문화유산 바로 알기" 강의 자료
박상미 〈유네스코 무형문화재" 강의 자료
박동석 〈유네스코 무형문화유산" 강의 자료
김봉군 「언어의 예술적 가치」
신경숙 「고시5백년 향유의 힘」

시조 연구

1판 1쇄 발행 2023년 5월 10일

지은이 | 김 흥 열
펴낸곳 | 열린출판
등록 | 제 307-2019-14호
주소 | 경기도 고양시 덕양구 권율대로 656, 1401호
전화 | 02-6953-0442
팩스 | 02-6455-5795
전자우편 | open2019@daum.net
디자인 | SEED디자인

저작권자 ⓒ 2023, 김흥열
이 책의 저작권은 저자에게 있습니다.
서면에 의한 저자의 허락없이 내용의 일부를 인용하거나 발췌하는 것을 금합니다.
COPYRIGHT ⓒ 2023, by Kim Hungyel
All rights reserved including the rights of reproduction in whole or in partn.
저자와 협의, 인지는 생략합니다.
잘못된 책은 바꿔 드립니다.

ISBN 979-11-91201-44-4 93810